重庆市非物质文化遗产代表性项目抢救性记录研究

罗敏 著

西南大学出版社

图书在版编目(CIP)数据

重庆市非物质文化遗产代表性项目抢救性记录研究 / 罗敏著. — 重庆：西南大学出版社, 2021.10
ISBN 978-7-5697-0977-3

Ⅰ.①重… Ⅱ.①罗… Ⅲ.①非物质文化遗产—保护—研究—重庆 Ⅳ.①G127.719

中国版本图书馆CIP数据核字(2021)第123314号

重庆市非物质文化遗产代表性项目抢救性记录研究
CHONGQINGSHI FEIWUZHI WENHUA YICHAN DAIBIAOXING XIANGMU QIANGJIUXING JILU YANJIU

罗敏　著

责任编辑：黄丽玉
责任校对：段小佳
封面设计：闰江文化
出版发行：西南大学出版社（原西南师范大学出版社）
　　　　　地址：重庆市北碚区天生路2号
　　　　　邮编：400715　市场营销部电话：023-68868624
　　　　　网址：http://www.xdcbs.com
印　　刷：重庆市正前方彩色印刷有限公司
幅面尺寸：160mm×235mm
印　　张：22
字　　数：348千字
版　　次：2021年10月第1版
印　　次：2021年10月第1次印刷
书　　号：ISBN 978-7-5697-0977-3
定　　价：88.00元

前言

　　非物质文化遗产（下文简称"非遗"）重视传承人的价值，是以传承人为载体的活态传承的文化遗产，主要依靠传承人口传心授、言传身教。各级代表性传承人是其中的优秀代表，他们的多寡和对于遗产的掌握程度决定着项目的存续状态。可见，在非遗的保护中，保护传承人是关键。传承人是项目的拥有者和传递者，掌握着非遗的丰富知识和精湛技艺，是非遗项目的核心，是当下提倡的不懈追求、精益求精、无私奉献的工匠精神的重要承载。因为一位传承人的失去，就可能带走一项绝技、一个项目，甚至是一个民俗活动。而我们的非遗传承人普遍年龄较大，身体状况不容乐观，后继乏人，人亡艺绝时有发生。截至2020年底，文化和旅游部认定了5批共3068名国家级代表性传承人，其中，已有超过400名国家级代表性传承人去世，在世的代表性传承人中70周岁以上的占60%多。因此，开展非物质文化遗产代表性项目抢救性工作已刻不容缓、势在必行，是一项与时间赛跑的工程。

　　联合国教科文组织颁发的《保护非物质文化遗产公约》规定，非遗的保护措施包括确认、立档、研究、保存、保护、宣传、弘扬、传承和振兴。非物质文化遗产代表性项目抢救性记录是指全面系统地记录项目本体的相关知识，以及把传承人对文化传统的深刻理解与自身掌握的精湛技艺通过数字化手段全面、真实、系统地记录和保存，为后人传承、研究、宣传、利用非遗留下宝贵资料。可见,"抢救性记录"贯穿了白立档至振兴的全过程,它是当前非遗传承保护不可或缺的重要方式,是为适应数字化时代人们生活方式应运而生的一种重要保护手段。

党的十九届五中全会提出,强化重要文化和自然遗产、非物质文化遗产系统性保护。为加强非遗系统化保护,让非遗得到更好的传承和弘扬,同时,为了让更多的人了解、关注和重视重庆的非物质文化遗产,笔者决定撰写出版《重庆市非物质文化遗产代表性项目抢救性记录研究》,既为研究、学习非物质文化遗产的专家和学者提供可资借鉴的宝贵资料,也让全社会共享非物质文化遗产取得的成果,增强全社会的文化遗产保护、传承意识,提高人民的文化认知,使我市的非物质文化遗产得到更好的保护和传承。

本书是研究非遗代表性项目抢救性记录的学术专著,也是重庆市非物质文化遗产保护一线工作者的成果展示。本书从内容构架到风格形式都有独到之处。一是,本书对抢救性记录调研充分,对抢救性记录的现状、经验、问题、思路、规范等进行了较全面的探讨,研究出抢救性记录的路径和操作规范,探究出推动我市非遗代表性项目记录进一步发展的具体措施。从非物质文化遗产十大类别着手,分析每个类别的重点记录内容。为当前及以后非遗保护工作提供有力的支持。二是,运用川剧实例,选择川剧国家级、市级代表性传承人中的部分传承人作为调研对象,记录了他们的艺术生涯、家庭影响、师承关系、表演技巧、传承授徒情况、代表剧目、唱腔特点、动作要领、行当特色、兴趣爱好,以及他们对川剧的深刻理解。综合从非遗学、影像人类学、口述史学、文献学、电影学等多个学科视角切入,从项目本体和代表性传承人两个方面分析出抢救性记录研究方法,充分表现出非遗口传心授的活态传承特色。三是,本书通过抢救性记录研究,查证史料,采访老艺人,严谨地考证、记录重庆川剧项目相关内容,进一步梳理重庆川剧的历史渊源、分布区域,探索、研究重庆川剧的存续状况、主要特征、重要价值及传承谱系等,为重庆川剧研究提供了一条史料有据、可靠翔实的学科史线索,为自己与后人的研究"辨章学术,考镜源流"。四是,研究、构建重庆非物质文化遗产数据库,该数据库建成后便于公众学习、交流和互动,促进非遗的保护、传承、传播与弘扬。五是,本书研究在新时期、新时代下,如何利用抢救性记录这种有效手段,将现存的非遗文化资源优势转化为文化竞争优势,以点带面,充分发掘其后续利用价值。

　　文化遗产是民族的文化印记,非物质文化遗产是一个民族的身份象征。笔者作为非物质文化遗产保护工作者之一,将继续进行非物质文化遗产普查调研、挖掘整理、积极保护,推动重庆非物质文化遗产发展得以深化和升华。

　　本书在撰写过程中,得到了重庆市委宣传部、重庆市文化和旅游发展委员会、重庆市文联、重庆市作家协会、重庆市社会科学界联合会、西南大学出版社、重庆市非物质文化遗产保护中心以及部分传承人的鼎力支持,为顺利撰写出版这本书打下了良好的基础。由于编者水平有限,文中存在这样那样的问题,敬请读者批评指正。

目录

第一章 绪论 / 1
第一节 研究背景 / 2
第二节 抢救性记录的相关概念 / 4
第三节 抢救性记录的意义和前景 / 20
第四节 国内外研究现状 / 22
第五节 主要研究内容和创新性 / 25

第二章 重庆非物质文化遗产现状研究 / 29
第一节 重庆非物质文化遗产综述 / 30
第二节 重庆非物质文化遗产主要成效 / 33
第三节 重庆非物质文化遗产面临的挑战与机遇 / 46

第三章 重庆非物质文化遗产代表性项目抢救性记录总体思路研究 / 53
第一节 抢救性记录探索与经验 / 54
第二节 抢救性记录存在的问题 / 58
第三节 抢救性记录总体思路研究 / 59

第四章 重庆川剧抢救性记录研究 / 115

第一节 重庆川剧抢救性研究 / 116

第二节 重庆川剧代表性传承人抢救性记录战略性研究 / 145

第三节 影视人类学视野下的非遗抢救性记录实践 / 255

第五章 重庆非物质文化遗产数据库的构建 / 259

第一节 重庆非物质文化遗产数据库基础设施建设 / 260

第二节 重庆非物质文化遗产数据库建设 / 269

第六章 传播与利用 / 283

第一节 非物质文化遗产传播的可行性分析 / 284

第二节 重庆非物质文化遗产的传播和利用 / 286

第七章 具体对策与措施 / 291

第一节 抢救性记录路径探析 / 292

第二节 重庆非物质文化遗产保护对策与措施 / 299

附 录 / 309

附1 重庆市国家级非物质文化遗产代表性项目名录 / 309

附2 重庆市非物质文化遗产代表性项目名录 / 312

参考文献 / 339

第一章 绪论

非物质文化遗产凝结、保留和传递着一个民族的历史记忆、情感、经验和智慧，是民族文化认同的基础，是构成民族精神家园不可或缺的一个重要源泉。在一个国家文化凝聚力的形成过程中，非物质文化遗产发挥着不可替代的作用。保护和弘扬非物质文化遗产，对于民族精神的凝聚和延续，对于实现中华民族的伟大复兴，具有不可估量的重大作用。

第一节
研究背景

当今时代，是一个经济全球化、信息化的时代。现代化、信息化、城镇化、市场化的急速步伐，也急速影响和改变着人们的生活方式和思维方式，使得代代相传的非物质文化遗产处在急剧衰微的趋势之中。许多国家的政府和学者日益认识到对本民族的非物质文化遗产进行有效保护的重要性和迫切性。进入21世纪以来，保护人类非物质文化遗产，保持文化的多样性和可持续发展，与保护环境、保护生物多样性一样，逐渐成为国际社会、同时也成为中国社会普遍关注的热点。

我国政府历来高度重视对非物质文化遗产的保护，并于2004年正式加入联合国教科文组织《保护非物质文化遗产公约》（以下简称《公约》）。党的十九大报告明确指出："文化是一个国家、一个民族的灵魂。文化兴国运兴，文化强民族强。""中国特色社会主义文化，源自中华民族五千多年文明历史所孕育的中华优秀传统文化。""加强文物保护利用和文化遗产保护传承。""深入挖掘中华优秀传统文化蕴含的思想观念、人文精神、道德规范，结合时代要求继承创新，让中华文化展现出永久魅力和时代风采。"习近平总书记指出："坚定文化自信，推动社会主义文化繁荣兴盛。""中华优秀传统文化是中华民族的文化根脉，其蕴含的思想观念、人文精神、道德规范，不仅是我们中国人思想和精神的内核,对解决人类问题也有重要价值。""要加强对中华优秀传统文化的挖掘和阐发,使中华民族最基本的文化基因与当代文化相适应、与现代社会相协调,把跨越时空、超越国界、富有永恒魅力、具有当代价值的文化精神弘扬起来。要推动中华文明创造性转化、创新性发展,激活其生命力,让中华文明同各国人民创造的多彩文明一道,为人类提供正确精神指引。"泱泱中华,历史悠久,文明博大。中华民族在几千年历史中创造和延续的中华优秀传统文化,是中华民族的根和魂。目前,我国的非物质文化遗产保护工作已经进入全面的、整体性的发展阶段,并上升为国家文化发展战略,成为推动文化持续发展繁荣的重要方面和实现中华民族伟大复兴的重要动力源。

近年来,随着我国非遗保护工作的逐步推进,为加强传承人保护、促进非遗活态传承,自2013年始,文化和旅游部率先发起国家级代表性传承人抢救性记录工程。文化和旅游部的抢救性记录工程是针对国家级代表性传承人,本专著中的抢救性记录是用来研究项目本体和代表性传承人。

2015年,文化部全面启动了国家级非物质文化遗产代表性传承人的抢救性记录工程,发布《文化部关于开展国家级非物质文化遗产代表性传承人抢救性记录工作的通知》(文非遗函〔2015〕318号),同时下发《国家级非物质文化遗产代表性传承人抢救性记录工作规范(试行稿)》,全面部署抢救性记录工程。2016年,文化部为确保抢救性记录工程的质量和效果,下发《国家级非物质文化遗产代表性传承人抢救性记录工程操作指南》。"抢救性记录"工程是列入《文化部"十三五"时期文化改革发展规划》的重要任务,也是文化战略重点工程。并力争在"十三五"期间,完成318名年老体弱的国家级代表性传承人的抢救性记录工作。"十四五"时期还将继续推进国家级代表性传承人抢救性记录工作。

为了抢救与保护非遗代表性项目和代表性传承人,重庆市委、市政府采取了一系列措施,使重庆市非物质文化遗产得到保护、传承和发展。目前,重庆属于保护范围的民间文学、传统音乐、传统舞蹈、传统美术、传统戏剧、曲艺、传统技艺等非物质文化遗产共计17个门类、4110项,全市有国家级非物质文化遗产代表性项目53项,国家级非遗代表性传承人60名;市级非遗代表性项目707项,市级非遗代表性传承人699名,创建国家级文化生态保护实验区1个,国家级生产性保护示范基地1个。截至2020年12月,重庆进入抢救性名录的国家级代表性传承人共48人,现已顺利完成第一批、第二批、第三批国家级代表性传承人(共30人)抢救性记录工作。

在这样的背景下,笔者采访多位国家级非遗代表性传承人、专家学者,经过广泛调研、深入论证,决定撰写、出版《重庆市非物质文化遗产代表性项目抢救性记录研究》。旨在对重庆文化的深厚底蕴与优秀精华进行广泛传播,有助于保护、传承重庆非物质文化遗产,促进文化遗产向文化资源转化;有助于弘扬与传播优秀的传统文化,唤起民众的文化自觉,提升民众的文化自信,让优秀的民族民间文化瑰宝得以代代传承。

第二节
抢救性记录的相关概念

一、非物质文化遗产的概念

"非物质文化遗产"作为人类文化领域的新概念,从出现到成为国际文件中的概念术语,不过短短60余年。这一概念进入汉语世界,成为中文学界的研究术语,只有10来年时间。对概念的梳理,是开展非物质文化遗产抢救性记录的必要起点。

非物质文化遗产的传承一直伴随着人类文明的发展而进行着,但由政府直接主导和社会各界广泛参与的非遗保护工作则是一项比较新的事业,"非物质文化遗产"的概念的确立也是新近发生的[①]。回顾概念的生成过

---
① 高丙中:《非物质文化遗产:作为整合性的学术概念的成型》,《河南社会科学》2007年第2期,第15页。

程,"非物质遗产"是由日语翻译成英语的,直接来自1950年日本在这一领域具有前瞻性的立法中[1]。非物质文化遗产"Intangible cultural heritage"中的"intangible"被翻译成"非物质"。这个"非物质"不是哲学或者自然科学意义上与"物质"对应的概念。物质文化遗产和非物质文化遗产,并不囊括所有文化遗产。在日本,非物质文化遗产被称为"无形财"。相应地,"heritage"在相应的语境下,也表示传统。"cultural heritage"可以译成"文化遗产",也可以译成"文化传统"。

不管是从认识论意义上讲,还是从反思与实践上看,国际社会对"非物质文化遗产"的重视,确实也是受到了日本"无形文化财"这一理念制导下的一整套举措的影响[2]。从日本的"无形文化财",到联合国教科文组织提出的"非物质文化遗产",其间经历了国际学术、文化乃至政治层面的博弈和竞争,最终成为一个相互妥协的结果。

1972年联合国教科文组织大会通过的《保护世界文化和自然遗产公约》,提出要对文化遗产和自然遗产进行保护。其中的文化遗产主要指古迹、建筑群、遗址。随着保护工作的推进和认识的深化,人们意识到那些"无形的"(Intangible)、世代相传的、活态的社会实践、观念表述、表现形式、知识和技能也是人类文化遗产的重要组成部分,需要有相应的保护规定。

2003年,联合国教科文组织大会通过《保护非物质文化遗产公约》。2004年,我国人大常委会即批准加入《公约》。2005年3月,国办印发《关于加强我国非物质文化遗产保护工作的意见》(国办发[2005]18号),对非物质文化遗产概念做了原则性的界定:"非物质文化遗产是各族人民世代相承、与群众生活密切相关的各种传统文化表现形式和文化空间。"[3]同年12月22日,国务院又下发了《关于加强文化遗产保护的通知》(国发[2005]42号),对非物质文化遗产的概念做了进一步的界定:"非物质文化遗产是指各种以非物质形态存在的与群众生活密切相关、世代相承的传统文化表现形式,包括口头传统、传统表演艺术、民俗活动和礼仪与节庆、有关自然界

---

[1] 巴莫曲布嫫:《非物质文化遗产:从概念到实践》,《民族艺术》2008年第1期,第8页。
[2] 巴莫曲布嫫:《非物质文化遗产:从概念到实践》,《民族艺术》,2008年第1期,第8页。
[3] 国务院办公厅《关于加强我国非物质文化遗产保护工作的意见》(国办发[2005]18号),2008年3月。

和宇宙的民间传统知识和实践、传统手工艺技能等以及与上述传统文化表现形式相关的文化空间。"①这段表述比国办发18号要细致,更容易理解。2011年,《中华人民共和国非物质文化遗产法》颁布施行。此外,教科文组织在非遗方面还有两个重要的配套文件:《实施〈保护非物质文化遗产公约〉的业务指南》和《保护非物质文化遗产伦理原则》。

联合国教科文组织通过的《保护非物质文化遗产公约》中,对非遗的定义是:"被各社区、群体,有时是个人,视为其文化遗产组成部分的各种社会实践、观念表述、表现形式、知识、技能以及相关的工具、实物、手工艺品和文化场所。这种非物质文化遗产世代相传,在各社区和群体适应周围环境以及与自然和历史的互动中,被不断地再创造,为这些社区和群体提供认同感和持续感,从而增强对文化多样性和人类创造力的尊重。"②《公约》中,第一句明确了非遗的定义,第二句规定了非遗的本质特征,也是认定非遗的具体条件。《公约》指出,非物质文化遗产概念中的非物质性的含义,是与满足人们物质生活基本需求的物质生产相对而言的,是指以满足人们的精神生活需求为目的的精神生产这层含义上的非物质性。所谓非物质性,并不是与物质绝缘,而是指其偏重以非物质形态存在的精神领域的创造活动及其结晶。

《中华人民共和国非物质文化遗产法》中所认定的非物质文化遗产是指各族人民世代相传并视为其文化遗产组成部分的各种传统文化表现形式,以及与传统文化表现形式相关的实物和场所。包括:(一)传统口头文学以及作为其载体的语言;(二)传统美术、书法、音乐、舞蹈、戏剧、曲艺和杂技;(三)传统技艺、医药和历法;(四)传统礼仪、节庆等民俗;(五)传统体育和游艺;(六)其他非物质文化遗产。属于非物质文化遗产组成部分的实物和场所,凡属文物的,适用《中华人民共和国文物保护法》的有关规定。

在《公约》中,非物质文化遗产的传承主体是"群体、团体、有时是个人",而在《中华人民共和国非物质文化遗产法》中,传承主体转换成了"各族人民"。在《公约》的框架下,"各社区、群体,有时是个人"是指那些参与

---

① 国务院《关于加强文化遗产保护的通知》(国发[2005]42号),2005年12月22日。
② 联合国教科文组织《保护非物质文化遗产公约》(联合国教科文组织第32届大会通过),2003年10月17日。

非遗项目的实践或传承,并将其视为其文化遗产组成部分的人群。而《中华人民共和国非物质文化遗产法》中,指出非遗的传承主体是各族人民共同组成的中华民族,强调了传承主体的民族性。

综上所述,非物质文化遗产是由人类以口头或动作方式相传,具有民族历史积淀和广泛、突出代表性的民间文化遗产,是历史文化的"活化石","民族记忆的背影"。无论是《保护非物质文化遗产公约》还是《中华人民共和国非物质文化遗产法》,对非遗的定义都是基于保护推进的现实需要而提出的,都是操作性的概念工具,在保护传承的实践过程中,我们都需要对非物质文化遗产概念进行深入的理解和剖析。

二、保护非物质文化遗产缘由

(一)从非物质文化遗产的内涵和价值看

我国各族人民在长期生产生活实践中创造的丰富多彩的非物质文化遗产,是中华民族智慧与文明的结晶。加强非物质文化遗产保护,是联结民族情感的纽带、增进民族团结和维护国家统一及社会稳定的重要文化基础,也是维护世界文化多样性和创造性,促进人类共同发展的前提,是建设社会主义先进文化,贯彻落实科学发展观和构建社会主义和谐社会的必然要求。

也许有人说,这是从理论上或政治的角度去认识得出的结果,实际上可能没有这么重要。其实,只要认真深入地去考察这些非物质文化遗产中的优质资源,你会发现和体味到一些具体的保护项目,蕴含着上述的文化价值。例如:川江号子所蕴含的敢闯敢拼的闯滩精神、一往直前的放舟精神、负重前进的拉纤精神和齐心协力的划桨精神,既是川江号子深层次的文化内涵,也是巴渝地区民族精神的一种体现。

(二)从非物质文化遗产面临的严峻现实看

随着全球化趋势的加强和现代化进程的加快,我国的文化生态发生了巨大变化,非物质文化遗产受到越来越大的冲击。一些依靠口授和行为传承的文化遗产正在不断消失,许多传统技艺濒临消亡,大量有历史、文化价值的珍贵实物与资料遭到毁弃或流失境外,随意滥用、过度开发非物质文化遗产的现象时有发生。比如:节日民俗日益淡化,民族的记忆逐渐消失。尤其是在当今的青年人中,显得较为突出。大家在日常生活中都能不同程度地感受到这些状况。因此,加强我国非物质文化遗产的保护已经刻不容缓。

(三)从保护非物质文化遗产的国际环境看

1972年版的《保护世界文化和自然遗产公约》,在保护物质文化遗产和自然遗产方面具有深远意义。由于没有保护非物质文化遗产的约束性文件,因而,有必要制定并通过《保护非物质文化遗产公约》。

联合国对保护非物质文化遗产工作十分重视。1989年,在巴黎通过《保护民间创作建议案》。1998年,通过决议并宣布《人类口头和非物质遗产代表作条例》。2000年,正式启动并实施"人类口头和非物质遗产代表作"项目。2001年5月,宣布第一批"人类口头和非物质遗产代表作"。2003年7月,公布第二批"人类口头和非物质遗产代表作"。2003年10月,通过《保护非物质遗产公约》,2006年4月20日正式生效。

世界上许多国家制定了保护民族民间文化的专项法规,建立了比较成熟的民族民间文化保护工作机制,取得了比较成功的经验。例如,突尼斯等几十个发展中国家对民间文学艺术实行版权保护,指定专门机构对民族民间文化的使用实行许可和收费制度;丹麦、罗马尼亚、俄罗斯、瑞士、斯洛文尼亚等国家采取措施,搜集、记录和整理民间文学艺术,并建立专门机构开展研究;日本、韩国等国专门制定了文化财保护法,通过开展民俗文化调查,认定重要无形文化和保持者或保持团体,资助他们进行传承等方式,促进民族民间文化的弘扬;印度、埃及等设立专门场所,集中培养手工艺人;阿根廷制定保护探戈艺术的专门法案;法国于20世纪60年代开展了民间文化遗产的国家性抢救工程,对文化遗产进行"总普查",每年有专门的"国家遗产日"活动,增强国民对遗产的保护意识,全国有1.8万多个文化协会把保护和展示遗产作为自己的工作。可以说,保护非物质文化遗产已经成为当今世界不可阻挡的历史潮流。

(四)从保护非物质文化遗产的国内环境看

我们国家党和政府历来十分重视非物质文化遗产的保护工作。早在20世纪五六十年代,就发动、组织专家和文化工作者对民间文化进行搜集、整理。20世纪八九十年代,又编纂"十大文艺集成"。新千年伊始,又进行了新的部署。2004年8月28日,全国人大常委会批准加入了《保护非物质遗产公约》,现已有42个非物质文化遗产项目列入联合国教科文组织非物质文化遗产名录(含"急需保护名录"和"优秀实践名册")。在全国推行了保护民族民间传统文化试点工作,先后制定了《中国民族民间文化保护工程实施方案》《国务院关于加强文化遗产保护的通知》《国务院关于加强我国非物质文化遗产保护工作的意见》《中共中央办公厅、国务院办公厅关于实施中华优秀传统文化传承发展工程的意见》《中国传统工艺振兴计划》《文化部关于加强非物质文化遗产生产性保护的指导意见》等文件,并批准公布了第1—45批国家级非物质文化遗产代表性名录。我国的非物质文化遗产保护工作正在紧张、有序地进行。

(五)从新农村文化的全面建设看

习近平总书记指出:"农村是我国传统文明的发源地,乡土文化的根不能断,农村不能成为荒芜的农村、留守的农村、记忆中的故园。""搞新农村建设要注意生态环境保护,注意乡土味道,体现农村特点,保留乡村风貌","坚持传承文化,发展有历史记忆、地域特色、民族特点的美丽城镇。"当前,就农村文化建设而言,仅靠开展文化三下乡活动来活跃农村文化是不够的,还必须在加强区县文化馆、图书馆及乡镇文化站、村文化室、"村村通"、农村电影放映工程、文化科技医疗等公共文化设施建设的基础上,加快新农村文化的核心部分——非物质文化遗产的抢救、保护和发展。因新农村文化建设的主体是广大农民群众,而非物质文化遗产的多数品种又是植根于民族民间的土生土长的优秀传统文化,所以,农村文化建设不仅要服务农民,更重要的是要调动农民在继承民间优秀传统文化的基础上,创造当代新农村文化的积极性。只有让农民积极参与农村文化建设并让他们成为文化的主体,新农村文化才有生命和活力。

三、全国非物质文化遗产保护概况

自我国2003年开展非物质文化遗产保护工作以来,在党中央、国务院的高度重视下,在各级党委、政府的支持下,通过文化和旅游部门的不断努力,中国非物质文化遗产保护工作取得了显著的进展,初步构建起了符合中国国情的非物质文化遗产保护体系。目前,我国有非遗资源信息约87万个,有42个非物质文化遗产项目列入联合国教科文组织非物质文化遗产名录(册),其中入选联合国"人类非物质文化遗产代表作名录"的项目有34项,入选"急需保护的非物质文化遗产名录"的项目有7项,入选"优秀实践名册"的项目有1项。国家级非物质文化遗产代表性名录项目1557项,国家级非遗名录项目代表性传承人3068人,设立"国家级文化生态保护区"7个,"国家级文化生态保护实验区"21个,建立"国家级非物质文化遗产生产性保护示范基地"100个。全国各省、区、市认定了15777项省级代表性项目和16432名省级代表性传承人。同时,全国已有29个省、区、市出台了非遗保护地方性条例,把非遗保护纳入地方财政预算。截至2020年,中央财政累计投入非遗保护专项资金已超过70亿元。

四、非物质文化遗产代表性项目名录

中国非物质文化遗产代表性项目名录体系由国家、省、市、县四级名录构成。国家级非物质文化遗产代表性项目名录由国务院批准公布;省、市、县级非物质文化遗产代表性项目名录分别由同级政府批准公布,并报上一级政府备案。

(一)国家级非物质文化遗产代表性项目

我国建立国家级非物质文化遗产代表作名录的目的在于[①]:

1.推动我国非物质文化遗产的抢救、保护与传承;

2.加强中华民族的文化自觉和文化认同,提高对中华文化整体性和历史连续性的认识;

---

① 国务院办公厅《关于加强我国非物质文化遗产保护工作的意见》附件1《国家级非物质文化遗产代表作申报评定暂行办法》第四条,国办发〔2005〕18号,2005年3月。

3.尊重和彰显有关社区、群体及个人对中华文化的贡献,展示中国人文传统的丰富性;

4.鼓励公民、企事业单位、文化教育科研机构、其他社会组织积极参与非物质文化遗产的保护工作;

5.履行《保护非物质文化遗产公约》,增进国际社会对中国非物质文化遗产的认识,促进国际的文化交流与合作,为人类文化的多样性及其可持续发展做出中华民族应有的贡献。

国家非物质文化遗产代表性项目名录中,包括十个方面的内容,即民间文学,传统音乐,传统舞蹈,传统戏剧,曲艺,传统体育、游艺与杂技,传统美术,传统技艺,传统医药,民俗。

申报国家级非物质文化遗产名录项目,应符合以下条件[①]:

1.具有展现中华民族文化创造力的杰出价值;

2.扎根于相关社区的文化传统,世代相传,具有鲜明的地方特色;

3.具有促进中华民族文化认同、增强社会凝聚力、增进民族团结和社会稳定的作用,是文化交流的重要纽带;

4.出色地运用传统工艺和技能,体现出高超的水平;

5.具有见证中华民族活的文化传统的独特价值;

6.对维系中华民族的文化传承具有重要意义,同时因社会变革或缺乏保护措施而面临消失的危险。

国务院于2006年5月、2008年6月、2011年6月、2014年7月和2021年6月先后公布了五个批次的国家级非物质文化遗产代表性项目名录,共含1557个国家级非物质文化遗产代表性项目。按非遗十大类别,民间文学类167项,传统音乐类189项,传统舞蹈类144项,传统戏剧类171项,曲艺类145项,传统体育、游艺与杂技类109项,传统美术类139项,传统技艺类287项,传统医药类23项,民俗类183项。

(二)重庆市市级(省级)非物质文化遗产代表性项目

申报重庆市市级(省级)非物质文化遗产名录项目,应符合以下条件:

---

① 国务院办公厅《关于加强我国非物质文化遗产保护工作的意见》附件1《国家级非物质文化遗产代表作申报评定暂行办法》第六条,国办发〔2005〕18号,2005年3月。

1.具有突出的历史、文学、艺术和科学价值；

2.符合社会主义核心价值观的根本要求；

3.在一定群体中,具有世代传承的特点和鲜明的地方特色；

4.在当地(重庆乃至全国)有较大影响；

5.申报单位制定了切实可行的五年保护计划和具有一定工作基础；

6.符合以上条件,且处于濒危状态。

重庆市人民政府分别于2007年5月、2009年9月、2011年4月、2014年1月、2016年6月、2019年6月,公布了六批市级(省级)非物质文化遗产代表性名录,共计707项。

五、非物质文化遗产代表性传承人

非物质文化遗产代表性传承人是指经各级文化行政部门认定的,承担各级非物质文化遗产代表性项目传承保护责任,掌握该项目的知识、技能,并具有公认的代表性、权威性与影响力的传承人。

(一)国家级非物质文化遗产代表性传承人

国家级非物质文化遗产代表性传承人,是指承担国家级非物质文化遗产代表性项目传承责任,在特定领域内具有代表性,并在一定区域内具有较大影响,经文化和旅游部认定的传承人。

国家级非物质文化遗产代表性传承人应当符合以下条件[①]：

1.长期从事该项非物质文化遗产传承实践,熟练掌握其传承的国家级非物质文化遗产代表性项目知识和核心技艺；

2.在特定领域内具有代表性,并在一定区域内具有较大影响；

3.在该项非物质文化遗产的传承中具有重要作用,积极开展传承活动,培养后继人才；

4.爱国敬业,遵纪守法,德艺双馨。

同时,从事非物质文化遗产资料收集、整理和研究的人员不得认定为国家级非物质文化遗产代表性传承人。

---

① 文化和旅游部《国家级非物质文化遗产代表性传承人认定与管理办法》第八条,文化和旅游部令第3号,2019年11月。

国家级非物质文化遗产代表性传承人承担下列义务[①]：

1. 开展传承活动，培养后继人才；

2. 妥善保存相关实物、资料；

3. 配合文化和旅游主管部门及其他有关部门进行非物质文化遗产调查；

4. 参与非物质文化遗产公益性宣传等活动。

传承人的保护，是非物质文化遗产的存立之本，是非遗保护工作的关键。非物质文化遗产重视人的价值，重视活的、动态的、精神的因素，重视技术、技能的高超、精湛和独创性，重视人的创造力，"口传心授"是非物质文化遗产得以传承的主要方式。国家级非物质文化遗产代表性传承人是非物质文化遗产的重要承载者和传递者，掌握着非物质文化遗产的丰富知识和精湛技艺，是非物质文化遗产活态传承的代表性人物。

为有效保护和传承国家级非物质文化遗产，鼓励和支持国家级非物质文化遗产代表性项目代表性传承人开展传习活动，自2007年起，文化部先后公布了四个批次的国家级非物质文化遗产代表性项目代表性传承人名单，共计1986人。2018年5月，文化和旅游部确定了第五批国家级非物质文化遗产代表性项目代表性传承人名单(1082人)，并予以公布。截至目前，五批国家级非物质文化遗产代表性项目代表性传承人共计3068人。其中民间文学类123人，传统音乐类380人，传统舞蹈类298人，传统戏剧类784人，曲艺类207人，传统体育、游艺与杂技类88人，传统美术类378人，传统技艺类518人，传统医药类132人，民俗类160人。

（二）重庆市市级（省级）非物质文化遗产代表性传承人

"重庆市市级非物质文化遗产项目代表性传承人"，是指经重庆市文化主管部门认定的，承担市级非物质文化遗产名录项目传承保护责任的传承人。

根据《重庆市非物质文化遗产代表性传承人管理办法》，重庆市非物质

---

① 文化和旅游部《国家级非物质文化遗产代表性传承人认定与管理办法》第十八条，2019年11月。

文化遗产代表性传承人应符合下列条件[①]：

掌握并承续某项国家级、市级非物质文化遗产；

在一定区域或领域内被公认为具有代表性和影响力；

积极开展传承活动，培养后继人才；

申请人或被推荐人是区县（自治县）文化行政部门已公布的区县级非物质文化遗产项目代表性传承人。

需要注意的是，从事非物质文化遗产资料收集、整理和研究的人员，文化主管部门或者从事非遗保护工作的专职人员，其他不熟练掌握其传承人的非物质文化遗产的人员，不得认定为非物质文化遗产项目代表性传承人。

重庆市文化和旅游发展委员会分别于2009年2月、2010年12月、2012年11月、2014年12月、2017年9月，公布了五批市级（省级）非物质文化遗产代表性传承人，共计699人。

非物质文化遗产必须由人来传承，传承人是非物质文化遗产的重要承载者和传递者，他们掌握并承载着非物质文化遗产的丰富知识和精湛技艺，是非物质文化遗产世代相传的代表性人物，是非物质文化遗产能够绵延不绝的核心，更是非物质文化遗产活态传承的关键，因此加强传承人保护、促进非遗活态传承是非物质文化遗产保护工作的重点。

六、抢救性记录释义

（一）抢救性记录工作简述

国家级非物质文化遗产代表性传承人抢救性记录工程是国家非物质文化遗产保护方面重要战略工程，是指利用数字多媒体等现代技术手段，全面系统地记录传承人掌握的非遗知识和精湛技艺，为后人传承、研究、宣传、利用非物质文化遗产留下宝贵资料。记录对象为所有国家级非物质文化遗产代表性传承人，优先记录年满70周岁以上的、不满70周岁但体弱多病的国家级代表性传承人。而本书所涉及的非遗代表性项目抢救性记录

---

① 重庆市文化委员会 重庆市财政局《重庆市非物质文化遗产代表性传承人管理办法》第四条，渝文委规[2014]4号，2014年12月。

还包括全面系统地记录项目本体的相关知识。在非遗代表性项目抢救性记录研究中,传承人是研究核心。

国家级非物质文化遗产代表性传承人抢救性记录工作根据《文化部"十三五"时期文化改革发展规划》《文化部开展国家级非物质文化遗产代表性传承人抢救性记录工作通知》(文非遗函〔2015〕318号)组织实施。"抢救性记录"工程是列入《文化部"十三五"时期文化改革发展规划》的重要任务,按照工作计划,"十三五"时期,文化部将组织完成至少318名年老体弱的国家级代表性传承人的抢救性记录工作。文化和旅游部为每一位国家级非遗传承人的抢救性记录安排了40万元经费,要求为每一位传承人制作综述片、实践片、教学片、口述片、工作卷宗,完整记录传承人口述、技艺操作表演、传承教学的过程。目前,文化和旅游部已开展2015年度、2016年度、2017年度、2019年度、2020年度和2021年度共六批国家级非物质文化遗产代表性传承人抢救性记录工程,其中2015、2016年度和2017年度开展的抢救性记录工程已完成验收工作。

传承人是非物质文化遗产的重要承载者和传递者,是非物质文化遗产活态传承的关键。近年来,为加强传承人保护、促进非遗活态传承,文化和旅游部采取了多项措施,传承队伍日益壮大,传承活力日益增强。同时,不容忽视的是传承人年老体弱等原因,国家级代表性传承人去世人数不断增加,在世人员也多年事已高。截至2020年底,文化和旅游部公布的5批3068名国家级非物质文化遗产代表性传承人中去世人数达400多人,在世的国家级非物质文化遗产代表性传承人中超过70周岁的已占到50%以上,开展传承人抢救性记录工作已刻不容缓,是一项跟时间赛跑、跟生命赛跑的工作。

《公约》明确指出:"保护"指确保非物质文化遗产生命力的各种措施,包括这种遗产各个方面的确认、立档、研究、保存、保护、宣传、弘扬、传承、振兴等措施。应该说,其中任何一个环节都有丰富的内涵,都有大量的工作,要我们细致认真地去做。抢救性记录既是立档和保存,也为研究和宣传积累资料,打下基础。

（二）重庆市抢救性记录工作概况

2015年,重庆启动此项工作。目前,重庆市有48名国家级代表性传承人列入抢救性记录工作,包括2015年度获批的10名、2016年度获批的10名、2017年度获批的10名、2019年度获批的4名、2020年度获批的8名、2021年度获批6名。所属非遗项目共9个类别,其中民间文学类3人,传统音乐类13人,传统舞蹈类4人,传统戏剧类7人,曲艺类10人,传统技艺类46人,传统美术类3人,传统医药类1人,民俗类1人。总共整理口述文字稿308.043万字,采集音频693.56小时,采集视频922.38小时,采集图片32101张。其中第一批国家级代表性传承人(共10人)抢救性记录工作,共整理口述文字稿73.5万字,采集音频219小时,采集视频232.5小时,采集图片4066张;第二批国家级代表性传承人(共10人)抢救性记录工作,共整理口述文字稿113.7693万字,采集音频197.33小时,采集视频339.5小时,采集图片12244张;第三批国家级代表性传承人(共10人)抢救性记录工作,共整理口述文字稿120.7737万字,采集音频277.23小时,采集视频350.38小时,采集图片15791张。

经过五年多的拍摄制作,目前已完成第一批、第二、三批共30人的抢救性记录工作。2017年12月,重庆第一批国家级代表性传承人抢救性记录工作已按要求提交至文化部非遗司和国家图书馆审核并通过。2019年2月,重庆第二批国家级代表性传承人抢救性记录工作已按要求提交至文化和旅游部非遗司和国家图书馆审核并通过。2020年4月,重庆第三批国家级代表性传承人抢救性记录工作已按要求提交至文化和旅游部非遗司和国家图书馆审核并通过。

重庆市前三批国家级代表性传承人抢救性记录工作中,第一批10人由重庆市非遗中心自建团队完成,第二、三批20人已通过招标由4家拍摄公司分别负责完成,第四批、第五批和第六批将通过招标由外拍公司来完成。见表1。

表1　重庆市国家级非遗代表性传承人抢救性记录工程名单

批次	序号	项目类别	项目名称	传承人姓名	年龄	完成情况	负责团队
2015年度记录名单	1	传统戏剧	川剧	高凤莲	88	全部完成	重庆市非遗中心
	2	传统戏剧	川剧	夏庭光	84	全部完成	重庆市非遗中心
	3	传统戏剧	灯戏（梁山灯戏）	陈德惠	78	全部完成	重庆市非遗中心
	4	传统戏剧	川剧	周继培	89	全部完成	重庆市非遗中心
	5	传统戏剧	川剧	许倩云	89	全部完成	重庆市非遗中心
	6	曲艺	车灯	谭柏树	77	全部完成	重庆市非遗中心
	7	曲艺	四川评书	徐勍	80	全部完成	重庆市非遗中心
	8	传统音乐	木洞山歌	潘中民	80	全部完成	重庆市非遗中心
	9	传统音乐	石柱土家啰儿调	刘永斌	77	全部完成	重庆市非遗中心
	10	传统技艺	夏布织造技艺	颜坤吉	87	全部完成	重庆市非遗中心
2016年度记录名单	11	曲艺	四川竹琴	华国秀	80	全部完成	重庆中圣轩文化传播有限公司
	12	曲艺	车灯	黄吉森	73	全部完成	重庆中圣轩文化传播有限公司
	13	曲艺	四川清音	李静明	73	全部完成	重庆中圣轩文化传播有限公司
	14	传统技艺	漆器髹饰技艺（重庆漆器髹饰技艺）	陈思碧	92	因为个人原因，陈思碧项目更换为接龙吹打唐佑伦项目	
	15	传统音乐	接龙吹打	唐佑伦	57	全部完成	重庆微观世界影视文化传媒有限公司
	16	民间文学	走马镇民间故事	刘远扬	75	全部完成	书法报书画频道传媒（湖北）股份有限公司
	17	传统舞蹈	龙舞（铜梁龙舞）	黄廷炎	75	全部完成	广州文木文化发展有限公司
	18	传统舞蹈	狮舞（高台狮舞）	唐守益	74	全部完成	广州文木文化发展有限公司

续表

批次	序号	项目类别	项目名称	传承人姓名	年龄	完成情况	负责团队
2016年度记录名单	19	传统美术	竹编(梁平竹帘)	牟秉衡	74	全部完成	广州文木文化发展有限公司
	20	传统音乐	木洞山歌	喻良华	73	全部完成	重庆微观世界影视文化传媒有限公司
	21	传统音乐	石柱土家啰儿调	黄代书	72	全部完成	重庆微观世界影视文化传媒有限公司
2017年度记录名单	22	传统音乐	南溪号子	杨正泽	68	全部完成	重庆微观世界影视文化传媒有限公司
	23	传统音乐	梁平癞子锣鼓	刘官胜	62	全部完成	重庆微观世界影视文化传媒有限公司
	24	传统戏剧	梁山灯戏	阙太纯	67	全部完成	书法报书画频道传媒(湖北)股份有限公司
	25	曲艺	四川扬琴	陈再碧	70	全部完成	重庆中圣轩文化传播有限公司
	26	曲艺	四川竹琴	吴卡亚	67	全部完成	重庆中圣轩文化传播有限公司
2017年度记录名单	27	曲艺	四川竹琴	刘国福	62	全部完成	重庆中圣轩文化传播有限公司
	28	传统美术	蜀绣	康宁	62	全部完成	广州文木文化发展有限公司
	29	传统美术	制扇技艺(荣昌折扇)	陈子福	69	全部完成	广州文木文化发展有限公司
	30	传统医药	针灸(刘氏刺熨疗法)	刘光瑞	61	全部完成	书法报书画频道传媒(湖北)股份有限公司
	31	民俗	秀山花灯	彭兴茂	60	全部完成	书法报书画频道传媒(湖北)股份有限公司

续表

批次	序号	项目类别	项目名称	传承人姓名	年龄	完成情况	负责团队
2019年度记录名单	32	传统音乐类	唢呐艺术（永城吹打）	刘道荣	79	准备拍摄	未定
	33	传统音乐类	搬运号子（龙骨坡抬工号子）	吴名玉	69	准备拍摄	未定
	34	传统技艺类	陶器烧制技艺（荣昌陶器制作技艺）	罗天锡	71	准备拍摄	未定
	35	曲艺类	四川扬琴	叶吉淑	65	准备拍摄	未定
2020年度记录名单	36	民间文学类	广阳镇民间故事	杜志榜	69	准备拍摄	未定
	37	传统音乐	金桥吹打	张登洋	56	准备拍摄	未定
	38	传统音乐	酉阳民歌	熊正禄	65	准备拍摄	未定
	39	传统舞蹈	土家族摆手舞（酉阳摆手舞）	田维政	65	准备拍摄	未定
	40	传统戏剧	川剧	沈铁梅	54	准备拍摄	未定
	41	曲艺	金钱板	丁长福	67	准备拍摄	未定
	42	传统技艺	陶器烧制技艺（荣昌陶器制作技艺）	梁先才	69	准备拍摄	未定
	43	传统技艺	土家族吊脚楼营造技艺	刘成柏	67	准备拍摄	未定
2021年度记录名单	44	民间文学	走马镇民间故事	吴文	62	准备拍摄	未定
	45	传统音乐	川江号子	曹光裕	57	准备拍摄	未定
	46	传统音乐	苗族民歌	任茂淑	56	准备拍摄	未定
	47	传统舞蹈	玩牛	江再顺	67	准备拍摄	未定
	48	传统技艺	豆豉酿制技艺（永川豆豉酿制技艺）	曾凡玉	65	准备拍摄	未定
	49	传统技艺	夏布织造技艺	李俭康	61	准备拍摄	未定

第三节
抢救性记录的意义和前景

党的十九大指出,"文化是一个国家、一个民族的灵魂。文化兴国运兴,文化强民族强。没有高度的文化自信,没有文化的繁荣兴盛,就没有中华民族伟大复兴"。中国特色社会主义文化,源自中华民族5000多年文明历史所孕育的中华优秀传统文化。丰富多彩的非物质文化遗产是优秀传统文化的重要组成部分,是我们各族人民宝贵的精神财富。我们必须充分认识加强非遗保护传承的重要价值。对项目和传承人开展抢救性记录,利用数字化多媒体技术,将传承人对文化传统的丰富知识与其自身掌握的精湛技艺全面、真实、系统地记录,保留下中华优秀传统文化基因,为后人传承、研究、宣传、利用非物质文化遗产留下宝贵资料,对于继承和弘扬中华民族优秀传统文化,构建中华民族优秀传统文化传承体系,具有重要意义。

一、重要意义

(一)做好抢救性记录工作,是坚定文化自信、推动社会主义文化繁荣兴盛的重要基础

文化是一个国家、一个民族的生存根基,对文化传承工作的研究是唤醒民族文化自信和文化自觉的重要途径,是延续国家和民族生存发展的根本保障。而抢救性记录是以数字化形式系统记录传承人自身所掌握的精湛技艺和对文化传统的深刻理解,尽最大努力延续非遗历史文脉,增强民族凝聚力,保持中华文化的气质、品格和民族特性,保留中华优秀传统文化基因,使中国精神、中国风格、中国气派赓续传承、不断发展。这对于弘扬民族精神,传播民族文化特质和价值取向,激发全民族文化创新、创造活力,构建中华民族优秀传统文化传承体系,推动社会主义文化繁荣兴盛都具有重要意义。

（二）做好抢救性记录工作，彰显了重庆市全面贯彻落实"党的十九大"精神

抢救性记录工作深入贯彻"党的十九大"精神，结合新时代要求继承创新，坚定文化自信，让优秀传统文化展现出永久魅力和时代风采，从而推动重庆精神文明和物质文明协调发展。也是重庆坚持"保护为主、抢救第一、合理利用、传承发展"的方针，加强非物质文化遗产的挖掘和保护的最好方式之一。重庆非遗项目具有文化、艺术、历史、民俗等方面的研究和认知价值，非遗传承人是非遗项目的拥有者和传承者，是非物质文化遗产活态传承的关键，更是非遗项目保护的核心因素。目前大部分传承人年事已高，身怀绝技却面临失传，人亡艺绝的事情时有发生。传承人保护形势十分严峻。因此全面启动抢救性记录研究，刻不容缓，势在必行，这对保护和传承非遗都具有重要价值和意义。

（三）做好抢救性记录工作，是促进跨学科构建的重要途径

目前，国内外关于抢救性记录的学术研究稀少。本专著可起到对现有研究领域的补充。笔者以此课题展开深入研究，综合非遗学、影像人类学、口述史学、文献学、电影学等多个学科和艺术学、科学技术领域作为切入，充分利用数字多媒体、数据库现代技术，以点带面，以研究反思保护、传承机制，以研究探究出措施，实现从田野到理论再到非遗保护机制的新思考，这对加强非遗保护、传承与研究，促进跨学科构建都有着重大意义。

（四）做好抢救性记录工作，是新时期非遗保护的必然要求

随着网络技术的飞速发展，我们日常生活已进入了数字化时代。而抢救性记录是以数字化为主要表现形式，是为适应数字化时代人们生活方式应运而生的一种重要的非遗保护手段。本专著对重庆非遗代表性项目开展抢救性记录，通过数字化多媒体、数据库技术，将传承人掌握的丰富知识和精湛技艺全面、真实、系统地记录，保留下中华优秀传统文化基因，唤起人们对文化的抢救和保护意识，为后人传承、研究、宣传、利用非遗留下宝贵资料。同时，其数字化成果可为非遗文创产品、衍生产品的开发和利用提供丰富的资源，也可通过多种渠道和平台向公众展示和宣传，推动"文化力"向"市场力"转变。这对于传播民族文化特质和价值取向，促进重庆文

化强市建设,继承和弘扬中华民族优秀传统文化,构建中华民族优秀传统文化传承体系,具有重要意义。

二、应用前景与发展趋势

党的十九大报告明确指出:"推动中华优秀传统文化创造性转化、创新性发展。"习近平总书记强调指出"科技创新是提高社会生产力和综合国力的战略支撑,必须把科技创新摆在国家发展全局的核心位置"。可见,文化与科技融合发展是当前文化发展的新趋势。本专著的研究,符合新时代的需求,顺应新时代的发展。同时,抢救性记录贯穿了非遗自立档至振兴的全过程,它是当前非遗传承保护必不可少的重要方式和手段。

本专著紧密联系重庆非遗的实际情况,所总结的抢救性记录方法以及提出的各项建议、反思、操作流程都具有较强的针对性和可行性,以期解决非遗保护传承面临的问题。研究成果会产生较好的社会效应和影响。本研究成果将实际运用到我市非遗传承人保护和非遗数据库的实际工作及建设中去,可供重庆各高校和文化相关部门参考,也可以作为广大非遗保护研究与实践工作者的参考资料,为我市非遗的可持续发展提供政策和理论支持。

第四节
国内外研究现状

一、关于抢救性记录的研究

国外尚没有"抢救性记录"一说,但口述史是抢救性记录的核心部分,国外有关口述史的研究相对丰富。1938年美国历史学家亚伦·芮文斯出版

《通往历史之路》一书,首次提出"口述历史"的说法。1948年亚伦·芮文斯在哥伦比亚大学建立口述历史研究室,1960年出版第一部《口述史料汇编》。1971年已收集到2500种各界人士的谈话记录达2425000页之多。在芮文斯带动下,口述史学在整个西方发展起来。国外口述史学理论著作比较经典的有:[美]詹姆斯—哈威鲁滨孙于1964年著《新史学》,该书提出了要用综合的多种因素的观点来分析历史,强调历史研究的功用在于通过历史了解现在和推测未来;[英]保罗·汤普逊于2000年著《过去的声音——口述史》,该书从历史学家与口述史、口述史的成就、记忆与自我、储存与筛选等方面阐释了口述史的意义,还介绍了范例和具体的研究方法;[英]肯·霍尔斯于2003年著《口述历史》,该书解释了口述史的记录及其用法;[美]唐纳德·里奇于2006年著《大家来做口述历史》,该书重点围绕在"做"上,为口述史实践提供了理论和方法的指导及建议。

在国内艺术学界,有关抢救性记录的专项研究较少,学术专著只有国家图书馆中国记忆项目中心著《国家级非物质文化遗产代表性传承人抢救性记录十讲》,该书从传承人抢救性记录工作中的学术要求、技艺挖掘和整理、文献收集、文稿编辑、成果整理和编目等各个方面进行了详细介绍,具有较强的针对性和实用性。而关于传承人口述历史研究相对较多。比较经典的有:谭军波等编的《真实与影像 东莞民间文化传承人全记录》,武宇林著的《中国花儿传承人口述实录》,陈静等著《中国"非遗"传承人口述技艺丛书》,高舒著《漳州布袋木偶戏传承人口述史》……

在论文方面,在中国知网中分别以文献、期刊、硕博论文进行检索"抢救性记录""传承人记录",显示共20篇,可以看出"抢救性记录"方面的研究还比较少,关注度不够高。而检索"传承人口述史"显示共172篇,这方面研究也不算多。

综上所述,国内外在口述史方面的研究比较多,但在抢救性记录方面的研究还相对薄弱。笔者选择抢救性记录展开深入研究,以期能使该项工作受到更广泛的关注和足够的重视,使优秀传统文化基因与当代文化发展相适应、与现代社会相协调,提升文化资源价值转化创新,促进重庆地区的经济、社会、文化、生态的可持续发展,建设和谐小康社会。

二、关于非物质文化遗产代表性项目的研究

相对于物质文化遗产来说,我国对非物质文化遗产的认识较晚。但是,随着保护文化多样性的呼声越来越高,我国对非物质文化遗产的保护也越来越重视。近年来,国家采取一系列措施,制定相关制度,有效推动了非物质文化遗产的保护,同时也推动了非物质文化遗产代表性项目的研究。

近十余年来,非物质文化遗产代表性项目的研究硕果累累,代表性著作有:中国非遗项目编写组编著的《非物质文化遗产在中国》,冯骥才主编的《中国非物质文化遗产百科全书代表性项目卷》等,以上著作在学术性、思想性、创新性方面具有标志意义,但对于综合从非遗学、影像人类学、口述史学、文献学、电影学等多个学科视角切入,并结合数字多媒体技术去保护非物质文化遗产代表性项目的研究还不多见。

三、重庆川剧抢救性记录的研究

川剧系重庆市第一批国家级非物质文化遗产代表性项目,是中华戏曲不可或缺的瑰宝。重庆现有川剧国家级代表性传承人6名,市级代表性传承人37名。

党的十九大报告指出:"推动中华优秀传统文化创造性转化、创新性发展……更好构筑中国力量、中国精神、中国效率,为人民提供精神指引。"习近平总书记指出:传承中华文化,要"以古人之规矩,开自己之生面",重点做好创造性转化和创新性发展,使中华民族最基本的文化基因与当代文化相适应、与现代社会相协调。同时,国家出台了一系列政策文件:《中共中央关于繁荣发展社会主义文艺的意见》、中共中央办公厅和国务院办公厅《关于实施中华优秀传统文化传承发展工程的意见》及国务院办公厅《关于支持戏曲传承发展的若干政策》。能够看出国家已经开始用具体的举措表现对戏曲发展的重视,对重庆而言,利用抢救性记录研究,发展和提升重庆川剧,也是落实国家部署,实现川剧创新发展的重要路径。

综上所述,抢救性记录已成为非物质文化遗产保护的重要方法之一,

但截至目前，重庆尚无川剧抢救性记录方面的研究。随着全球经济一体化的进程不断加速和现代科学技术的不断发展，以及外来文化的不断冲击，川剧艺术出现了前所未有的生存危机和发展困境，处于濒危状况，亟须抢救性保护。因此，以川剧为代表的非物质文化遗产代表性项目的专题性和理论化研究的开展刻不容缓。

第五节
主要研究内容和创新性

一、主要研究内容

非物质文化遗产属于活态文化，以口传心授为特点，与人相互依存，是依赖特定的人群和特定的环境而存在的。因此，对它们的保护不仅是要保护其文化形态，更重要的是要对其进行传承，使之发扬光大。传承，成为非遗能否延续的关键。

故本专著在重庆非遗代表性项目抢救性记录研究中，以项目本体、传承人为研究对象，以传承人为研究核心。本专著的"抢救性记录"是指对重庆非遗代表性项目开展抢救性记录，通过数字化多媒体、数据库等技术手段，将传承人掌握的丰富知识、精湛技艺全面、真实、系统地记录，保留下中华优秀传统文化基因，为后人传承、研究、宣传、利用非物质文化遗产留下宝贵资料。

第一章为绪论，从研究背景、非遗代表性项目抢救性记录的相关概念、意义和前景，国内外研究现状以及本书研究的主要内容和创新性等五个方面开章名义。

第二章为重庆非物质文化遗产现状研究。本部分研究主要是把握重庆非遗现状,找到存在的不足。主要包括:

重庆非遗综述;重庆非遗主要成效;重庆非遗面临的挑战与机遇。

第三章和第四章是本书的核心部分。第三章为重庆非物质文化遗产代表性项目抢救性记录总体思路研究,主要研究抢救性记录存在问题、思路和操作规范。明确非遗代表性项目抢救性记录的研究思路、规范,从非物质文化遗产十大类别着手,分析每个类别重点记录的内容。主要包括:

抢救性记录探索与经验;抢救性记录存在问题;总体思路研究。

第四章为重庆川剧的抢救性记录研究,本部分是整本书的重点和难点,充分表现出非遗口传心授的活态传承特色。从非遗学、影像人类学、口述史学、文献学、电影学等多个学科视角切入,主要以重庆国家级非遗代表性项目——川剧为例开展抢救性记录研究,从项目本体和代表性传承人两个方面分析出川剧的抢救性记录研究方法,将代表性传承人(川剧现有国家级代表性传承人6名,市级代表性传承人37名)对川剧的深刻理解及其自身掌握的精湛技艺以数字化多媒体、数据库等手段全面、真实、系统地记录存档。

主要包括:

1. 重庆川剧项目抢救性研究

记录重庆川剧项目相关内容,通过查证史料,如《重庆市志》《重庆文化艺术志》《重庆戏曲志》等,采访老艺人,严谨地考证重庆川剧的历史渊源、分布区域,探索、研究重庆川剧的存续状况、主要特征、重要价值及传承谱系等。主要包括:重庆川剧发展简史、基本内容、主要特征、重要价值、传承谱系、存续状况、川剧代表性传承人介绍。

2. 重庆川剧代表性传承人群抢救性研究

本部分研究在抢救的前提下,采用影像方式对传承人群进行影音、口述历史采访,最终形成"四片一宗"即口述片、项目实践片、传承教学片、综述片和工作卷宗,并对其进行档案入库存档。包括:(1)重庆市川剧代表性传承人抢救性记录要求;(2)抢救性记录的前期准备,包括团队组建、知识准备、设备准备、访谈问题准备、工作方案设计、与传承人建立好良好关系；(3)文献收集；(4)抢救性记录采集；(5)整理编辑。

3.影视人类学视野下的非遗抢救性记录实践

本部分从影视人类学视野分析抢救性记录,包括：(1)影视人类学与影像民族志方法；(2)影视人类学方法在非遗纪录片实践中的应用。

第五章为重庆非物质文化遗产数据库的构建。对整理收集、拍摄的文字、图片、音视频、实物等资料,进行数字化处理,建立非遗数据库。该数据库是一个立足重庆,面向全国的非遗多媒体影音信息管理平台。该平台具备优秀的兼容性与安全稳定性,是基于先进的现代信息检索、传输技术,以影音数据集成、检索引擎建设为基础,完成多媒体内容集成、编辑、分发的平台。

第六章为传播与利用。本部分着力研究在新时期、新时代下,如何利用抢救性记录这种有效手段,将现存的非遗文化资源优势转化为文化竞争优势,以点带面,并传播、利用、发展新途径、新思路,充分发掘其后续利用价值。

第七章为具体对策与措施。本部分分析存在的问题,提出抢救性记录路径,以及重庆非遗抢救、保护、传承发展的策略和对非遗保护、传承机制的反思。

二、创新性

(一)视角创新

综合运用非遗学、影像人类学、口述史学、文献学、电影学等多个学科的理论、方法、成果,充分利用数字多媒体、数据库技术,从整体上对本课题进行分析与研究,以研究探究出措施,促进研究对象与方法论范式的创新。

(二)方法创新

强调将抢救性记录研究方法引入非遗研究领域,使之成为非遗保护有力、有效的工具,通过将基于口传心授的技艺转换成文字、音视频材料,弥补文献资料的不足,进而拓宽非遗保护的研究空间。

（三）观点创新

在国内外，尚未有学者提出抢救性记录工作在非遗研究领域的具体操作方法。本书对此研究所具有的特殊性、研究过程中出现的问题、反思以及建立数据库等问题提出了一些具有创新性、实用性、可行性的意见、思考和方法，充分发掘其后续利用价值，为保护工作提供科学指导。

第二章 重庆非物质文化遗产现状研究

自1997年直辖以来,重庆的经济建设得到了突飞猛进的长足发展,经济总量的扩大带动着城市规模迅速扩张,经济交往的频繁带来了大量的外来流动人口。重庆,已经超越其地理疆界而成为一个具有跨地域影响力的大城市。按照党中央的总体部署,重庆城市发展的总体目标是在西部地区率先实现全面建设小康社会的目标。全面建设小康社会,其内涵绝不仅仅是经济指标的增长,必须以构建和谐社会为手段,实现经济社会的全面发展,其重要表征是民众物质与精神生活水平的大幅提升,在此目标的指引下,传统文化建设,尤其是非物质文化遗产的保护、传承与弘扬是构建和谐社会的题中应有之义。

第一节 重庆非物质文化遗产综述

重庆市非物质文化遗产拥有深厚的历史积淀和文化内涵,在科学、艺术和文化等领域具有极高的价值,是重庆历史的活的见证,是重庆人民创造力的结晶,对重庆当代文化建设和经济社会发展具有不可估量的重要意义。

一、重庆非物质文化遗产概况

重庆幅员辽阔,人口众多,历史悠久,文化积淀丰厚,非物质文化遗产资源蕴藏量大。3000多年的悠久历史孕育了源远流长、绚丽多姿的巴渝文化,川江号子、川剧、龙舞、摆手舞、漆器、石雕、折扇、夏布、陶艺、年画、竹帘、峡砚等一大批非物质文化遗产资源以其珍贵的历史文化价值在全国享有盛誉。

近年来,在市委、市政府的正确领导和大力支持下,我市各级文化主管部门认真履行职责,紧密结合我市实际,认真探索新形势下做好非物质文化遗产保护工作的新路子、新方法,不断创新工作方式,加大工作力度,全力、全面做好非物质文化遗产保护工作。我市非物质文化遗产保护工作,始终坚持"以宣传为先导,普查为基础,研究为支撑,项目保护为中心,传承人扶持为关键,博物馆、传习所或文化生态保护区为拓展"的指导思想,已建立起了非物质文化遗产保护机制和体系,全市非物质文化遗产保护工作取得了显著的成绩。

目前,全市有国家级非遗代表性项目53项,市级非遗代表性项目707项,区县级非遗代表性项目3428余项,累计命名国家级非遗项目代表性传承人60名、市级非遗项目代表性传承人699名;创建国家级文化生态保护实验区1个、国家级生产性保护示范基地1个、国家级传统工艺工作站1个,有8个项目列入中国传统工艺振兴目录;创建市级非遗生产性保护示范基地87个,命名市级非遗传承教育基地109个。通过积极整理、申报,我市非遗三级名录体系已逐步完善,建立了国家级、市级和区县级三级非遗名录体系、三级传承人和保护单位体系。全市非物质文化遗产保护工作正向全面深入的方向迈进。

同时,传承机制的推陈出新,使得非物质文化遗产项目保护效果明显。总览我市目前非物质文化遗产项目的保护情况,有36%的项目由于保护得当,保护和发展较为可观,能够实现传承与保护的目标;有43%的项目需要政府的积极引导,建立长效的非物质文化遗产保护机制,使之能够长远发展;有21%的项目为亟待保护的濒危项目,需要政府的大力投入与扶持保护,来完成非物质文化遗产保护工作的全面提高。

二、重庆非物质文化遗产特征

(一)浓郁的巴渝文化底蕴

重庆的非物质文化遗产有巴渝文化的独特遗存。"巴渝"并称,指代巴人活动之地,很早就见诸文献。司马相如《上林赋》即有"巴俞宋蔡,淮南于遮"之说。隋时，巴地称渝州，"巴渝"之名更多见于历史文献与文学作品，这时"巴渝"不仅代表了一个地理区域，还增加了区域历史更迭演变的意味。巴渝文化起于巴文化，在巴山渝水繁衍生息的人民间代代传承，保留古老的基因，增加新的内涵，逐渐成为重庆非物质文化遗产的主要构成与浓郁底蕴。

（二）历史悠久

重庆非物质文化遗产项目大多历史悠久。研究表明，酉阳古歌是巫傩师在祭祖崇拜、祈求丰产和驱邪还愿活动中吟诵或唱诵的文辞，风格诡谲，源头可以追溯到上古时代的巫歌。川江号子是流传于长江及其支流岷江、嘉陵江等流域的歌唱形式，是船工们驾船劳作时所唱的歌谣，距今已有数千年的历史。璧山区大傩舞已有1800多年的历史，是了解巴渝地区原始宗教、舞蹈、戏剧、民俗风情的历史"活化石"。巴南区木洞山歌的渊源可以追溯到上古时代的"巴渝歌舞"。这些非物质文化遗产项目不仅历史悠久，而且每个项目都蕴含着丰富而独特的文化信息，其中不少被称为活化石，能够为多种学科提供研究资料。

（三）项目影响较大

重庆很多非物质文化遗产代表性项目曾获得诸多荣誉，在国内外受到赞誉。如国家级非遗代表性项目石柱土家族啰儿调的代表作《太阳出来喜洋洋》很早就蜚声海内外；由国家级非遗代表性项目秀山民歌《黄杨扁担》改编的男声小合唱《山区运粮队》的合唱团曾受文旅部指派赴叙利亚、埃及、黎巴嫩、阿尔巴尼亚等国演出；川江号子国家级代表性传承人陈邦贵等在法国组织的世界大河歌会上吼唱川江号子，被媒体评价可与世界著名歌曲《伏尔加河船夫曲》媲美，并获得金奖为国争光；国家级非遗代表性项目铜梁龙舞曾参加建国35周年和40周年国庆，参加2008年北京奥运会开幕式表演；国家级非遗代表性项目永城吹打乐班曾参加中国民间音乐舞蹈大赛，获得国家文化部、广电部颁发的繁荣奖，引起了《今日亚洲》电视片35个国家联合摄制组、中央电视台、人民日报社、中国文化报等众多媒体的广泛关注。类似的项目还可以列出很多。

(四)项目娱乐性强、群众参与度高

重庆很多传统音乐、传统舞蹈、传统戏剧、曲艺、传统体育、游艺与竞技等类型的非遗项目具有娱乐性、群众参与性特征,在重庆深受广大民众喜爱,不少项目有深厚的群众基础,有相当数量的参与者和众多的观众群体。比如:走马镇民间故事在当地有众多参与者;巴南区现有的接龙吹打乐班就有260余个、乐手近2000人,乐班不仅经常参加本地民众婚丧寿庆仪式的演出,而且曾多次组团参加市、区的比赛演出;设于铜梁的中国龙舞艺术文化团经常策划和组队参加国内外重大演出活动及庆典娱乐活动,深受欢迎;摆手舞是土家族在祭祀祖先、祈祷丰年、喜庆佳节等活动中的一种群众性舞蹈,酉阳县曾举行一万余人跳摆手舞且荣获吉尼斯世界纪录。

(五)技术精湛、艺术性佳

重庆传统手工技艺类非物质文化遗产大多技艺精湛,具有独特的艺术性、观赏性,具有较高经济价值、实用价值、收藏价值,有的曾有过极高声誉,有的名扬四海。如梁平竹帘曾多次作为国家领导人出国访问的礼品,北京人民大会堂、钓鱼台国宾馆都有珍藏;重庆漆器作品被故宫博物院、英国国立维多利亚与艾伯特博物馆、中国工艺美术馆收藏,被作为国家礼品用来赠送外国首相和国际友人;同德福合川桃片1925年曾获巴拿马世界博览会金奖,被誉为"世界第一桃片",名扬国内外;荣昌陶器曾获国家、省、市奖150多项,产品远销世界30多个国家和地区,是"中国四大名陶"之一。

第二节
重庆非物质文化遗产主要成效

2004年以来,我市非物质文化遗产保护工作逐渐全面展开。经过十几年的不断努力,在各级党委和政府的关心支持下,在相关部门的积极配合

下,通过各级文化行政部门和专家们的不懈努力,我市的非物质文化遗产保护工作取得了较好成绩。组织实施了普查、申报、试点、研究等系列基础性工作,抢救保护了一批珍贵、濒危的非物质文化遗产。全社会非物质文化遗产保护意识逐步增强,营造了全民参与非物质文化遗产保护的良好氛围,为推动重庆文化强市建设做出了积极贡献。

一、健全四大工作保障

(一)政策保障

为加强我市非物质文化遗产保护工作,指导各地保护工作的有序开展,在国务院下发《国务院关于加强文化遗产保护的通知》(国发〔2005〕42号文)、《国务院办公厅关于加强我国非物质文化遗产保护工作的意见》(国办发〔2005〕18号文)等文件后,我市政府及相关部门陆续出台了相关非遗政策法规:2005年,重庆市政府出台《重庆市人民政府办公厅关于加强我市非物质文化遗产保护工作的实施意见》(渝办发〔2005〕223号);2006年,重庆市人民政府出台《重庆市人民政府关于加强文化遗产保护的通知》(渝府发〔2006〕53号);2009年,中共重庆市委三届五次全会通过《关于推动文化大发展大繁荣的决定》(渝委发〔2009〕12号);2008年,重庆市文广局印发《重庆市非物质文化遗产项目代表性传承人认定与管理暂行办法》(渝文广发〔2008〕136号)。

2007年,我市开始了非物质文化遗产的立法调研工作,并完成《重庆市非物质文化遗产保护条例》的起草稿。2010年,为加快推进我市非物质文化遗产保护立法工作,市政府办公厅、市编办、市发展改革委、市财政、市人力社保局、市文化广电局、市政府法制办,以及市非遗保护中心等有关单位先后赴江苏省、贵州省、福建省、浙江省就非物质文化遗产保护立法工作的具体做法以及非物质文化遗产保护工作等方面进行了深入学习和考察;并实地调研我市的垫江、梁平等区县保护工作的开展情况及存在问题。结合市内外的调研情况,再次对《重庆市非物质文化遗产保护条例》进行了修改,使之更具可操作性。

2012年7月,经重庆市人大常委会审议通过了《重庆市非物质文化遗产条例》,并在当年12月1日正式实施;2013年1月,依据《重庆市非物质文化遗产条例》第十四条授权制定的《重庆市非物质文化遗产专家评审办法》(渝府令〔2013〕268号)正式发布并实施。该办法是全国第一个专门规范非物质文化遗产专家评审工作的省级政府规章,明确了专家评审的适用范围、专家评审的原则、专家库的组建、专家评审内容和专家评审规则等;2014年12月,原重庆市文化委员会印发了《重庆市非物质文化遗产代表性传承人管理办法》(渝文委规〔2014〕4号);2015年8月,重庆市政府办公厅颁布《重庆市人民政府办公厅关于加快武陵山区(渝东南)土家族苗族文化生态保护实验区建设的意见》(渝府办发〔2015〕117号);2018年6月,重庆市政府发布《重庆市传统工艺振兴计划》(渝府办发〔2018〕85号)。这些法律法规、政策性文件,保障了全市非遗工作依法高效推进,进一步明确了保护工作的政策依据和发展导向。

(二)组织保障

结合我市实际情况,2005年,由重庆市文化广播电视局、市发展改革委、市教委、市民宗委、市财政局、市建委、市规划局、市旅游局等市级相关部门组建了我市非物质文化遗产保护工作局际联席会议和局际联席会议办公室,办公室设在原市文化广电局,并在社图处加挂了非遗处的牌子。2014年,重庆市文化委单独设立非物质文化遗产处。2005年,成立了重庆市非物质文化遗产保护中心,中心设在重庆市文化和旅游研究院,实行"一套班子、两块牌子"运作体制。统筹管理并组织协调全市的非物质文化遗产保护工作。重庆市非物质文化遗产保护中心还同重庆文理学院联合开办了重庆文化遗产学院。在重庆文理学院建立了重庆市非遗保护研究基地。同时,成立了市非物质文化遗产保护协会,成为全国第一个加挂中国非物质文化遗产保护协会分会牌子的省级协会,为发动社会力量参与非遗保护工作搭建了坚实的平台。各区县多数挂靠文化馆、文管所组建了工作机构,乡镇(街道)依靠综合文化站开展工作,市、区县、乡镇三级管理机构基本形成。

（三）设施保障

非物质文化遗产博物馆、传习所等基础设施承担着收藏、展示、研究、传习非物质文化遗产的重要职能，是开展非物质文化遗产保护传承工作的重要场所。为了做好非遗基础设施建设工作，我市建立了一批非遗展示传承场所。

建立了一批专题博物馆或展示区。秀山县、梁平区利用国家发改委非遗基础设施建设专项资金建成了秀山花灯博物馆、梁山灯戏和木版年画展演展示场馆，荣昌陶器设立了"安陶博物馆"，荣昌夏布设立了"夏布小镇"，刘氏刺熨疗法设立了"医药博物馆"，重庆火锅设立了"火锅博物馆"，涪陵设立了"榨菜博物馆"等。

建立了一批非遗展览厅或陈列室。多由当地非遗保护机构组织实施，展览厅或陈列室选址也多在非遗保护中心或文化馆内，占地面积多在100平方米左右，集中展示本地国家级、市级非遗代表性项目。同时，重庆市非遗博物园也在加快规划设计。

建立了一批非遗传承教育基地。传承教育基地由市文化和旅游发展委员会命名，对象为致力于传承当地具有代表性的非遗项目的中小学、大中专院校以及其他社会机构，至今全市已命名109个。

（四）资金保障

一是专项资金得到保障。2004年以来，中央财政对我市国家级非遗项目投入的保护经费，以及市级财政的保护经费都于当年全部落实到位，并对相应的保护项目和保护责任单位下达详细的任务书，对专项保护资金使用情况进行检查，目前各项工作正按保护计划开展，总体任务完成较好。同时，国家级代表性传承人已按相关标准予以了传承资助。二是市级财政投入得到保障。为切实加强对非物质文化遗产保护工作的经费投入，我市的市级专项保护经费逐年增加，从2006年至今，市级财政用于非遗保护的经费已累计达到4000多万元。

二、注重非遗档案及数据库工作

(一)注重非遗普查工作

我市非物质文化遗产资源普查工作于2005年启动以来,全市已完成初期普查工作任务,普查进度名列全国31个省市第10位。普查工作历时近4年,全市40个区县(自治县)参与普查人数达13239名,走访了传承人7240名,收集到线索17534条,记录文字1598.5642万字,搜集照片32400张,整理录音1740.6小时,录制摄像977.9小时,征集资料实物2937件,登记记录的实物3100件。通过普查认定,全市属于保护范围的民间文学、传统音乐、传统舞蹈、传统美术、传统戏剧、曲艺、传统技艺等非物质文化遗产共计17个门类4100余项。其中民间文学类732项,传统音乐类841项,传统舞蹈类287项,传统戏剧类69项,曲艺类122项,传统杂技类43项,传统美术类157项,传统技艺类752项,生产商贸习俗类22项,消费习俗类32项,人生礼俗类73项,岁时节令类43项,民间信俗类446项,民间知识类(包括物候天象、灾害、数理、记事、建筑)40项,传统体育、游艺与竞技类118项,传统医药类252项,其他类81项。

从非遗普查类别来看,重庆非物质文化遗产丰富多彩,非物质文化遗产的十大门类重庆均有涉猎,且项目分布广泛,几乎涵盖全市所有区县;从普查总体数量上看,传统技艺及民间文学、传统音乐三类项目资源最为丰富;从资源分布的地域来看,渝东南少数民族地区(包括黔江区、彭水县、酉阳县、秀山县和石柱县)的非物质文化遗产资源相对较为丰富,占普查总数的31%,资源整体分布态势不够平衡。

全市范围内的非遗普查基本摸清了家底,了解了我市非遗资源的主要类别和形态、分布区域和数量、传承脉络和历史,并建立起重庆市非物质文化遗产资源体系,为今后各项保护工作的深入推进奠定了坚实的基础。

(二)加强非遗档案、数据库建设

2014年全市开展了非遗档案、数据库建设专题培训,同时启动了全市非物质文化遗产档案摸底调查,基本摸清了情况,目前正在调研起草《重庆市非物质文化遗产档案管理办法》,以进一步推进我市非物质文化遗产档案工作的规范化、标准化、制度化建设打下了良好基础。2015年,市文化委下发《关于加强我市非物质文化档案和数据库建设的通知》(渝文委发〔2015〕413号);2014年,重庆市成功申报为全国第二批非遗保护数字化试点城市。2017年,完成重庆漆器髹饰技艺、走马镇民间故事2个项目的试点工作,分别上报了包括文字、图片、音视频等资料共6368和2118条资源。

三、抓好非遗名录体系和生态区建设

(一)健全保护名录、传承体系

根据相关文件精神,国家级、市级名录每两年申报,全市将继续加强申报工作,不断地丰富完善我市国家级、市级、区县级三级名录体系。

根据《非遗法》《非遗条例》设定的市级非遗项目、项目保护单位、非遗项目代表性传承人和市级文化生态保护区,民间文化艺术之乡的认定和撤销相关条文,强化行政许可职能。成立了非遗专家库,完善了项目评审机制,加强对国家、市、区县三级代表性项目的申报、评审。目前,全市有国家级非物质文化遗产代表性项目53项,市级非物质文化遗产代表性项目707项,区县级非物质文化遗产代表性项目3428项,累计命名国家级非遗代表性传承人60名、市级非遗代表性传承人699名;创建国家级文化生态保护实验区1个、国家级生产性保护示范基地1个、国家级传统工艺工作站1个,有8个项目列入中国传统工艺振兴目录;创建市级非遗生产性保护示范基地87个,命名市级非遗传承教育基地109个。通过积极整理、申报,我市非遗三级名录体系已逐步完善,建立了国家级、市级和区县级三级非遗名录体系、三级传承人和保护单位体系。同时,开展了48位国家级非遗代表性传承人抢救性记录工作,扶持了亟须抢救性保护的市级非遗项目5个。落实传承人退出机制,根据《重庆市非物质文化遗产条例》第二十五条规定,撤销了6名不履行传承义务、丧失传承能力的市级非遗代表性传承人资格。全市非物质文化遗产保护工作正向全面深入的方向迈进。

综上所述,"金字塔形"非物质文化遗产名录体系已经初步形成。如图1:

```
        国家级53项
        ←
        
        市级707项
        ←
        
        区县级3428项
        ←
        
普查统计4188项
```

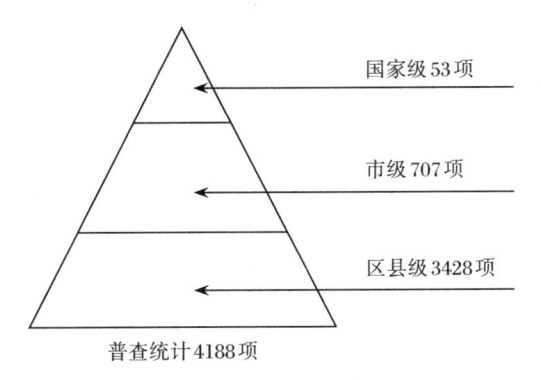

图1 重庆市非物质文化遗产名录体系建设成效示意图

重庆市列入国家级非物质文化遗产代表性项目名录的项目如表1至表5：

表1 重庆市第一批国家级非物质文化遗产代表性项目名录（2006）

序号	编号	项目类别	项目名称	申报地区或单位
1	Ⅰ—17	民间文学	走马镇民间故事	重庆市九龙坡区
2	Ⅱ—15	民间音乐	石柱土家啰儿调	重庆市石柱县
3	Ⅱ—24	民间音乐	川江号子	重庆市
4	Ⅱ—25	民间音乐	南溪号子	重庆市黔江区
5	Ⅱ—26	民间音乐	木洞山歌	重庆市巴南区
6	Ⅱ—52	民间音乐	接龙吹打	重庆市巴南区
7	Ⅱ—52	民间音乐	金桥吹打	重庆市万盛区
8	Ⅱ—53	民间音乐	梁平癞子锣鼓	重庆市梁平县
9	Ⅲ—4	民间舞蹈	铜梁龙舞	重庆市
10	Ⅳ—12	传统戏剧	川剧	重庆市
11	Ⅳ—77	传统戏剧	梁山灯戏	重庆市梁平县
12	Ⅶ—10	民间美术	梁平木版年画	重庆市梁平县
13	Ⅸ—51	民俗	秀山花灯	重庆市秀山县

表2　重庆市第二批国家级非物质文化遗产代表性项目名录(2008)

序号	编号	项目类别	项目名称	申报地区或单位
1	Ⅱ-204	传统音乐	秀山民歌	重庆市秀山县
2	Ⅱ-205	传统音乐	酉阳民歌	重庆市酉阳县
3	Ⅱ-206	传统音乐	搬运号子(梁平抬儿调)	重庆市梁平县
4	Ⅱ-207	传统音乐	搬运号子(龙骨坡抬工号子)	重庆市巫山县
5	Ⅱ-203	传统音乐	唢呐艺术(永城吹打)	重庆市綦江县
6	Ⅲ-209	传统舞蹈	土家族摆手舞(酉阳摆手舞)	重庆市酉阳县
7	Ⅴ-106	曲艺	四川竹琴	重庆市
8	Ⅴ-105	曲艺	车灯	重庆市
9	Ⅶ-21	传统美术	蜀绣	重庆市渝中区
10	Ⅷ-302	传统美术	竹编(梁平竹帘)	重庆市梁平县
11	Ⅷ-305	传统技艺	夏布制作工艺(荣昌夏布)	重庆市荣昌县
12	Ⅷ-303	传统技艺	重庆漆器髹饰技艺	重庆市
13	Ⅷ-307	传统技艺	豆豉酿制技艺(永川豆豉酿制技艺)	重庆市
14	Ⅷ-306	传统技艺	涪陵榨菜传统手工制作技艺	重庆市涪陵区
15	Ⅷ-304	传统技艺	制扇技艺(荣昌折扇)	重庆市荣昌县
16	Ⅸ-27	传统医药	针灸(刘氏刺熨疗法)	重庆市渝中区

表3　重庆市第三批国家级非物质文化遗产代表性项目名录(2010)

序号	编号	项目类别	项目名称	申报地区或单位
1	Ⅰ-124	民间文学	酉阳古歌	重庆市酉阳县
2	Ⅱ-123	传统音乐	小河锣鼓	重庆市渝北区
3	Ⅲ-5	传统舞蹈	高台狮舞	重庆市彭水县
4	Ⅴ-110	曲艺	四川评书	重庆市曲艺团
5	Ⅴ-75	曲艺	四川扬琴	重庆市曲艺团
6	Ⅴ-77	曲艺	四川清音	重庆市曲艺团
7	Ⅴ-91	曲艺	金钱板	重庆市万州区
8	Ⅷ-211	传统技艺	土家族吊脚楼营造技艺	重庆市石柱县
9	Ⅷ-98	传统技艺	荣昌陶器制作技艺	重庆市荣昌县
10	Ⅸ-4	传统医药	桐君阁传统丸剂制作技艺	重庆市南岸区

表4 重庆市第四批国家级非物质文化遗产代表性项目名录(2015)

序号	编号	项目类别	项目	申报地区或单位
1	Ⅰ-149	民间文学	广阳镇民间故事	南岸区
2	Ⅱ-109	传统音乐	苗族民歌	彭水苗族土家族自治县
3	Ⅲ-121	传统舞蹈	玩牛	石柱土家族自治县
4	Ⅹ-84	民俗	宝顶架香庙会	大足区
5	Ⅹ-84	民俗	丰都庙会	丰都县

表5 重庆市第五批国家级非物质文化遗产代表性项目名录(2021)

序号	编号	项目	类别	申报地区或单位
1	Ⅳ-157	阳戏(酉阳土家面具阳戏)	传统戏剧	酉阳县
2	Ⅵ-109	蹬技(重庆蹬技)	传统体育、游艺与杂技	重庆杂技艺术团有限责任公司
3	Ⅶ-25	挑花(巫溪嫁花)	传统美术	巫溪县
4	Ⅶ-56	石雕(大足石雕)	传统美术	大足区
5	Ⅶ-58	木雕(奉节木雕)	传统美术	奉节县
6	Ⅶ-66	彩扎(铜梁龙灯彩扎)	传统美术	铜梁区
7	Ⅸ-5	针灸(赵氏雷火灸)	传统医药	渝中区
8	Ⅸ-6	中医正骨疗法(燕青门正骨疗法)	传统医药	江北区
9	Ⅹ-163	秀山苗族羊马节	民俗	秀山县

(二)传承机制推陈出新,效果明显

传承人是非遗的重要承载者和传递者,对传承人的保护是非遗赓续发展的关键。我市先后出台了《重庆市非物质文化遗产名录项目代表性传承人认定与命名暂行办法》《重庆市非物质文化遗产代表性传承人扶助办法》《重庆市非物质文化遗产项目代表性传承人管理办法》,加大了对代表性传承人的认定、命名及传承扶持工作。还采取了一系列措施:一是采取与国家级代表性传承人签订传承协议书的办法,进一步明确了传承人的责任与义务,以及传承的目标和方向。二是采取了依据传承效果分期分批拨付传习补贴经费的方式,改变了一次性补贴传承人的办法,切实加强了传承管理。三是传承工作除了师徒传带外,还与学校教育、民间文艺社团发展等进行了有机结合,有效拓展了传承渠道。

2005年,我市已开始对国家级、市级项目代表性传承人传承活动给予传承补助或津贴。从2015年开始,对国家级代表性传承人在国家给予补助2万元的基础上,市财政给予每人每年的配套补助由2000元增加至3000元;市级传承人由市财政给予每人每年的补助由5000元增加至6000元。各区县根据工作需要,也安排了相应工作资金。

(三)加强非遗生产性保护

在保证项目本真性、整体性和手工核心技艺的前提下,加强了对非遗项目的合理利用,全市累计命名市级非遗生产性保护示范基地87个。非物质文化遗产的文化附加值通过生产性保护的开展得到有效发掘,在一些资源优势较好的区县,非遗项目已经成为当地经济社会发展的支柱性产业。例如荣昌区目前有"荣昌陶器制作技艺""夏布织造技艺""荣昌折扇"3个国家级非遗代表性项目。荣昌夏布现有生产企业10家,2018年出口创汇上亿美元;折扇企业16家(作坊),2018年销售额达3000余万元;陶器企业12家,2018年度荣昌陶器产值11亿元。建成荣昌区西部陶都博艺馆,内设陶器展示厅、陶器资料收集室、陶艺研发室、陶艺传习所、陶器学术研究室。另外,重庆火锅、谭木匠、永川豆豉、张鸭子、山神漆器等项目的生产性保护工作取得明显突破。

(四)推进渝东南文化生态保护实验区建设

建立文化生态保护区,是国家首创的适应非物质文化遗产活态流变性和整体性特征而采取的科学保护方式。国家级文化生态保护区经文化部同意设立,自2007年至今,我国已相继设立了国家级文化生态保护区7个,国家级文化生态保护实验区17个,涉及17个省份,我市的武陵山区(渝东南)土家族苗族文化生态保护实验区是其中之一。

2014年8月,文化部办公厅《关于同意设立武陵山区(渝东南)土家族苗族文化生态保护实验区的复函》(办非遗函〔2014〕385号)正式批准我市"武陵山区(渝东南)土家族苗族文化生态保护实验区"为国家级文化生态保护实验区。2015年,市政府出台了《重庆市人民政府办公厅关于加快武陵山区(渝东南)土家族苗族文化生态保护实验区建设的意见》,落实了资金配套、实绩考核和建筑文化传承三项重要政策;2017年8月,重庆市非物质文化遗产保护中心组织成立编制小组,完成了《总体规划》和区县子规划;2018年9月,文化和旅游部通过《武陵山区(渝东南)土家族苗族文化生态保护实验区总体规划》。

四、教育传承成效明显

在重庆市非物质文化遗产保护传承的实践过程中,早在国家法律出台之先,就已经开展了教育传承的有益探索和实践。经过几年的探索,重庆市已经初步建成包括政府部门、高校、传承单位、传承人在内,涵盖非物质文化遗产保护、研究、人才培养等方面的较为完整的非物质文化遗产保护工作体系,形成了以"政府主导,学界介入,社会参与"为指导原则的非物质文化遗产保护的"重庆模式"。其具体结构如下图:

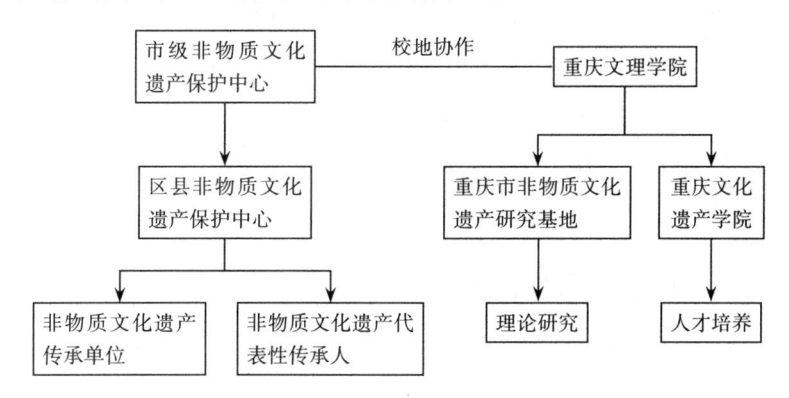

图2 非物质文化遗产保护"重庆模式"工作框架示意图

通过重庆市文化主管部门与我市教育系统的大力合作,充分发挥我市大专院校、中小学校的智力、科研优势和人力资源,组织建设了传承基地或传习所,鼓励每个项目都有传承阵地,使我市非遗保护传承实现了"非遗进校园""非遗进课堂""非遗进教材",构建了涵盖基础教育、职业教育和高等教育的非物质文化遗产教育传承体系。如国家级非遗代表性项目接龙吹打乐率先在全市创立接龙民间吹打队伍传承基地,创造性地在巴南区计算机专修学校开办三年制的"接龙民间艺术专业班"中职教育,编写了中小学校"非遗"保护传承课本《接龙吹打乐》。并陆续确定了接龙中心学校、光彩学校等6所重点传承学校;为确保国家级非遗代表性项目铜梁龙舞艺术良好传承和健康发展,铜梁区把铜梁区文化馆作为传习所,聘请国家级代表性传承人黄廷炎定期为龙舞学院授课。又指定了一批大、中、小学为铜梁龙舞艺术传承实验基地。如重庆传媒学院、铜梁区高级职业中学、重庆市巴川中学、铜梁区实验一小。此外,铜梁区把培养新人作为龙舞表演艺术团体建立的基本条件,要求艺术团体每年培养合格的舞龙队员必须达到注册队员总数的20%以上,否则不予年检,把全区的龙舞表演团体整合成一个大概念的传承基地。

在高等教育领域内,以重庆市非物质文化遗产研究基地为依托,取得了多项全国领先的重大成果。2005年,重庆市非物质文化遗产保护中心在重庆文理学院建立了重庆市非物质文化遗产研究基地。2007年,重庆文理学院建成国内高校唯一的非物质文化遗产类国家精品课程"非物质文化遗产概论";2009年,重庆文理学院建成国内唯一的省(市)级非物质文化遗产教育传承实验教学示范中心,因特色鲜明,成效卓著,其教学成果"中华民族非物质文化遗产教育传承体系在当代高校的构建与实践"荣获"第六届国家级教学成果奖一等奖"。

五、科研工作成效显著

近年来重庆非遗保护研究硕果累累。我市相继完成了文旅部《重庆民间舞蹈》《重庆传统戏曲》《川江号子》3个艺术资源调研课题,出版了《中国民间故事集成·重庆卷》、《接龙吹打乐》、《木洞山歌》、《梁平木版年画》、《川江号子》、《巴渝民俗戏剧研究》、《走马镇民间故事》、《重庆市非物质文化遗产名录图典一》、《梁山灯戏》、《车灯》、《秀山花灯大全》、《重庆阳戏》、《川剧传统剧目选集》(1—18集)、《石柱土家啰儿调》等系列专著。其中,专著《接龙吹打乐》、《川江号子》于2006年、2011年先后获重庆市政府颁发的重庆市第五次、第七次社会科学优秀成果一等奖;专著《巴渝民俗戏剧研究》于2009年荣获重庆市政府颁发的重庆市第六次社会科学优秀成果二等奖;《中国民间故事集成·重庆卷》于2010年荣获第五届重庆文学艺术奖。

六、社会影响日益扩大

我市积极传承优秀传统文化,重视非遗保护的宣传和推广,扩大了社会影响,取得了较好成果。

一是利用节假会期,组织"非遗回归生活"系列活动。以传统节日、重大节庆、文化遗产日等活动为载体,通过举办展览、现场展示、舞台演出等形式,凸显"让非遗回归生活"的主题,让社会各界充分了解非物质文化遗产,成效显著。如"文化和自然遗产日"系列活动、文化消费季活动之重庆市非物质文化遗产嘉年华活动、重庆非物质文化遗产暨老字号博览会、重庆市非物质文化遗产传承发展研讨会、重庆市民间文化艺术之星评选活动、非遗进校园活动等。活动形式多样,彰显了重庆非遗的特色,形成了非遗项目的特色活动品牌,得到了大众、媒体、各级部门领导的充分肯定和赞扬。

二是组织传承人积极参加国内外大型的文化交流活动,扩大影响,提升重庆非遗项目知名度。国内交流,如积极参加29届奥运会"中国故事"——"重庆祥云小屋"专题展示、庆祝新中国成立60周年天安门广场展演、上海世博会重庆活动周、全国渔歌(号子)邀请赛、中国非物质文化遗产博览会、成都国际非遗节、长江非物质文化遗产大展、海上丝绸之路艺术节非物质文化遗产大展、"一带一路"非物质文化遗产精品展暨浙江省第九届非物质文化遗产博览会、2016年中国共产党与世界对话会、2016中国国际友好城市大会、全国曲艺论坛等全国性的大型非遗展览活动。国外交流,如2008年赴德国柏林展示巴渝民间艺术、2010年春节在澳大利亚悉尼举办庙会和大型巡游活动、2010年8月在美国田纳西州举办"重庆文化周"、2010年10月和2011年春节先后在洛杉矶参加了"中国文化周"和"春节文化品牌"的现场展示、2017年新加坡"中国非遗文化周"、2017年英国重庆文化周等国际文化交流活动。其中,"重庆祥云小屋"专题展示被奥组委和文旅部共同授予"最佳组织奖""最佳策划奖"和"突出贡献奖",是唯一同时荣获3个奖项的项目;酉阳阳戏参加中国第四届少数民族戏剧会演,获得优秀剧目奖,被专家誉为中国戏剧的活化石;川江号子获德国第八届勃拉姆斯国际合唱比赛金奖。这些活动在国内外都产生了较好的社会反响,扩大了我市非物质文化遗产资源和保护工作在全国乃至世界上的影响。

三是推进非遗传承人群培训。成功推荐重庆文化艺术职业学院和四川美术学院为全国定点培训院校,并承担了非遗传承人群培训,培训学员1000余名;推荐了重庆非遗传承人参加文化和旅游部的研修,数量居全国前列。

四是加强品牌宣传。一方面积极与各类媒体合作。借助各类平面媒体在社会上的宣传影响力,主动与《重庆日报》《重庆商报》《重庆晚报》、《重庆晨报》、华龙网、腾讯网、大渝网等媒体联系,及时刊发有关非遗保护工作的新闻报道,推介优秀非遗项目及传承人。另一方面拍摄了影像《重庆非物质文化遗产》(1—12集),由重庆音像出版社出版;摄制了系列纪录片《巴渝寻宝》《非遗中国·重庆瑰宝》,已在重庆电视台科教频道进行展示和系统推介,播出100多期节目,系统推介全市53个国家级和707个市级非物质文化遗产项目;与《重庆文理学院学报》合作共建"非物质文化遗产研究"栏目,强化宣传、研究。

第三节
重庆非物质文化遗产面临的挑战与机遇

一、面临挑战与困境

重庆非物质文化遗产保护传承作为国家非遗保护行动的重要组成部分,固然取得了相当显著的成绩,但同时也存在全国普遍存在的共性的不足,此外,还存在具有地方特点的特殊的短板。如一些对非遗保护重要性认识不到位,"重申报、轻保护,重开发、轻管理"的现象不同程度地存在;政策措施保障虽有加强但仍然不到位,缺乏科学的保护规划、具体的项目计划、有效的工作管理机制和必要的经费投入;保护机构和人员不到位,兼职和临时聘用人员较多,素质参差不齐,队伍不够稳定等。

同时,重庆非遗保护工作是在工业化、城镇化背景下开展的,在经济社会的快速变迁中,重庆"非遗"正在面临着空前的存续危机和挑战。

(一)非遗生态面临冲击

随着时代变迁,传统文化共同体内部密切的人际关系、人际交往、外部环境、生活方式发生变化,传统的家庭、社区、社群逐渐分化甚至逐渐解体,使得传统仪礼、风俗、生活习惯逐渐发生改变,传统文化认同与传承功能逐渐弱化。与此相关的重庆民间文学类、传统音乐类、传统戏剧类、曲艺类等非物质文化遗产在现代生活中失去了一部分根基,使得部分非遗项目面临着加速消失的现实威胁。

(二)自然资源过度开发

重庆部分地区内原有自然地貌、周边环境的改变,空气、水源、植被、土壤等自然资源遭到破坏,人为过度开发、肆意滥用的现象时有出现,使得部分非物质文化遗产项目失去了赖以生存的自然生态环境。尤其是对生态环境依赖较强的吊脚楼营造、木雕、石雕、饮食、酿造、编织等传统技艺所需的原料短缺、自然环境的改变,会使这些传统技艺的存续状况进一步恶化。

(三)现代生活影响

一方面现代生活中的工业化生产方式和现代传媒手段引导所带来的消费观念、审美观念改变使得民众逐渐忽视了传统手工艺品、传统艺术、民俗活动的价值,使得一些非物质文化遗产的实践群体和享用群体逐渐萎缩。另一方面对"非遗"产品文化内涵的发掘与宣传不足,相关作品和衍生产品缺乏创新,绝大多数设计作品还停留在传统形式中。非物质文化遗产面临如何适应日新月异的社会和与时俱进的大众需求,并结合当代设计融入当代人生活,改变所处的窘境。

(四)传承危机依然存在

传承人是非物质文化遗产得以存续的关键载体。尽管我市不断加强对非物质文化遗产项目传承人的扶助力度,但传承人老龄化和资源衰亡现象日趋明显。近年来不断有项目代表性传承人辞世;健在的大都年老体弱,传承授徒心有余而力不足;有的项目出现传承环境消失、传承链断裂等状况,后继乏人。这些因素使得部分非遗项目面临人亡艺绝、濒临失传的危机。

(五)体制机制建设有待加快

自2003年以来,重庆市作为全国文化体制改革试点地区,在体制改革方面已经迈出实质性步伐,取得了重要的阶段性成果。但总的说来,文化管理的体制机制还不完善,还或多或少地存在政企不分、政事不分、管办不分的情况,特别是非物质文化遗产保护传承作为近年的热点话题,对当前持续推进的文化管理体制改革提出了新要求。非物质文化遗产保护传承涉及文化、教育、规划、文物、国土、财政等政府工作的多个方面,需要从保护传承自身的规律出发设计新的管理运行机制,重庆市在这方面尤其需要实现新的突破。

(六)经费投入力度有待加大

经费不足是当前重庆非物质文化遗产保护传承工作面临的主要问题之一。从市级财政投入来看,经费缺口高达90%。从区县(自治县)财政投入来看,部分区县因财力有限,非遗保护经费严重不足。尤其是一些发展滞后的贫困地方,又恰恰是非物质文化遗产资源丰富,保护任务繁重的地方。这些地方因财力的困难,抢救保护工作难以开展,形势严峻。

(七)人才队伍建设亟待加强

非物质文化遗产保护工作专业性很强,工作难度大,需要一支业务素质高、有工作热情和奉献精神的人才队伍。但由于非遗保护工作队伍不固定,人员流动大,目前我市各区县(自治县)非物质文化遗产保护工作人才奇缺,基本没有专职人员,临时工作人员的素质参差不齐,难以适应工作开展需要。据调查,全市各区县目前专职从事非物质文化保护的工作人员仅35人,平均每个区县不足1人;非物质文化遗产资源富集,占全市已调查资源的三分之一的渝东南地区,专职从事非遗保护工作的仅3人,秀山县、酉阳县、武隆区尚未配备专职人员,兼职或者退休返聘从事非遗保护工作的仅13人,工作的范围和内涵都大打折扣。同时,保护经费缺口较大。由于非遗保护经费实行分级管理和项目管理的模式,除国家级和市级项目按年度安排有一定的专项保护经费外,仅少数区县设立非物质文化遗产专项资金和配套资金,多数区县级非遗项目没有保护经费。从总量上看,除国家级项目资金和传承人补助经费外,市级财政每年在项目保护上仅100余万元,平均到707个市级非遗项目上,每个项目仅1000余元,十分捉襟见肘。再加上培训机制不健全,致使一些地方人才问题难以解决,严重制约着保护工作的常态化、规范化。

(八)保护水平还需提升

与文物保护相比,非物质文化遗产保护各方面都相对薄弱。尤其是资源调查还不全面系统,整理研究也起步较晚,开发利用层次不高,还有较大的提升空间。

一是非遗保护意识有待进一步增强。各区县普遍存在认识不到位的问题,导致非遗保护投入不足,机构不健全,体系不完善、配套政策不完善等一系列问题。二是保护经费仍然不足。特别是市级非遗项目保护资金投入较少。三是合理利用有待进一步推进。国家非遗保护工作的十六字方针,把保护、抢救摆在第一的位置,但"合理利用"仍是社会各界关注的焦点。目前,全市非遗项目的合理利用仍处于分散状态,没有形成系统,形成规模,还需要进一步搭建平台,积极引导非遗项目适度面向市场,在开发利用中焕发生机活力,实现非遗长久传承、持续发展。

(九)地方文化研究尚待加深

非物质文化遗产保护传承有效展开的重要前提,是对地方文化的深入研究。相对于其他历史积淀深厚的文化区域而言,对巴渝文化的研究虽然得到了本土学术研究队伍的重视,但在国内学术界还缺乏具有重大影响力的标志性成果。这将是重庆本土学术研究队伍在未来一个时期需要长期努力的重要方向。

二、紧抓机遇,创新发展

挑战与机遇向来并存。重庆非遗面临着诸多挑战,也拥有承上启下、继往开来的历史新机遇。新时代下,层出不穷的新理念与新技术冲击着非遗,为有效保护重庆非遗,实现非遗可持续发展,我们必须抓住机遇,坚持守正创新、"创造性转化、创新性发展",走生产性保护发展道路,坚持中华优秀传统文化与现代生活相融合,挖掘民族民间文化特色,发展深化特色文化产业,把文化资源转化为生产力,创造经济效益,以经济效益确保重庆非遗的保护与发展,以保护带动开发,以开发促进保护,有力推动重庆"非遗"稳定发展。

(一)合理开发,掌握"尺度"

在重庆非遗保护过程中,我们必须要保持理性思维,坚持以保护传承为前提,掌握非遗项目在保护与开发之间的"尺度",防止陷入误区。牢记非遗保护的宗旨:无论采用何种方式、方法,都必须以非遗项目的核心技艺(不仅是技术)和核心价值(原本的文化蕴涵)得到完整保护为前提,而不是以牺牲其技艺的完整性、本真性和固有的文化蕴涵为代价。

(二)完善重庆非遗法律规章和政策机制

立法保护是最根本的保护,对于适合解决"非遗"生产性保护问题的法律制度需要逐步建立和完善。《重庆市非物质文化遗产条例》的颁布使重庆非遗保护步入有法可依的阶段,但仅涉及重庆非遗领域的基本问题,未对非遗的生产性保护策略、传播、知识产权等方面做出切实可行的规定,所以目前迫切需要制定相关法律法规。

(三)加大政府扶持力度

重庆非物质文化遗产保护工作主要以重庆市政府为主导,由文化和旅游委牵头,但仍未得到足够重视。建议重庆市政府应加大对"非遗"文化形态的扶持,制定相关政策,颁布具有针对性的重庆非遗法规,提供部分经费上的支持,对相关单位的管理和经营行为进行监督,并居中协调各方利益,鼓励大众和社会组织参与,坚持社会参与,提高民间团体、社会资本参与非遗保护的积极性,并引导社会企业投资重庆文化资源,以集合众多力量的方式取得市场竞争中的实力优势。

(四)创新非遗设计,走进现代生活

重庆非遗项目的创新与发展,必须在保持原生态的基础上进行创新和发展,融入现代人的审美生活和需求,科学开发利用,让传承人群在市场需求的变化中检验和改进自己的作品与产品,设计出既有重庆传统特色又时尚的适销对路的作品与产品,只有这样才能顺应时代的发展。例如,重庆荣昌夏布在合理开发创新设计方面,发展"项目+传承人+基地(协会、企业)"的模式,实现生活化、市场化活态转化。荣昌夏布在产品研发上创新求变,巧妙地将非遗元素融入产品中,如服装、鞋、包、床上用品等非遗创意产品,研发出全手工夏布纯天然植物染色技术。此项技术在国内属于创新项目,为传统夏布注入了新的活力。同时,荣昌夏布不断拓宽营销渠道,增强周边产品、服装、饰品、影视、玩具等衍生产品开发,做强产业链,带动荣昌夏布发展。

(五)非遗产品和旅游业结合

在以文化体验为核心的旅游经济中,把重庆非遗项目与旅游业相融合,合理开发,成为重庆"非遗"稳定发展的重要因素。以永川豆豉为例,在具体策略上,一方面重庆可以将"生产—销售—旅游"三者的关系呼应起来,发展旅游特色产业。将茶山竹海、野生动物园、永川豆豉公司连成旅游线路,让旅游者在欣赏永川自然风光的同时,感受370年的永川豆豉文化精粹,并能购买永川地方特色产品——永川豆豉。另一方面,可以通过举办论坛和展览活动等形式提高公众对永川豆豉的兴趣和关注度,通过市内外展览、产品设计大赛、手工技艺传承人评选等形式来整合设计界的优势资源。这有利于永川豆豉产品的推陈出新和良性发展。

(六)充分利用数字化技术推动文化产业转型发展

利用数字化技术,赋予重庆非物质文化遗产新的生命力,是实现非遗创新发展的重要基础。重庆非遗要抓住"互联网+"行动计划的契机,推动信息技术与文化产业的融合创新,支持商业网站设立非遗项目展示和销售平台,搭建"PC网站+手机网站+微信网站+App"四站一体网站,利用VR技术(虚拟现实技术)和AR技术(增强现实技术),打造线上线下互动结合模式,开发手机App,使非遗产品在网络上同步实现O2O销售、扫码、App的

展示。同时,利用"非遗+众筹""非遗+直播""非遗+抖音""非遗+微信"等模式推广宣传非遗产品,更好地把握市场和顾客需求,提升创意设计水平、产品的市场化和时尚化,让更多人了解非遗项目和文化,激发年轻人对传统文化的浓厚兴趣,并有利于非遗的传承人队伍的建设。

(七)加强人才队伍建设

对于重庆非遗保护所需要的专业人才和综合性人才匮乏的现状,可以采取如下措施:一是针对部分重庆非遗传承后继乏人的现状,要加大对非遗传承人的资助,减轻他们的生活压力,提供必要的传习活动场所,鼓励其带徒传艺,充分保障其利益。二是重庆全市各级各类中小学可以把非物质文化教育纳入素质教育教学活动。三是发挥重庆各大高校的优势和资源,将传统技艺形成科学的教学方案,开发校本教材和重庆民族文化特色课程,聘请重庆市非物质文化遗产项目国家级、市级代表性传承人担任学校兼职教师等。四是组建一批高素质的重庆非物质文化遗产保护工作团队,大胆引进具备丰富市场经验的非物质文化遗产高级策划设计人才,使之成为重庆非遗产品设计的领军人才,并加强对保护工作者的业务培训。

(八)促进宣传,打造重庆特色文化品牌

增强各大媒体对重庆非遗的宣传力度,打造特色文化品牌,主要有加快重庆非遗数据库的建设、举办老字号暨非遗博览会和民间文化艺术之星比赛、出版重庆非遗图典、完善重庆非遗门户网站和微信公众号、非遗项目进校园进课堂进社区、开设重庆《巴渝寻宝》电视栏目、报纸书刊专栏等。全力打造重庆非遗文化品牌,广泛调动全社会参与非遗保护的积极性,促进重庆非遗的合理开发与利用。

总体上看,我市非遗保护工作目标明确、思路清晰、机制有效、推进扎实、成绩显著。但是工作中仍存在一些普遍性、倾向性的问题,这些问题都要在以后的非遗的工作中引起重视。

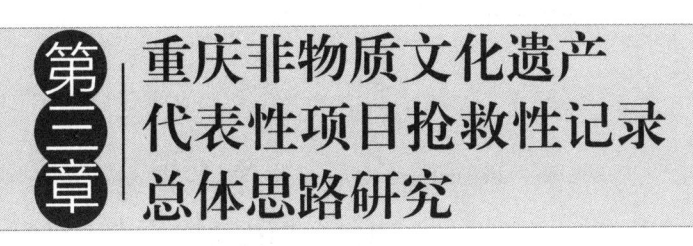

第二章 重庆非物质文化遗产代表性项目抢救性记录总体思路研究

重庆非物质文化遗产代表性项目抢救性记录的目的是留住技艺,而作为技艺承载主体的代表性传承人则是记录的关键和核心。重庆非物质文化遗产代表性项目抢救性记录总体思路是以党的十九大和习近平总书记系列讲话为指导,充分利用数字化技术,综合运用非遗学、影像人类学、口述史学、文献学、电影学、传播学等多个学科的理论、方法、成果,以"抢救"为第一要务,尽力在传承人尚在、精力尚好的时候,抓紧时间,全面、真实、系统地记录传承人掌握的精湛技艺与丰富知识。将抢救性记录研究方法引入非遗研究领域,使之成为非遗保护必不可少的有力工具,促进重庆非遗传播、利用和发展。

第一节
抢救性记录探索与经验

2014年以来,重庆全面开展了抢救性记录工作,通过数字化多媒体技术,较好地把传承人所掌握的丰富知识和精湛技艺真实、系统、深入地记录保存下来,并探究出了一些有益经验。

一、组建团队,明确责任

我市高度重视抢救性记录工作,严格按照《文化部关于开展国家级非物质文化遗产代表性传承人抢救性记录工作通知》(文非遗函〔2015〕318号)的要求,以国家级代表性传承人为核心,将传承人所掌握的丰富知识和精湛技艺通过数字多媒体等现代信息手段,全面、真实、系统地记录保存下来,并加强数字资源的整理、合理利用和传播,完整保存项目的核心技艺,保护项目传承的DNA。为有效推进工作开展,我们成立了抢救性记录专项工作组,建立了学术专员指导组、市非遗中心、项目负责人、各区县非中心,四力合一的联动机制,明确职责分工,使抢救性记录工作顺利开展。

市非遗中心制定工作总体方案,外聘专家负责项目专业指导、采访提纲修改、文本审核和成片审核。同时确定每个传承人的拍摄时间安排、负责专家访谈记录编撰,要把每项工作落实到每个部门、每个人,让大家各司其职,发挥所长。以第一批抢救性记录为例,工作人员按工作任务分为4个小组:(1)联络协调组。负责制定工作总方案、预算。(2)文案组。负责传承人采访联络、资料搜集、整理,联系外审专家工作卷宗整理,采访提纲、成稿撰写,访谈记录,字幕整理,后勤保障等。(3)现场组。负责录音、摄影摄像、场记单、拍摄日志。(4)后期制作组。负责"四片"(口述访谈片、传承教学片、项目实践片、综述片)制作。

二、深入调研,把握整体布局

我们对采访的传承人要进行深入的调研和提纲设置,具体从哪些方面去下手去梳理?以《文化部关于开展国家级非物质文化遗产代表性传承人抢救性记录工作通知》(文非遗函〔2015〕318号)为指导,围绕各个门类所规定的收集资料和采访要求进行归纳和梳理。

我们在采访前一定要了解采访对象,我们需要大量阅读、收集传承人的相关资料,做好前期准备。比如,传统戏剧类的国家级代表性传承人许倩云老师是我国著名的川剧艺术表演大家,其代表作《评雪辨踪》《柜中缘》《孔雀胆》《御河桥》等,是川剧梨园中历久不衰的经典剧目。许老师不仅爱川剧,更致力于川剧事业的发展传承,一生培养了百余名川剧弟子,其中以重庆市川剧院现任院长沈铁梅为代表的6位学生更多次取得中国戏剧表演艺术最高奖"梅花表演奖"。俗话说,工欲善其事必先利其器。对于采访这样一位德高望重的川剧界泰斗,我们要做的功课很多。特别是这次抢救记录工作以三机位、多景别摄影摄像,采用口述篇、教学篇、实践篇的录制方式,其准备工作是相当烦琐和巨大的。但这三个篇章中最重要的又在于口述篇的录制,因为它是直接对传承人的采访,最真实记录了传承人身上所承载的非遗意义。为了做好此项工作,相关工作人员花了3个月时间利用本院所具有的川剧资源以及各类戏剧报刊书籍及在相关网站上,查阅、下载了10余万字的文字资料进行学习;借助相关的参考书籍如《重庆戏曲志》《中国戏曲志重庆卷》《周慕莲舞台艺术》《川剧辞典》《川剧剧目选编》等对采访中所提到的时间、人物、地名、剧目名称、台词等内容做了考证和校对,并观摩了其相关剧目表演视频资料,对许倩云老师以及她所从事的这门艺术有了大致的了解,为口述篇的采访工作打下了基础。

在查阅大量资料后,做好深入调研,制订子方案、采访计划和提纲是非常重要的。它关系到采集对象资源的完整性,同时,关系到我们开展这项工作的队伍规模、人才结构、特殊设备的添置、场地及经费各个方面的工作上的统筹安排。有些传承人可能采集的体量小,有些传承人可能采集的体量特别大,它直接关系到我们的工作布局。只有了解清楚我们有哪些东西要摸清,我们才知道如何去统筹安排,如何开展工作布局。比如传统技艺类国家级代表性传承人颜坤吉现居住在荣昌区盘龙镇老屋,为全面了解其目前的生活现状,相关工作人员先前往其居住地调研。调研的目的有三个:一是了解老人的身体状况,看适合以什么样的形式进行采访;二是了解当地的地理环境,以便于计划拍摄地点;三是与当地文化主管部门衔接,以便于全方面收集相关文字、照片、视频等资料。此次考察收到了很好的效果,为顺利完成拍摄和素材收集工作奠定了良好的基础。考察结果表明:颜坤吉老师年事已高,近年手术后行动略有不便,因此在采访和拍摄时要尽量避免远距离舟车劳顿,宜就近取景进行拍摄和采访。老人思维能力基本无恙、口齿清楚、声音洪亮,且性情平和,平易近人,因此对老人的现场采访可以集中完成,中间注意停顿和休息即可。和老人一起居住的家人均身体健康,可以在拍摄一些需要劳力的环节时进行协助。考虑到此次抢救性记录的对象颜坤吉老先生年事已高,我们的采访记录工作应尽量不影响其正常生活规律,计划一次性完成采访拍摄,而不多次反复叨扰。"荣昌夏布"的主要材料苎麻在当地有生产基地,为拍摄提供了较好的场地,拍摄制作夏布的首要环节"打麻"就需要在苎麻地里进行,且要受苎麻成熟的时间限制,因此将拍摄时间定在5月,预计进行4—5天的持续拍摄。在与当地文化主管部门和相关工作人员的沟通中,获悉颜坤吉老师过去参加了很多当地组织的多种形式的展示、讲座等活动,并愿意提供部分活动现场照片作为素材资料。此次调研为提纲设定和现场拍摄的开展起到了至关重要的作用,我们根据调研情况制订了计划和提纲,采访、拍摄进展顺利。

三、梳理拍摄框架,确定拍摄内容

组建了队伍,摸清了资源,接下来进入实施拍摄的阶段。众所周知,拍电影都需要一个基本思路和脚本,抢救性记录工作也是一样的,也要进行框架的梳理、拍摄内容的确定。我们工作组为此多次开会讨论通过了拍摄宗旨:(1)记录被采访者整个艺术人生,通过访谈记录真实地把传承人艺术人生展示出来,完整记录其实践感悟;(2)记录整个技艺过程,要完整,真实地把整个表演、工艺流程记录下来,记述操作要点,记述下每一步的技艺要点,用数字化记述下来;(3)阐释技艺原理,知其然知其所以然,从原理上进行解释也是便于后人的学习和传承的需要;(4)展现表演道具、工艺器具,根据专业标准将道具、器具在内的已知相关的东西一并地展示出来;(5)传承教学,通过视频体现出传承的内容,从而达到弘扬技艺文化的目的。

四、选好用好专家,全程把控质量

我们组织相关门类专家、项目负责人,全程参与访谈提纲、现场拍摄、口述稿编辑和成果验收等各个环节,提高记录工作的学术性和完整性,全程把控质量关。我们还召开专家论证会,对完成的记录成果资料进行深入论证,并根据专家反馈的意见,进行修改和完善,把好质量关。

实施过程中,针对每一个非遗项目和非遗传承人,找到一个对项目和传承人十分了解的专家是至关重要的,在选择专家方面不要求职称、成就、知名度以及在行业中的影响力,更多的是要针对项目和传承人本身熟悉、了解的相关专家。比如,采访传统戏剧类国家级代表性传承人夏庭光老师,在专家方面选择了曾祥明,曾祥明曾任重庆市曲艺家协会第一届、第二届副主席。现为重庆市曲协顾问、重庆市川剧院艺术顾问、四川省川剧院顾问。曾经从事汉语言教学多年,退休前是渝北区政协文史委员会主任。编著有《川剧名丑赵又愚》《梨园忆旧》《曾祥明戏曲选》两卷(川剧卷、京剧小品曲艺卷)、《重庆曲艺概述》、川剧杂谈的《观剧者说》等专著。创作大型川剧《刻松记》《长乐悲歌》《八珍汤》《诸葛丞相》等,改编、改写大型川剧《白面虎萧方》《林丁犯夜》《风筝误》《蔡伯喈》等。因此,他从工作开始就处于非遗保护和传统戏剧的第一线,熟知川剧并且又与传承人夏庭光是非常好的朋友,几十年的钻研让他对川剧和夏庭光有了充分的了解。在采访提纲设定中,曾祥明老师提醒我们有些传承人忌讳的问题可以避谈,并对川剧专业知识进行把关。能够得到这样的专家作为支持,工作的质量和效率得到很好地保障。因此,找好用好专家对国家级非物质文化遗产代表性项目抢救性记录工作至关重要。

第二节
抢救性记录存在的问题

我们在抢救性记录工作中,由于大部分传承人年龄较大,身体欠佳,在语言表达和思维方面有一些困难,在采访和表演、教学等方面无论是精力、体力都存在一定的问题,加之拍摄时间跨度太长需要协调好诸多问题。

一、学术专员问题

学术专员大都为该领域的专家,对于项目的整体提升、文化内涵的深度挖掘和关键问题的把握起到重要作用。但部分专家因工作繁忙或者身体欠佳等,未能深度参与记录工作。所以为每个项目选择一位专业性强、时间充足、对传承人及项目有研究的学术专员并不容易。

二、传承人身体状况问题

由于传承人年龄普遍较大,身体欠佳,在语言表达和思维方面有一些困难,在采访和表演、教学等方面无论是精力、体力都存在一定的问题。

三、全面拍摄时间跨度太长

不管是传统的表演项目还是传统的技艺类项目,目前最大的问题就是其生存的环境正在逐渐消失,在拍摄传承篇和实践篇时,找到一个合适的空间和人群是比较困难的。有些表演类和民俗类项目,要全面拍摄传承人的演出、传承等有时需要特定的时间和节日,因此短时间内拍摄就需要专门组织,但专门组织就失去了项目的本真性和生存环境,且费用很大。加之拍摄时间跨度太长还需要协调好传承人的工作时间。

四、专业人才相对匮乏

抢救性记录工作是一项对项目负责人综合知识要求很高的工作,不但要对该项目的专业有所了解,还要对电视采访和导演以及写作能力有较高的要求,因此要配备综合全面的人才队伍,难度较大。

第三节
抢救性记录总体思路研究

根据2005年国务院印发的《关于加强我国非物质文化遗产保护工作的意见》(国办发〔2005〕18号)中指出:"要运用文字、录音、录像、数字化多媒体等各种方式,对非物质文化遗产进行真实、系统和全面的记录,建立档案和数据库。"2011年6月11日起实施的《中华人民共和国非物质文化遗产法》第十三条明确指出:"文化主管部门应当全面了解非物质文化遗产有关情况,建立非物质文化遗产档案及相关数据库。"在这些政策文件的引领下,重庆的非物质文化遗产代表性项目抢救性记录保护工作逐步开展。

一、指导思想

习近平新时代中国特色社会主义思想和关于弘扬中华优秀传统文化的重要论述,是做好抢救性记录工作的指导思想。我们要深入贯彻党的十九大精神,坚持优秀传统文化创造性转化、创新性发展,紧紧围绕传承中华文脉、增强国家文化软实力的需要,把做好重庆市非遗代表性项目抢救性记录工作与弘扬优秀传统文化、推动区域经济社会全面发展结合起来,在保护和传承中发展,在发展中提升区域整体能力和水平,为全面建设社会主义现代化国家贡献力量。

二、主要目标

本书以抢救性记录为手段来研究重庆非遗代表性项目,以重庆川剧的个案研究为切入点,通过数字化多媒体手段全面、真实、系统地记录重庆川剧的历史渊源、文化特征、技艺特征,以及对传承人口述、项目实践、传承教学等问题进行深入研究,探究重庆川剧的发展及传承等理论知识,反思重庆非遗保护、传承机制。建立非遗项目数据库,将数据库信息用于学术研究,为保护工作提供科学指导,为后人传承、研究、宣传、利用非遗留下宝贵资料。同时,充分发掘其后续利用价值,做好广泛深入的宣传工作,增强社会自觉、文化自信意识和认同度。

三、研究思路

本书以党的十九大和习近平总书记系列讲话为指导,综合运用非遗学、影像人类学、口述史学、文献学、电影学等多个学科的理论、方法、成果,充分利用数字多媒体、数据库技术,结合文献研究法、田野调查法、比较研究法等多种研究方法,以项目本体、传承人为研究对象,以传承人为研究核心,创新性地将抢救性记录研究方法引入非遗研究领域,使之成为非遗保护有力、有效的工具,促进重庆非遗传播、利用和发展。在路径和举措方面形成科学、整体、可操作的对策建议。最终形成全面、系统研究重庆市非物质文化遗产代表性项目抢救性记录的学术专著。

四、记录操作规范

目前,国内外尚无针对抢救性记录相关的专业性地方标准、行业标准或国家标准文件。重庆建立一套用于非物质文化遗产抢救性记录的标准规范体系,为非遗保护工作提供更加具体的规范依据,以规范化方式,将非物质文化遗产更好、更长久地记录、保存与传承,提高文化遗产抢救与保护的工作效率,改善我国非物质文化遗产濒危现状,为遗产相关研究提供有力支撑,这对我国文化建设和经济社会发展均具有重要而深远的意义。

根据《国务院关于公布第二批国家级非物质文化遗产名录和第一批国家级非物质文化遗产扩展项目名录的通知》(国发〔2008〕19号),我国非物质文化遗产代表性项目包括10个门类:民间文学,传统音乐,传统舞蹈,传统戏剧,曲艺,传统体育、游艺与杂技,传统美术,传统技艺,传统医药及民俗。因本书第四章中具体论述了重庆川剧代表性传承人群抢救性记录战略性研究,故前期准备、后期编辑等工作可以参见第四章,本部分重点介绍非遗十大类别的主要采集资源、记录重点。

(一)采集资源

1.实地调研

实地调研方式主要为田野调查,包括走访地方相关机构及传承人等。工作团队根据实际需要开展实地调研工作,内容包括:核实已有资料的真实性和实效性;调查、收集采集方案所需信息。

2.编制方案

完成采集大纲的编制、采集计划的编制工作。做好文本撰写,包括整理文本和采集文本。采集方案编制阶段应该:①依据前期准备阶段所获取的资料信息,确定开展采集的资源对象,编制采集对象表;②确定每个资源对象的采集技术及专业要求;③制订采集计划,明确各项采集任务的责任人和时间要求。

采集方案编制包括整理文本和采集文本。其一,整理文本,是正式文本,对项目及相关要求做规范解释的文本,用于作为永久性保存的规范文本。正式文本写作的几点要求:大小标题清楚,层次分明;内容翔实,重点突出;叙述清楚,语言流畅。其二,采集文本是专门为采集数据工作服务的,兼有整理文本的主要内容,最主要是明确采集什么,如何采集,用什么手段采集。写作的2点要求:①围绕正式文本的重点内容写明拍摄的内容、角度、过程;②围绕拍摄的内容进一步细化、丰富,或者简明扼要,用于视频字幕、图片解说。

3.主要采集内容

明确主要采集内容,制定采集对象及采集技术选择表,采集数据。

(1)采集对象选择

各门类内容涉及的非遗资源采集对象(简称"采集对象"),指构成非遗资源的组成部分,如传统戏剧门类的采集对象包括身段与特技、唱腔音乐、伴奏音乐、人物以及人物装扮等。针对具体的采集对象,规定采集条件及相关要求。

(2)采集技术选择

进行资源采集时,用来记录非遗项目资源信息的手段主要有:文字、图片、录音、录像,上述手段不能满足特殊资源的记录要求时,还可使用其他采集技术,如3D动画等。非遗资源经数字化采集后形成不同类型的数字资源,主要包括:数字文本、数字图片、数字录音、数字录像等。针对具体采集对象,应选择适用的采集技术。

(3)各门类所需采集信息、采集对象及采集技术选择详表

①民间文学门类非遗项目的采集信息包括:项目基本信息、作品、表现、相关实物、习俗、传承、文物古迹、文献资料、机构和保护情况。其中:"必备"表示应使用的采集技术;"条件必备"表示在客观条件满足时使用的采集技术,客观条件包括但不限于非遗项目、设备、人力情况等;"可选"表示根据实际情况选择性使用的采集技术;"—"表示一般情况下不需要使用的采集技术。详见表6。

表1 民间文学门类采集对象及采集技术选择

采集对象	采集对象选择	采集技术选择			
		文字	图片	录音	录像
1.项目基本信息					
项目综合概述	首次进行资源采集时,应采集非遗项目的基本信息。对已开展过资源采集的非遗项目再次进行采集工作时,可对其基本信息进行补充或修订,完善基本信息内容。	必备	可选	—	可选
所处环境		必备	可选	—	—
历史沿革		必备	必备	—	—
流布区域		必备	必备	—	可选
存续状况		必备	—	—	—
特征价值		必备	—	—	—
2.作品					
作品分类概述		必备	可选	—	可选
作品	作品的采集,原则上应覆盖项目主要流布区域的主要类型作品,要求如下: ——同一题材作品有多个版本时,依照下列条件确定优先采集顺序: •代表性人物的代表性作品; •普及率较高、影响较大的作品版本; •突出体现项目特点的版本; •可体现较高艺术价值或历史意义的版本; •流传时间长、范围广的经典版本。 ——同作品可同时采集不同时期、不同代表性演唱讲述人的版本; ——同作品采集不同语言(包括民族语言或方言)版本。	必备	可选	可选	可选

续表

采集对象	采集对象选择	采集技术选择			
		文字	图片	录音	录像
3.表现					
作品表现选例	对作品表现采集对象的选择应遵循以下原则确定优先采集顺序： ——代表性作品选例； ——经典作品的代表性表演、格律和曲调选例； ——反映项目特色的作品表现选例； ——具有比较显著的文化、艺术特色的作品表现选例； ——能够反映不同时期、流派、地域特点的作品表现选例。	必备	—	—	必备
曲调	曲调的采集要求录音、录像必备其一。	必备	—	可选	可选
4.相关实物					
器具	对相关实物采集应包含道具、服装、仪式祭祀品、乐器以及与表演习俗相关的器具。	必备	必备	—	可选
乐器		必备	必备	可选	可选
5.习俗	对习俗采集对象的选择应遵照以下原则确定优先采集顺序： ——选择流传区域广泛的习俗； ——选择具有民族特色的习俗； ——选择流传时间悠久的习俗。	必备	必备	—	可选
6.传承					
传承谱系		必备	—	—	—
传承方式		必备	可选	—	—

续表

采集对象	采集对象选择	采集技术选择			
		文字	图片	录音	录像
传承人物（包括代表性传承人、代表性人物）	传承人物的采集对象选择原则包括： ——对已故重要人物的数字化采集工作，应根据人物对项目发展的贡献及历史影响进行选择； ——对于健在重要人物的选择，可参考以下原则： • 已认定的项目代表性传承人； • 具有较高声誉的代表性人物； • 曾经荣获奖项的代表性人物； • 具有一定数量作品的代表性人物； • 具备现场采集条件的代表性人物。 ——代表性传承人采集对象的选择范围为各级政府机构按照规定程序认定的本非遗项目代表性传承人； ——代表性人物采集对象的选择范围是指除项目代表性传承人外，对项目有重大影响的代表性演唱讲述人，以及对项目做出重大贡献的采录人员。	必备	必备	必备	必备
7.文物古迹	应选择与项目关系紧密的，具有较高历史价值的文物古迹、手抄本和唱本古籍等。	必备	必备	—	—
8.文献资料	对相关文献资料需要进行全面采集，主要包括：专著、作品集和论文等。	必备	可选	—	—
9.机构		必备	必备	—	—
10.保护情况		必备	—	—	—
保护规划					
保护机制					
保护措施					

②传统音乐门类非遗项目的采集信息包括：项目基本信息、代表曲目、歌唱音乐、传统器乐、传统乐器、表演空间美术、流派传承、表演团体、参与人物、习俗仪式、观演场所、文物古迹、文献资料和保护情况。详见表7。

表2 传统音乐门类采集对象及采集技术选择

采集对象	采集对象选择	采集技术选择			
		文字	图片	录音	录像
1.项目基本信息					
项目综合概述	首次进行正式资源数字化采集时,应采集非遗项目的基本信息。 对已按本规范开展过资源数字化采集的非遗项目再次进行采集工作时,可对其基本信息进行补充或修订,完善基本信息内容。	必备	必备	—	—
环境		必备	必备	—	可选
历史沿革		必备	必备	—	建议
分布区域		必备	建议	—	—
存续状况		必备	—	—	—
价值		必备	—	—	—
2.代表曲目					
曲目概述		必备	—	—	—
代表曲目	代表曲目采集对象选择要求如下: ——传统曲目的采集应覆盖本歌种/乐种主要曲目类型; ——采集数量要求: •声乐曲,若少于(含)200首,则全部收录,若大于200首,收录量不少于总量的70%; •器乐曲,若少于(含)100首,则全部收录,若大于100首,收录量不少于总量的80%。 ——同一类型曲目有多个代表曲目时,应依照下列原则确定优先采集顺序: •著名人物的代表性曲目; •当前演出频率较高、影响较大的曲目; •突出体现该歌种/乐种特点的曲目; •具有较高艺术价值或历史意义的曲目; •流传时间长、范围广的经典曲目; •同一曲目应同时采集不同时期、流派的演出版本; •民俗、宗教等文化空间中的代表曲目与表演形态。	必备	必备	必备	必备

续表

采集对象	采集对象选择	采集技术选择			
		文字	图片	录音	录像
3.歌唱音乐					
歌唱音乐概述	演唱者、歌曲及伴奏的采集内容与选择原则： ——著名人物的代表性演唱、歌曲及伴唱/伴奏选例； ——经典歌种的代表性演唱、歌曲及伴唱/伴奏选例； ——反映歌种音乐特色的演唱、歌曲及伴唱/伴奏选例；	必备	—	—	—
音乐形态		必备	必备	必备	必备
演唱形式		必备	必备	必备	必备
演唱方法与技巧	具有比较显著的文化、艺术特色的演唱、歌曲及伴唱/伴奏选例； 反映不同时期、不同流派和地域特点的演唱、歌曲及伴唱/伴奏选例； 民俗、宗教等文化空间中的演唱、歌曲及伴唱/伴奏选例。	必备	必备	必备	必备
唱词特点		必备	必备	必备	必备
伴唱/伴奏音乐		必备	必备	必备	必备
4.传统器乐					
传统器乐概述	演奏者、乐曲及伴奏的采集内容与选择原则： ——著名人物的代表性演奏、乐曲及伴唱/伴奏选例； ——反映乐种音乐特色的演奏、乐曲及伴唱/伴奏选例； ——具有显著文化、艺术特色的演奏、乐曲及伴唱/伴奏选例； ——反映不同时期、不同流派和地域特点的演奏、乐曲及伴唱/伴奏选例； ——反映乐种所用各类乐器演奏技法的代表性演奏、乐曲选例； ——反映乐器之间组合运用情况的代表性演奏、乐曲选例； ——民俗、宗教等文化空间中的演奏、乐曲及伴唱/伴奏选例。	必备	—	—	—

续表

采集对象	采集对象选择	采集技术选择			
		文字	图片	录音	录像
音乐形态		必备	必备	必备	必备
演奏形式		必备	必备	必备	必备
演奏技法与术语		必备	必备	必备	必备
伴唱/伴奏音乐		必备	必备	必备	必备
5.传统乐器					
乐器概述	传统乐器的采集内容与选择原则： ——反映乐种所用各类乐器音乐性能的代表性演奏、乐曲选例； ——乐种所用各类乐器的形制、构造、尺寸与发音方式； ——乐种所用各类乐器的制作材料与制作技艺； ——代表性乐器制作者采集对象的选择范围，是指对该类乐器制作有重要贡献和影响的代表人物； ——乐器的区域与民族属性：在民俗、宗教等文化空间中的具体应用。	必备	—	—	—
音乐性能		必备	必备	必备	必备
形制构造		必备	必备	必备	必备
制作材料		必备	必备	—	可选
制作技艺		必备	必备	—	必备
6.表演空间美术					
表演空间美术概述	表演空间美术的采集内容与选择原则： ——传统音乐中，与戏曲、曲艺、歌舞等艺术形式相伴的音乐表演，以及某些宗教、风俗性仪式音乐活动中涉及表演空间美术的内容； ——歌种/乐种表演时，在化妆、服饰、人物装扮、道具、表演空间布景和演出效果等方面的运用情况。	必备	—	—	—

续表

采集对象	采集对象选择	采集技术选择			
		文字	图片	录音	录像
化妆		必备	必备	—	必备
服装		必备	必备	—	可选
人物装扮		必备	必备	—	可选
道具		必备	必备	—	可选
表演空间布景		必备	必备	—	可选
表演空间效果		必备	必备	—	可选
7.流派传承					
流派	对歌种/乐种流派情况的采集,应遵照以下原则: ——选择流传区域广泛的流派; ——选择流传时间悠久的流派; ——选择传承有序的流派。	必备	必备	必备	必备
传承					
a)传承人物(包括代表性传承人、代表性人物)	——对歌种/乐种相关人物的采集,应包含演员、乐师、作曲者、乐器制作者等。 ——对已故重要人物的数字化采集工作,应根据人物对歌种/乐种发展的贡献及历史影响进行选择; ——对于健在重要人物的选择,可参考以下原则: ●选择具有认证资质的代表人物; ●选择具有较高声誉的代表人物; ●选择曾经荣获奖项的代表人物; ●选择具有一定数量作品的代表人物; ●选择具备现场采集条件的代表人物。 ——代表性传承人采集对象的选择范围为各级政府机构按照规定程序认定的本非遗项目的代表性传承人。 ——代表性人物采集对象的选择范围是指除项目代表性传承人外,对本项目有重要贡献和重大影响的代表人物。	必备	必备	必备	必备

续表

采集对象	采集对象选择	采集技术选择			
		文字	图片	录音	录像
b)传承谱系		必备	必备	必备	必备
8.表演团体					
歌队体制	反映该歌种/乐种歌队体制的代表性演唱/演奏选例。	必备	必备	必备	必备
乐队体制	反映该歌种/乐种乐队体制的代表性演唱/演奏选例。	必备	必备	必备	必备
组织机构	选择歌种/乐种组织机构采集对象时，应优先选择活跃度和影响度较高的组织机构，采集范围应包括：乐社、剧团、行会、学会、研究机构、工厂与作坊等。	必备	必备	必备	必备
9.参与人物	歌种/乐种所处民俗事象中，除专门演唱/演奏者(团体)之外的其他一切参与人员，包括仪式程序的其他执行者、仪式主家、亲朋好友及一般民众等。	必备	必备	可选	必备
10.习俗仪式	对习俗仪式采集对象的选择，应遵照以下原则确定优先采集顺序： ——选择流传区域广泛的习俗仪式； ——选择具有民族特色的习俗仪式； ——选择流传时间悠久的习俗仪式； ——选择不同信仰类型的习俗仪式。	必备	必备	—	必备
11.观演场所	应选择具有代表性的观演场所作为采集对象。	必备	必备	—	可选
12.文物古迹	歌种/乐种文物古迹的采集内容和选例原则： ——应选择与歌种/乐种关系紧密的、具有较高历史价值的文物古迹作为数字化采集对象，包括：传世或考古出土的各种乐器、乐器零件和附件，音乐图像(石刻、壁画、画像砖石、各类图画和雕塑等)，音乐活动相关遗迹、遗址等。	必备	必备	必备	可选

续表

采集对象	采集对象选择	采集技术选择			
		文字	图片	录音	录像
13.文献资料					
汉文、少数民族文字及外文文献资料	歌种/乐种的相关文献资料需要全面采集,其范围主要包括: ——汉文、少数民族文字及外文文献资料; ——乐谱等特殊音乐文献资料; ——相关学术研究成果等。	必备	必备	—	可选
乐谱等特殊音乐文献		必备	必备	必备	必备
相关学术研究成果		必备	必备	—	可选
14.保护情况					
保护规划		必备	—	—	—
保护机制		必备	—	—	—
保护措施		必备	—	—	—

③传统舞蹈门类非遗项目的采集信息包括:项目基本信息、代表性舞种、舞种音乐、角色装扮、舞蹈道具、表演团体,民俗、传承、文物古迹,文献资料和保护情况。详见表3。

表3 传统舞蹈门类采集对象及采集技术选择

采集对象	采集对象选择	采集技术选择			
		文字	图片	录音	录像
1.项目基本信息					
项目综合概述	首次进行正式资源数字化采集时,应采集非遗项目的基本信息。	必备	必备	—	—
环境	对已按本规范开展过资源数字化采集的非遗项目再次进行采集工作时,可对其基本信息进行补充或修订,完善基本信息内容。	必备	必备	—	可选
历史沿革		必备	必备	—	—
分布区域		必备	—	—	—

续表

采集对象	采集对象选择	采集技术选择			
		文字	图片	录音	录像
存续状况		必备	—	—	—
价值		必备	—	—	—
2.代表性舞种					
舞种概述		必备	—	—	—
舞种与节目	传统舞蹈的采集应本着全面、详细的原则,同一舞种有多个节目的,无论其大小都要进行采集。	必备	必备	必备	必备
3.舞种音乐					
舞蹈节目音乐		必备	—	必备	—
舞蹈节目伴奏乐器		必备	必备	可选	建议
4.角色装扮					
化妆	舞种及节目的化妆、服饰、角色装扮。	必备	必备	—	可选
服饰		必备	必备	—	可选
角色装扮		必备	必备	—	可选
5.舞蹈道具		必备	必备	—	必备
6.表演团体	表演团体采集对象的选择原则: ——家族艺人班子; ——村寨的艺人班子; ——流动的艺人班子; ——其他。	必备	必备	可选	可选
7.民俗	凡与该舞种相关的民俗活动均应采集。	必备	必备	—	必备
8.传承					
传承方式		必备	—	—	—
传承谱系		必备	必备	—	—

续表

采集对象	采集对象选择	采集技术选择			
		文字	图片	录音	录像
传承人物(包括代表性传承人、代表性人物)	对舞种相关人物的采集包括： ——对已故重要人物的数字化采集工作,应根据人物对舞种发展的贡献及历史影响进行选择； ——对于健在重要人物的选择,可见以下原则： • 选择具有较高声誉的代表人物； • 选择具有一定数量作品的代表人物； • 选择具备现场采集条件的代表人物。 ——代表性传承人采集对象的选择范围为各级政府机构按照规定程序认定的本非遗项目代表性传承人； ——代表性人物采集对象的选择范围是指除项目代表性传承人外,对本项目有重要贡献和重大影响的代表人物。	必备	必备	必备	必备
9.文物古迹	与艺术形态相关的文物。	必备	必备	—	—
10.文献资料	与舞种相关的文献资料。	必备	必备	—	建议
11.保护情况					
保护规划		必备	—	—	—
保护机制		必备	—	—	—
保护措施		必备	—	—	—

④传统戏剧门类非遗项目的采集信息包括：非遗项目基本信息、代表剧目、音乐、表演、舞台美术、人物、机构、习俗、演出场所、文物古迹、文献资料和保护情况。详见表4。

表4 传统戏剧门类采集对象及采集技术选择

采集对象	采集对象选择	采集技术选择			
		文字	图片	录音	录像
1.项目基本信息					
项目综合概述	首次进行正式资源数字化采集时，应采集非遗项目的基本信息。 对已按本规范开展过资源数字化采集的非遗项目再次进行采集工作时，可对其基本信息进行补充或修订，完善基本信息内容。	必备	必备	—	—
环境		必备	必备	—	可选
历史沿革		必备	必备	—	—
分布区域		必备	—	—	—
存续状况		必备	—	—	—
价值		必备	—	—	—
2.代表剧目					
剧目概述		必备	—	—	—
剧目	传统戏剧剧目的采集，应覆盖本剧种主要剧目类型，在同一类型剧目有多个代表剧目时，应依照下列原则确定优先采集顺序： ——著名人物的代表性剧目； ——当前演出频率较高、影响较大的剧目； ——突出体现剧种特点的剧目； ——可体现较高艺术价值或历史意义的剧目； ——流传时间长、范围广的经典剧目。 ——同一剧目可同时采集不用时期、流派的演出版本。	必备	必备	必备	必备

续表

采集对象	采集对象选择	采集技术选择			
		文字	图片	录音	录像
3.音乐					
音乐概述	对表演、唱腔和伴奏选例采集对象的选择应遵循以下原则确定优先采集顺序： ——著名人物的代表性表演、唱腔和伴奏选例； ——经典剧目的代表性表演、唱腔和伴奏选例； ——反映剧种特色的表演、唱腔和伴奏选例； ——具有比较显著的文化、艺术特色的表演、唱腔和伴奏选例； ——能够反映不同时期、流派、地域特点的表演、唱腔和伴奏选例。	必备	—		
唱腔音乐		必备	—	必备	—
伴奏音乐		必备	必备	必备	—
乐队体制与沿革		必备	建议	—	—
乐器		必备	必备	—	可选
4.表演					
表演概述		必备	—	—	—
角色行当		必备	必备	—	必备
身段与特技		必备	必备	—	必备
表演选例		必备	—	—	必备
5.舞台美术					
舞台美术概述		必备	—	—	—
化妆		必备	必备	—	可选
服装		必备	必备	—	可选
人物装扮		必备	必备	—	可选
砌末道具		必备	必备	—	可选
灯光布景		必备	必备	—	可选
舞台效果		必备	必备	—	可选

续表

采集对象	采集对象选择	采集技术选择			
		文字	图片	录音	录像
6.人物	——对剧种人物采集应包含演员、乐师、编剧、导演、作曲和舞美设计。 ——对已故重要人物的数字化采集工作,应根据人物对剧种发展的贡献及历史影响进行选择; ——对于健在重要人物的选择,可参考以下原则: • 选择具有认证资质的代表人物; • 选择具有较高声誉的代表人物; • 选择曾经荣获奖项的代表人物; • 选择具有一定数量作品的代表人物; • 选择具备现场采集条件的代表人物。	必备	必备	可选	可选
7.机构		必备	必备	—	—
8.习俗	对习俗采集对象的选择应遵照以下原则确定优先采集顺序: ——选择流传区域广泛的习俗; ——选择具有民族特色的习俗; ——选择流传时间悠久的习俗。	必备	必备	—	必备
9.演出场所	应选择具有代表性的演出场所作为采集对象,对剧种的演出场所采集应包含:古戏台与戏楼、戏院剧场、草台与露天剧场。	必备	必备	—	—
10.文物古迹	应选择与剧种关系紧密的、具有较高历史价值的文物古迹作为数字化采集对象。	必备	必备	—	—
11.文献资料	对剧种相关文献资料需要进行全面采集,相关文献资料范围主要包括:曲谱、专著和剧本集等。	必备	建议	—	—
12.保护情况		必备	—	—	—
保护规划		必备	—	—	—
保护机制		必备	—	—	—
保护措施		必备	—	—	—

⑤曲艺门类的非遗项目以具体曲种为单位,其采集信息包括:项目基本信息、代表节目、表演形态、曲本文学、音乐形态、舞台美术、代表人物、组织机构、相关习俗、演出场所、文物古迹、文献资料、行话术语、谚语口诀、轶闻传说和保护情况。详见表5。

表5 曲艺门类采集对象及采集技术选择

采集对象		采集对象选择	采集技术选择			
^		^	文字	图片	录音	录像
1.项目基本情况						
项目概述	曲种简况		必备	必备	—	—
^	特有价值		建议	—	—	—
环境		首次进行正式资源数字化采集时,应采集非遗项目的基本信息。 对已按本规范开展过资源数字化采集的非遗项目再次进行采集工作时,可对其基本信息进行补充或修订,完善基本信息内容。	必备	必备	—	可选
历史沿革			必备	必备	—	—
留存状况			必备	—	—	—
2.代表节目						
节目概况			必备	—	—	—
传统节目		曲艺传统节目的采集,应覆盖本曲种主要节目类型,当同一类型节目有多个代表性节目时,应按下列原则确定优先采集顺序: ——代表性艺术家擅演的代表性节目; ——演出频率较高、影响较大的节目; ——突出体现曲种特点的节目; ——具有较高艺术价值或历史意义的节目; ——流传时间长、传播范围广的经典节目。 ——同一节目可同时采集不同时期与不同流派的演出版本。	必备	必备	必备	必备

续表

采集对象	采集对象选择	采集技术选择			
		文字	图片	录音	录像
改编节目	曲艺改编节目是指根据传统节目重新进行较大改编后演出的节目，或者根据其他文艺样式的节目内容改编或移植演出的节目。采集这类节目，应按下列原则进行： ——依据传统节目而编演的改编节目在整体水平上超越了原有节目并有新的完善与创造； ——由其他文艺样式或曲种样式改编或移植演出的节目，应具有曲艺或者本曲种的鲜明艺术特色； ——同一节目有不同的改编版本，以水平较高且影响较大者采集； ——同一节目可选择不同时期不同演员及不同流派的演出版本同时予以采集。	必备	必备	必备	必备
新创节目	曲艺新创节目的采集，应覆盖本曲种主要节目类型，在同一类型节目有多个代表性节目时，应按下列原则确定优先采集顺序： ——代表性艺术家编演的代表性节目； ——演出频率较高、影响较大的节目； ——突出体现曲种特点的节目； ——具有较高思想价值与艺术水准的节目； ——流传时间长、传播范围广的经典节目。 ——同一节目可同时采集不同时期、不同版本或不同流派的演出。	必备	必备	必备	必备

续表

采集对象	采集对象选择	采集技术选择			
		文字	图片	录音	录像
3.表演形态					
表演形式	表演形态采集内容的选择原则： ——能全面体现曲种表演最为典范的演出形式； ——能全面体现曲种表演最为基本的表演技巧； ——能集中体现曲种特有的表演特色及技巧运用； ——能全面体现曲种表演不同节目的类型特点； ——能准确反映不同时期、不同地域、不同流派的表演特色； ——图片与音像须优先选择能够典范体现曲种表演形式与特色的名家与名段。	必备	必备	建议	必备
表演技巧		必备	必备	必备	必备
特技绝活		可选	可选	可选	可选
4.曲本文学					
体裁样式	对曲本文学的采集要全面兼顾，注重代表性，其中： ——曲本体裁样式的信息采集应按照典范曲本，反映一般规律； ——唱词格范的采集应立足常用曲牌的唱词格式与最为通行的句式韵辙； ——曲本留存信息的采集，应兼顾不同时代、地域、流派与代表性人物的经典作品。	必备	—	—	—
唱词格范		必备	—	—	—
曲本留存		必备	可选	—	—

续表

采集对象	采集对象选择	采集技术选择			
		文字	图片	录音	录像
5.音乐形态					
形态构成	音乐形态中唱腔和伴奏音乐采集的内容选择原则： ——经典节目的典范性唱段及伴奏音乐选例； ——代表性艺人在代表性节目中的演唱和伴奏选例； ——体现曲种特色的唱腔和伴奏选例； ——能体现地域、时代与流派特点的唱腔和伴奏选例；	必备	—	—	—
唱腔音乐		必备	—	必备	可选
伴奏音乐		必备	—	必备	可选
乐队体制		必备	必备	可选	必备
特色乐器	虽然曲艺中的绝大部分曲种有音乐性的形态构成，但像北京评书、扬州评话、苏州评话、相声、上海独角戏等曲种却没有本体性的音乐构成。所以，此处有关曲艺"音乐形态"的内容采集，只涉及具有音乐性形态的曲species。没有音乐性形态构成元素的曲种，即不必采集。	必备	必备	可选	可选
6.舞台美术					
构成与沿革		必备	—	—	—
化妆与服饰		必备	必备	—	可选
背景与灯光		必备	必备	—	可选
道具与音响		必备	必备	—	可选

续表

采集对象	采集对象选择	采集技术选择			
^	^	文字	图片	录音	录像
7.代表人物	基于传承与保护目的,曲艺人物的采集,应限定在直接参与创作和表演的实践范围,包含艺人演员、琴师弦师、曲本作者、排练导演、音乐设计、舞美设计和班主票友等。代表人物采集选择原则: 　　——对已故重要人物的数字化采集工作,应根据人物对曲种发展的贡献及历史影响进行选择; 　　——对于健在重要人物的选择可以见以下原则: 　　•选择具有认证资质的代表人物; 　　•选择具有较高声誉的代表人物; 　　•选择曾经荣获奖项的代表人物; 　　•选择具有一定数量作品的代表人物; 　　•选择具备现场采集条件的代表人物。 　　——代表人物包括代表性传承人和代表性人物: 　　•代表性传承人采集对象的选择范围为各级政府机构按照规定程序认定的本非遗项目的代表性传承人; 　　•代表性人物采集对象的选择范围是指除项目代表性传承人外,对本项目有重要贡献和重大影响的代表人物。	必备	必备	可选	可选
8.组织机构	组织机构采集对象优先选择活跃度和影响度较高的机构,范围包括:创作与表演机构、教学与研究机构、票房与行会组织等。	必备	必备	—	—

续表

采集对象	采集对象选择	采集技术选择			
		文字	图片	录音	录像
9.相关习俗	相关习俗的选择原则： ——流传区域较为广泛； ——流传时间比较悠久； ——内涵特色较为丰富。	必备	必备	—	必备
10.演出场所	应选择具有代表性的演出场所作为采集对象，类型包括：高台演出场所、堂会演出场所和露天演出场所等。	必备	必备	—	可选
11.文物古迹	选择与曲种关系紧密且具有较高历史价值的文物古迹作为采集对象。	必备	必备	—	—
12.文献资料	对曲种相关文献资料要全面采集，范围包括曲本、专著和词谱等。	必备	必备	—	—
13.行话术语	对该曲种特有的行话与术语，进行分类搜集与整理保存，范围包括不同时代和地域有关该曲种艺术传承、知识教学和专业表达的专业性行话与术语。	必备	—	—	—
14.谚语口诀	对该曲种特有的谚语和口诀，进行分类搜集与整理保存，范围包括不同时代和地域有关该曲种艺术传承、知识教学和专业表达的专门性谚语和口诀。	必备	—	—	—
15.轶闻传说	对与该曲种形成、发展和功能、价值及影响相关的富有文化意义的特有轶闻与传说，进行分类搜集与整理保存，包括不同时代和流布地域的轶闻传说。	必备	—	—	—

续表

采集对象	采集对象选择	采集技术选择			
		文字	图片	录音	录像
16.保护情况					
保护规划		必备	—	—	—
保护机制		必备	—	—	—
保护措施		必备	—	—	—

⑥传统体育、游艺与杂技门类非遗项目的采集信息包括：非遗项目基本信息、习俗、场地、器械(具)、身体训练理论与方法、组织机构、传承、文物古迹、文献资料和保护情况。其中传统体育(武术部分)采集信息还包括：代表拳种、代表器械、传统比试和武术名胜地；传统体育(其他部分)采集信息还包括：传统体育养生术、民俗民间体育、少数民族体育类非遗项目等；游艺采集信息还包括非遗项目内容；杂技采集信息还包括代表作品。详见表6。

表6 传统体育、游艺与杂技门类通用采集对象及采集技术选择

采集对象	采集对象选择	采集技术选择			
		文字	图片	录音	录像
1.项目基本信息					
项目综合概述	首次进行正式资源数字化采集时,应采集非遗项目的基本信息。 对已按本规范开展过资源数字化采集的非遗项目再次进行采集工作时,可对其基本信息进行补充或修订,完善基本信息内容。	必备	必备	可选	可选
环境		必备	必备	可选	可选
历史沿革		必备	必备	可选	可选
分布区域		必备	必备	—	—
存续状况		必备	可选	可选	可选
价值		必备	—	—	—

续表

采集对象	采集对象选择	采集技术选择			
		文字	图片	录音	录像
2.习俗	习俗采集对象选择原则和范围： a)习俗采集对象的选择应遵照以下基本原则确定优先采集顺序： ——选择在项目中具有共性的习俗； ——选择流传区域广泛的习俗； ——选择具有地域和民族特色的习俗； ——选择流传时间悠久的习俗。 b)习俗采集对象选择范围包括但不限于： ——行话术语； ——地域习俗； ——节庆仪式表演习俗； ——拜师仪式； ——行规； ——门规； ——走会； ——相关传说故事； ——对于传统体育(武术部分)项目除以上内容外,还应包括武德礼仪。	必备	必备	—	必备
3.场地	场地采集对象选择应按照以下要求： ——选择具有代表性的比赛或演练场地、演出场地、比试场地及特殊练习场地； ——对传统体育(武术部分)项目的场地应包含但不限于：武术竞赛和段位制考试规则规定的武术场地,以及拳种要求的特殊练功场地,包括套路赛场、散打擂台、推手赛场、功力赛场、短兵赛场、段位考场及特殊练功场地等。 ——对传统体育(其他部分)及游艺项目的比赛或演练场地采集应包含但不限于古今传统场地,如江湖要道、广场旷野等特殊场地,及会馆、赛场等建筑。 ——对杂技项目的演练、演出、比赛场地应包含但不限于古戏台与戏楼、巷尾街头、戏院剧场、广场、马戏棚及江湖水域等。	必备	必备	—	可选
4.器械(具)	器械(具)选择对象包括器械、道具、用品、服装。	必备	可选	—	可选

续表

采集对象	采集对象选择	采集技术选择			
		文字	图片	录音	录像
5.身体训练理论与方法	身体训练理论采集对象选择包括： ——传统身体训练理论； ——现代身体训练理论； ——传统与现代结合训练理论。 身体训练方法采集对象选择包括： ——专业技能身体训练方法； ——辅助性身体训练方法。	必备	—	—	—
6.组织机构	选择组织机构采集对象时应优先选择活跃度和影响度较高的机构： a)对传统体育项目组织机构采集对象应符合以下要求： ——传统体育(武术部分)项目组织机构 采集对象范围和选择原则包括： •教学训练科研机构，包括：优秀武术运动队、武术学院、武术系室、武术学校、拳社、武馆、武术俱乐部，武术研究院和武术研究中心等； •组织管理机构，包括：国家体育行政部门武术管理中心、武术协会； •对于历史武术机构，只选择在武术发展中发挥过开拓作用或具有广泛影响的机构； •对于现存武术机构应选择但不限于省级以上教学训练科研机构、组织管理机构，在武术发展中做出重大贡献、具有广泛影响的教学训练科研机构，以及在武术传承发展中起到重要作用的民间机构。 ——对传统体育(其他部分)及游艺项目机构采集范围应包括但不限于：体育专门学校、体育社团、行会、协会、国家相应体育行政部门、研究机构和场地器材制作单位。 b)对杂技项目组织机构采集范围应包括但不限于：杂技、魔术、马戏专业团、队、班、组、社、科班、学校、票房、民间业余社团、行会、协会、学会、研究机构，工厂与作坊、场地器材制作单位和国家相应行政部门。	必备	必备	—	可选

续表

采集对象	采集对象选择	采集技术选择			
		文字	图片	录音	录像
7.传承					
传承人物(包括代表性传承人和代表性人物)	采集对象应包含该项目传承人物、传承谱系及传承方式,其中传承人物包括非遗项目代表性传承人和代表性人物。代表性人物应包含参与者和指导者。采集对象选择要求和范围包括: a)对于已故的重要传承人物的数字化采集工作,应根据人物对项目发展的贡献及历史影响进行,可按照以下原则: ——在项目发展中发挥了开拓作用的历史人物; ——在项目传承中具有代表性的历史人物。 b)对于健在的重要传承人物的选择可以按照以下原则: ——选择具有认证资质的代表性传承人; ——选择具有较高声誉的代表性人物; ——选择曾经荣获奖项的代表性人物; ——选择传承中具有代表性的当代人物; ——选择多领域均取得突出成就的人物; ——选择具备现场采集条件的代表性人物。 c)传承人物采集对象的选择范围包括但不限于: ——传统体育(武术部分)专项包括各拳种传承人、竞技武术人物(运动员、教练员和裁判员)、段位制人物(九段获得者、考生、指导员和考评员)以及教学科研人(教授、研究员)。传承人物采集还应按照以下原则选择:	必备	必备	可选	必备

续表

采集对象	采集对象选择	采集技术选择			
		文字	图片	录音	录像
传承人物(包括代表性传承人和代表性人物)	• 竞技武术人物应选择全国和国际锦标赛全能冠军武英级运动员及其教练员,裁判员应选择多次担任全国和国际锦标赛国家级以上的总裁判长; • 段位制人物应选择获得九段的武术家,在段位制国家考试(国考)中取得段位全能奖"金盾"奖的考生及其指导员,考评员应选择多次担任武术段位制国考的总考评长; • 教学科研人物应选择具有较高声誉且专著或论文具有广泛影响的正高职称任职者。 ——杂技专项包括创作者、教练、编导、演员、作曲者和舞台美术设计师、道具制作师、研究员等。 d)代表性传承人采集对象的选择范围为各级政府机构按照规定程序认定的本非遗项目的代表性传承人; e)代表性人物采集对象的选择范围是指除项目代表性传承人外,对本项目有重要贡献和重大影响的代表性人物。	必备	必备	可选	必备
传承谱系		必备	可选	—	—
传承方式		必备	可选	—	—
8.文物古迹	应选择与非遗项目关系紧密的,具有较高历史价值的文物古迹作为数字化采集对象。 ——传统体育(武术部分)项目文物采集对象还包括:武术练功用品、兵械; ——传统体育(其他部分)项目文物采集对象还包括:设施、设备; ——游艺项目文物采集对象还包括:设施、器具、玩具、活动用品; ——杂技项目文物采集对象还包括:设施、道具、服饰、演练用品。	必备	必备	—	—

续表

采集对象	采集对象选择	采集技术选择			
		文字	图片	录音	录像
9.文献资料	对非遗项目相关文献资料需进行全面采集,采集范围包括但不限于: ——研究成果、重要专著和论文、史论、评介; ——族谱、地方志; ——古籍,包括项目古籍资料、拳谱及拳谱抄本、棋谱和技法等。	必备	必备	—	建议
10.保护情况				—	
保护规划		必备	可选	—	可选
保护机制		必备	可选	—	可选
保护措施		必备	可选	—	可选

⑦传统美术门类非遗项目的采集信息包括:非遗项目基本信息、相关习俗、艺术特色、制作技艺、传承、生产与售卖、代表作品、文献资料和保护情况。详见表7。

表7 传统美术门类采集对象及采集技术选择

采集对象	采集对象选择	采集技术选择			
		文字	图片	录音	录像
1.项目基本信息					
项目综合概述	首次进行正式资源数字化采集时,应采集非遗项目的基本信息。 对已按本规范开展过资源数字化采集的非遗项目再次进行采集工作时,可对其基本信息进行补充或修订,完善基本信息内容。	必备	必备	—	—
环境		必备	必备	—	可选
历史沿革		必备	必备	—	—
分布区域		必备	必备	—	—
存续状况		必备	可选	—	—
价值		必备	—	—	—

续表

采集对象	采集对象选择	采集技术选择			
		文字	图片	录音	录像
2.相关习俗					
习俗概述		必备	—	—	—
代表性民俗	对习俗采集对象的选择应遵照以下原则： ——选择与项目联系紧密的习俗表现形式； ——选择具有深厚群众基础的习俗表现形式； ——选择流传区域广泛的习俗表现形式； ——选择流传时间悠久的习俗表现形式； ——选择本地区特有的习俗表现。	必备	必备	—	必备
3.艺术特色					
艺术特征		必备	—	—	—
风格流派		必备	可选	—	—
形式特色	选择造型、色彩、结构等表现形式。	必备	可选	—	—
4.制作技艺					
材料	对传统美术制作技艺的数字化采集应覆盖本非遗项目主要技艺类型，并应依照下列原则确定优先采集顺序： ——非遗项目的特色技艺； ——完整的制作工序； ——被广泛采用的技艺。 传统美术制作技艺本身存在流派差异时，应对不同重要流派的制作技艺分别采集。 传统材料、制作工具和工艺流程与当前实际采用的存在较大差异时，应对传统技艺及目前实际采用的技艺分别进行采集。	必备	必备	—	—
工具	—	必备	必备	—	—
技艺	—	必备	必备	—	必备

续表

采集对象	采集对象选择	采集技术选择			
		文字	图片	录音	录像
5.传承					
传承方式		必备	—	必备	必备
传承谱系	选择代表性传承谱系作为采集对象，传承谱系选择应按照以下原则： ——重要代表性传承人的传承谱系（一个或多个）； ——对非遗项目发展具有重大贡献的传承谱系； ——技艺重要分支，尤其是不同流派分支的传承谱系。	必备	可选	—	—
传承人物（包括代表性传承人、代表性艺人）	对已故人物的数字化采集工作，应根据其对非遗项目发展的贡献及历史影响进行选择。 对于健在人物的选择应参考以下原则： ——具有认证资质的人物； ——具有较高声誉的人物； ——曾经荣获奖项的人物； ——选择具有一定数量代表作品的人物； ——选择具备现场采集条件的人物。	必备	必备	建议	建议
6.生产与售卖					
生产	当存在多种生产售卖方式或众多作坊与店铺时，应参考以下原则： ——应选择具有代表性的、采用传统生产方式和售卖方式的作坊或店铺，有多个时需分别采集； ——应选择具有在历史上或当今影响范围大的作坊与店铺作为采集对象。	必备	必备	—	可选
售卖	—	必备	必备	—	可选
作坊与店铺	—	必备	必备	—	可选

续表

采集对象	采集对象选择	采集技术选择			
		文字	图片	录音	录像
7.代表作品					
题材分类	表现不同主题和内容的作品,按题材的相同性进行分类。	必备	必备	—	—
体裁分类	按照不同用途及使用方式进行分类。	必备	必备	—	—
代表作品	代表作品的采集应尽可能覆盖项目的全部题材和体裁,对同一类型有多个代表作品时,应依照以下原则确定优先采集顺序: ——突出体现项目艺术特色的作品; ——突出体现相应题材特点的作品; ——突出体现项目形式特点的作品; ——突出体现材料特点的作品; ——突出体现应用特点的作品; ——由著名人物制作的作品; ——具有研究价值的作品。	必备	必备	—	—
8.文献资料	应选择与项目联系密切的文献资料进行采集。包括正式出版物、刊物、电子文件、视频、县志、非正式出版物、内部资料等。	必备	建议	建议	建议
9.保护情况	项目现状、制定的保护计划、规划等。				
保护规划		必备	可选	—	—
保护机制		必备	可选	—	—
保护措施		必备	可选	—	—

⑧传统技艺门类非遗项目主要包含传统手工艺、传统手工制茶、传统烹饪技艺、传统食品制作技艺、传统酿造技艺和营造技艺六个专项。其中传统手工艺、传统手工制茶、传统烹饪技艺、传统食品制作技艺及传统酿造技艺五个专项的采集信息包括:项目基本信息、习俗、材料、工具、工艺流程、技艺特色、风格流派、传承、典型作品或成品、生产与售卖、文献资料和保护情况。详见表8。

表8 传统技艺门类通用采集对象及采集技术选择

采集对象	采集对象选择	采集技术选择			
		文字	图片	录音	录像
1.项目基本信息					
项目综合概述	首次进行正式资源数字化采集时,应采集非遗项目的基本信息。对已按本规范开展过资源数字化采集的非遗项目再次进行采集工作时,可对其基本信息进行补充或修订,完善基本信息内容。	必备	必备	—	—
环境		必备	必备	—	可选
历史沿革		必备	必备	—	—
分布区域		必备	必备	—	—
存续状况		必备	可选	—	—
价值		必备	—	—	—
2.习俗					
相关传说	采集行业神的传说。	必备	—	必备	—
仪式活动	纪录祭祀行业神活动、拜师仪式及约束师徒关系的习俗。	必备	必备	—	必备
禁忌和规矩	描述生产和销售过程中自然形成的禁忌和规矩。	必备	—	必备	—
3.材料					
4.工具					
行业通用工具和简单机械		必备	必备	—	—
传承人个人制作的特殊工具	选择具有代表性的技艺传承人为某些特殊技艺的运用而创制的个性化工具。	必备	必备	—	—
具有文物价值的工具或简单机械	采集具有百年以上历史的工具或简单机械。	必备	必备	—	—
5.工艺流程		必备	必备	—	可选

续表

采集对象	采集对象选择	采集技术选择			
		文字	图片	录音	录像
6.技艺特色	主要针对核心技艺。				
因材施艺		必备	必备	—	必备
手工绝活		必备	必备	—	必备
秘方		必备	—	必备	—
7.风格流派		必备	必备	—	—
8.传承					
传承人	传承人采集对象包括： ——对已故传承人的数字化采集工作，应根据人物对项目发展的贡献及历史影响进行选择； ——对于健在传承人的选择，可参考以下原则： • 已认定的项目代表性传承人； • 具有较高声誉的代表性人物； • 各主要流派的代表性人物。	必备	必备	可选	可选
传承谱系		必备	可选	—	—
传承方式		必备	可选	—	—
9.典型作品或成品	典型作品或成品应按照下列原则选择采集对象： ——选择突出体现非遗项目特色的作品或成品； ——选择突出体现相应类型特点的作品或成品； ——选择由代表性传承人制作的作品或成品； ——代表不同时期和流派的作品或成品。	必备	必备	可选	可选
10.生产与售卖					
生产	生产与售卖应按照下列原则选择采集对象： ——主要生产厂家及有影响力的家庭作坊； ——老字号工场或店铺。	必备	必备	—	可选

续表

采集对象	采集对象选择	采集技术选择			
		文字	图片	录音	录像
售卖		必备	必备	—	可选
老字号工场或店铺		必备	必备	—	可选
11.文献资料	按照以下要求确定文献资料采集对象： ——历史文献资料； ——采集当代行业发展数据； ——研究成果。	必备	必备	—	—
12.保护情况					
保护规划		必备	可选	—	—
保护机制		必备	可选	—	—
保护措施		必备	可选	—	—

营造技艺专项采集信息还包括：项目基本信息、营造理念、建筑形制与形态、营造技艺、习俗、传承、文献资料和保护情况。详见表9。

表9 营造技艺专项扩展采集对象及采集技术选择

采集对象	采集对象选择	采集技术选择				
		文字	图片	录音	录像	图纸	虚拟漫游
1.项目基本信息							
项目综合概述	首次进行正式资源数字化采集时，应采集非遗项目的基本信息。 对已按本规范开展过资源数字化采集的非遗项目再次进行采集工作时，可对其基本信息进行补充或修订，完善基本信息内容。	必备	必备	—	—	—	—
环境		必备	必备	—	可选	—	—
历史沿革		必备	必备	—	—	—	—
分布区域		必备	必备	—	—	—	—

续表

采集对象	采集对象选择	采集技术选择					
		文字	图片	录音	录像	图纸	虚拟漫游
存续状况		必备	—	—	—	—	—
特征与价值		必备	—	—	—	—	—
2.营造理念		必备	可选	—	—	—	—
3.建筑形制与形态							
建筑类型		必备	必备	—	—	必备	—
建筑群落布局		必备	必备	—	可选	可选	—
单体建筑—平面布局		必备	必备	—	可选	可选	可选
单体建筑—立面造型		必备	必备	—	可选	可选	可选
单体建筑—建筑结构		必备	必备	—	可选	必备	可选
单体建筑—建筑构件		必备	必备	—	可选	可选	可选
单体建筑—建筑装饰		必备	必备	—	必备	可选	可选
代表作品	营造技艺的代表作品包括建筑群落、单体建筑、建筑的结构、构件和装饰。 代表作品的采集应尽可能覆盖项目的全部类型,对同一类型有多个代表作品时,应按照下列原则确定优先采集顺序: ——选择突出体现非遗项目特色的作品; ——选择突出体现相应类型特点的作品; ——选择由著名人物制作的作品; ——代表不同时期和流派的作品; ——具有重要研究价值的作品。	必备	必备	—	可选	—	—

续表

采集对象	采集对象选择	采集技术选择					
		文字	图片	录音	录像	图纸	虚拟漫游
4.营造技艺							
流派	对营造技艺的数字化采集应覆盖本非遗项目主要营造技艺类型,并应依照下列原则确定优先采集顺序: ——非遗项目的特色技艺; ——代表性建筑的营造工序; ——被广泛采用的技艺; ——非遗项目中涉及的主要工种和做法; ——同一技艺可同时采集不用时期、流派的版本。	必备	可选	—	可选	—	—
原材料	—	必备	建议	—	必备	—	—
工具	—	必备	建议	—	必备	—	—
工种		必备	必备	—	必备	必备	可选
做法	—	必备	必备	—	必备	必备	可选
工序	—	必备	必备	—	必备	必备	可选
5.习俗							
风水	应采集与营造技艺联系紧密的风水、仪式、禁忌及其他类型习俗。对习俗采集对象的选择应按照以下原则: ——选择与项目联系紧密的习俗表现形式; ——选择具有深厚群众基础的习俗表现形式; ——选择流传区域广泛的习俗表现形式; ——选择流传时间悠久的习俗表现形式。	可选	可选	可选	可选	—	—
仪式		必备	必备	可选	必备	—	—
禁忌		必备	必备	可选	必备	—	—

续表

采集对象	采集对象选择	采集技术选择					
		文字	图片	录音	录像	图纸	虚拟漫游
6.传承							
传承人物	对已故人物的数字化采集工作,应根据其对非遗项目发展的贡献及历史影响进行选择。对健在人物的选择按照以下原则: ——选择具有认证资质的人物(对于对项目有重要影响的民间工匠不要求必须具有认证资质); ——选择具有较高声誉的人物; ——选择曾经荣获奖项的人物; ——选择具有一定数量代表作品的人物; ——选择具备现场采集条件的人物。	必备	必备	必备	必备	—	—
传承群体	有代表性的营造班、社、队等。	必备	—	—	—	—	—
传承谱系	选择代表性传承谱系作为采集对象,传承谱系选择按照以下原则: ——重要代表性传承人的传承谱系; ——对非遗项目发展具有重大贡献的传承谱系; ——技艺重要分支,尤其是不同流派分支的传承谱系。	必备	必备	—	—	—	—
传承方式		必备	—	—	—	—	—
7.文献资料	应选择与项目联系密切的文献资料进行采集,如文献资料中仅存在有限的描述语句,应标识出所在章节和页码。	必备	建议	—	—	—	—
8.保护情况		必备	—	—	—	—	—

⑨传统医药门类非遗项目的采集信息包括:非遗项目基本信息、习俗、传承、相关器具、组织机构、文物古迹、文献资料和保护情况。详见表10。

表10 传统医药门类通用采集对象及采集技术选择

采集对象	采集对象选择	采集技术选择			
^	^	文字	图片	录音	录像
1.项目基本信息					
项目综合概述	首次进行正式资源数字化采集时,应采集非遗项目的基本信息。对已按本规范开展过资源数字化采集的非遗项目再次进行采集工作时,可对其基本信息进行补充或修订,完善基本信息内容。	必备	必备	—	—
环境		必备	必备	—	必备
历史沿革		必备	必备	—	—
分布区域		必备	必备	—	—
存续状况		必备	—	—	—
医学价值特征		必备	—	—	—
2.习俗	对习俗采集对象的选择应遵照以下原则确定优先采集顺序: ——与传统医药文化、养生方法、诊疗方法、传统药制作技艺和传统中药炮制技术等形成发展有关的习俗; ——选择流传区域广泛的习俗; ——选择具有地域和民族特色的行话术语; ——选择具有民族特色的习俗; ——选择流传时间悠久的习俗。	必备	建议	建议	建议

续表

采集对象	采集对象选择	采集技术选择			
		文字	图片	录音	录像
3.传承					
传承人物(包括代表性传承人和代表性人物)	采集对象应包含该项目的传承人物、传承谱系及传承方式。传承人物采集对象选择要求如下： ——对已故重要传承人物的数字化采集工作，应根据人物对项目发展的贡献及历史影响进行选择； ——对于健在的重要传承人物的选择可见以下原则： • 选择具有认证资质的代表性传承人； • 选择具有较高声誉的代表性人物； • 选择曾经荣获奖项的代表性人物； • 选择具备现场采集条件的代表性人物。 ——代表性传承人采集对象的选择范围为各级政府机构按照规定程序认定的本非遗项目的代表性传承人； ——代表性人物采集对象的选择范围是指除项目代表性传承人外，对本项目有重要贡献和重大影响的代表性人物。	必备	必备	可选	可选
传承谱系		必备	必备	—	—
传承方式		必备	必备	—	—
4.相关器具		必备	必备	可选	可选
5.组织机构	选择机构采集对象时应优先选择活跃度和影响度较高的机构。 对组织机构采集范围应包括但不限于：应用机构、传承机构、学术研究机构及其他相关机构。	必备	必备	—	—

续表

采集对象	采集对象选择	采集技术选择			
		文字	图片	录音	录像
6.文物古迹	应选择与非遗项目关系密切,且具有较高历史价值的文物古迹作为数字化采集对象,尽量对实物进行全面拍摄,以便保存。	必备	必备	—	—
7.文献资料	对非遗项目相关文献资料需进行全面采集。相关文献资料采集范围主要包括已出版和未出版的著作及资料,包括但不限于: ——专著(古籍及现代著作); ——论文、研究成果; ——相关产品情况(国家医疗主管部门相关批号文件); ——相关器具情况(国家医疗主管部门相关批号文件); ——相关音像制品资料; ——非正式出版物; ——网络资料等。	必备	必备	—	建议
8.保护情况					
保护规划		必备	—	—	—
保护机制		必备	—	—	—
保护措施		必备	—	—	—

其中传统医药文化专项采集信息包括:生命与疾病的认知、中药老字号。详见表11。

表11 传统医药文化专项扩展采集对象及采集技术选择

采集对象	采集对象选择	采集技术选择			
		文字	图片	录音	录像
1.生命与疾病的认知					
文化内涵	中医生命与疾病认知的文化精髓和文化内涵。	必备	必备	—	—

续表

采集对象	采集对象选择	采集技术选择			
		文字	图片	录音	录像
项目内容	"中医生命与疾病认知"项目多,如阴阳学说、五行学说、天人合一、藏象学说等。由于内容繁多,故采用"其他"代替,详细内容不再赘述。信息采集时,由于均属于理论范畴,所以不分列采集技术要求,而将阴阳学说、五行学说、天人合一及藏象学说作为一个整体信息采集对象加以描述。	必备	必备	—	—
表现形式	生命与疾病认知表现形式丰富,历史上凡有一种对生命与疾病认知知识的产生,在临床上便有其使用者,进而形成治疗方法。法是承载生命认知与疾病认知的具体体现,将生命认知与治疗联系起来。由于中医的方法很多,故而采用"其他"代替,详细内容不再赘述。信息采集时,由于"法"的属性一致,所以不分列采集技术要求,而将六经辩证法、补土法和滋阴法等作为一个整体信息采集对象加以描述。	必备	—	—	—
传说(故事)		必备	必备	必备	—
2.中药老字号					
文化内涵	采集对象包括老字号企业文化、企业经营理念。	必备	可选	—	—
项目内容	采集对象包括老字号传统配本、炮制技术、制剂方法、成药制作技艺和经营方式。	必备	必备	必备	—
代表性产品		必备	必备	必备	—

传统养生专项采集信息包括：代表性养生方法代表性传承人表演。详见表12。

表12 传统养生方法专项扩展采集对象及采集技术选择

采集对象	采集对象选择	采集技术选择			
		文字	图片	录音	录像
1.代表性养生方法		必备	—	—	—
2.代表性传承人表演	代表性传承人表演采集内容包括： ——制作前准备； ——制作过程； ——制作技艺要点； ——养生用品的保存； ——适宜人群； ——注意事项及禁忌； ——其他非药物养生保健方法的采集。	必备	必备	—	必备

传统诊疗方法专项采集信息包括：代表性诊法、疗法，代表性传承人表演。详见表13。

表13 传统诊疗方法专项扩展采集对象及采集技术选择

采集对象	采集对象选择	采集技术选择			
		文字	图片	录音	录像
1.代表性诊法、疗法		必备	—	—	—
2.代表性传承人表演	代表性传承人表演采集内容包括： ——施术前准备； ——操作过程； ——术后； ——注意事项及禁忌； ——此传承人认为自己在传承方面与其他传承人的不同之处。	必备	必备	—	必备

传统药制作技艺专项采集信息包括:制剂。详见表14。

表14 传统药制作技艺专项扩展采集对象及采集技术选择

采集对象	采集对象选择	采集技术选择			
		文字	图片	录音	录像
1.制剂		必备	—	—	—
制剂处方		必备	—	—	—
制剂原理		必备	必备	必备	—
制剂原料		必备	必备	—	必备
制剂辅料		必备	必备	—	必备
制剂方法		必备	必备	—	必备
成品		必备	必备	—	建议
制剂仪式		必备	必备	建议	建议

传统中药炮制技术专项采集信息包括:炮制原理、炮制原料、炮制方法。详见表15。

表15 传统中药炮制技术专项扩展采集对象及采集技术选择

采集对象	采集对象选择要求	采集技术选择			
		文字	图片	录音	录像
1.炮制原理		必备	必备	必备	—
2.炮制原料	"炮制原料"分为原药和辅料,原药和辅料均属于药物范畴,属性相同,且信息采集所涉及的内容相同。	必备	必备	—	必备
3.炮制方法		必备	必备	—	必备

103

⑩民俗门类非遗项目的采集信息包括：项目基本信息、名称、族属、时间、场所、社区、传承、文物古迹、文献资料和保护情况。详见表16。

表16　民俗门类通用采集对象及采集技术选择

采集对象	采集对象选择	采集技术选择			
		文字	图片	录音	录像
1.项目基本信息					
事项概述	首次进行正式资源数字化采集时，应采集非遗项目的基本信息。对已按本规范开展过资源数字化采集的非遗项目再次进行采集工作时，可对其基本信息进行补充或修订，完善基本信息内容。	必备	必备	—	可选
环境		必备	必备	—	可选
历史沿革		必备	必备	—	—
分布区域		必备	—	—	—
存续状况		必备	—	—	—
价值		必备	—	—	—
2.名称	需要采集的名称包括： ——非遗名录中的正式名称； ——俗称、他称； ——民族名称； ——历史名称； ——地方语言名称。	必备	可选	可选	—
3.族属	族属采集对象包括： ——民族； ——多民族共有。	必备	可选	可选	—
4.时间	时间采集对象选择原则： ——该项目的固定日期时间（采用YYYY-MM-DD 的方式，见 GB/T 7408）； ——某一具体项目活动延续日期时间。	必备	可选	—	—

续表

采集对象	采集对象选择	采集技术选择			
^	^	文字	图片	录音	录像
5.场所	场所采集对象选择原则： 确认有无专门的民俗场所，如有，详述其历史沿革及功能。 同时，注意介绍以下内容： ——群体活动中心场所； ——社区群体活动关联场所； ——民众家庭活动场所。	必备	必备	—	可选
6.社区	社区采集对象选择原则： ——核心社区； ——辐射社区。	必备	必备	—	可选
7.传承					
传承人	采集传承人信息时应包括传承的具体内容。 传承人采集对象包括： ——对已故传承人的数字化采集工作，应根据人物对项目发展的贡献及历史影响进行选择； ——对于健在传承人的选择，可参考以下原则： • 已认定的项目代表性传承人； • 具有较高声誉的代表性人物； • 在民俗活动中起重要作用的组织者、主持者和骨干人员； • 具备现场采集条件的代表性人物； • 对于人生礼俗专项项目传承人应是主持人。	必备	必备	必备	必备
传承团体	如会头组织等。	必备	必备	必备	必备
传承谱系		必备	必备	—	—
传承方式	如家族传承、师徒传承、社会传承等。	必备	可选	—	可选
8.文物古迹	选择与习俗关系密切、具有较高历史文化价值的实物、场所。	必备	必备	—	—

续表

采集对象	采集对象选择	采集技术选择			
		文字	图片	录音	录像
9.文献资料	重点采集能够真实反映习俗形成、流传演变过程的历史文献,包括普通古籍、地方志、族谱和碑刻等。	必备	必备	—	—
10.保护情况					
保护规划		必备	—	—	—
保护机制		必备	—	—	—
保护措施		必备	—	—	—

节庆习俗专项采集信息还包括:实物、表现形式、社团、民众。详见表17。

表17 节庆习俗专项扩展采集对象及采集技术选择

采集对象	采集对象选择	采集技术选择			
		文字	图片	录音	录像
1.实物	实物采集对象选择原则: ——祭拜实物; ——特别活动实物; ——民众活动实物; ——主持人、主祭人特别服饰; ——参与民众节庆服饰。	必备	必备	—	可选
2.表现形式					
祭拜对象		必备	必备	可选	必备
传统仪式		必备	必备	—	必备
特色活动		必备	必备	—	必备
民俗表演		必备	必备	—	必备
饮食	采集对象应包括以下内容: ——祭祀食品; ——民众节日食品。	必备	必备	—	必备
民间传说	民间传说采集对象要求选择活动社区与节庆密切相关的风物、风情传说,包括民歌、故事和谚语等。	必备	必备	必备	必备

续表

采集对象	采集对象选择	采集技术选择			
		文字	图片	录音	录像
3.社团	社团采集对象选择原则： ——宗族； ——家庭； ——社会组织。	必备	必备	—	可选
4.民众		必备	必备	—	可选
直接参与者	选择具体参与活动的社区民众。				
间接参与者	选择"外来参与民众"和观众。				

民间信俗采集信息还包括：祭拜对象、祭拜类型、实物、表现形式、社团、民众。详见表18。

表18 民间信俗专项扩展采集对象及采集技术选择

采集对象	采集对象选择	采集技术选择			
		文字	图片	录音	录像
1.祭拜对象	祭拜对象的采集对象选择原则： ——一种祭拜对象； ——多种祭拜对象。	必备	必备	必备	必备
2.祭拜类型	祭拜类型采集对象选择原则： ——公祭： •官祭； •民祭； •民族祭。 ——私祭： •家祭； •家族祭。	必备	必备	可选	可选
3.实物	实物采集对象选择原则： ——祭拜实物； ——特别活动实物； ——民众活动实物； ——主持人、主祭人特别服饰； ——参与民众活动服饰。	必备	必备	—	可选

续表

采集对象	采集对象选择	采集技术选择			
		文字	图片	录音	录像
4.表现形式					
主祭		必备	必备	可选	必备
特色活动		必备	必备	可选	必备
民俗表演		必备	必备	可选	必备
饮食	采集对象应包括以下内容： ——祭祀食品； ——民众节日食品。	必备	必备	—	必备
民间传说	民间传说采集对象要求选择活动社区与信俗密切相关的风物、风情传说，包括民歌、故事和谚语等。	必备	必备	必备	必备
5.社团	社团采集对象选择原则： ——宗族； ——家庭； ——民间组织。	必备	必备	—	可选
6.民众		必备	必备	—	可选
直接参与者	选择具体参与活动的社区民众。				
间接参与者	选择"外来参与民众"和观众。				

人生礼俗专项采集信息还包括：实物、表现形式、饮食、亲友。详见表19。

表19　人生礼俗专项扩展采集对象及采集技术选择

采集对象	采集对象选择	采集技术选择			
		文字	图片	录音	录像
1.实物					
礼仪服饰	礼仪服饰采集对象包括： ——主持人服饰； ——主要角色服饰。	必备	必备	—	必备
礼仪器物	选择礼仪必备器物。	必备	必备	—	必备
2.表现形式					
传统仪式	要求采集传统仪式的全过程。	必备	必备	必备	必备
特别活动	要求采集特别活动的全过程。	必备	必备	必备	必备

续表

采集对象	采集对象选择	采集技术选择			
		文字	图片	录音	录像
主持人	采集对象要求选择主持活动的司仪,注意是否专职、有无主持经验。	必备	必备	可选	必备
主要角色	采集对象要求选择完成礼仪过程的当事人。	必备	必备	可选	必备
民俗表演	注意民俗表演是否为礼仪程序组成部分,以及表演者在民俗表演中的身份。	必备	必备	必备	必备
民间传说	民间传说采集对象要求选择活动社区与礼俗密切相关的风物、风情传说,包括民歌、故事和谚语等。	必备	必备	必备	必备
3.饮食	饮食采集对象选择原则: ——宴会; ——礼俗专用食品。	必备	必备	—	必备
4.亲友	亲友采集对象选择原则: ——家族亲友; ——社会亲友。	必备	必备	—	可选

生产生活习俗专项采集信息还包括:实物、表现形式、社团、民众。详见表20。

表20　生产生活习俗专项扩展采集对象及采集技术选择

采集对象	采集对象选择	采集技术选择			
		文字	图片	录音	录像
1.实物	实物采集对象选择原则: ——生产生活过程中使用的工具等实物; ——生产生活习俗活动的结果所产生的产品等实物; ——祭祀活动实物; ——民众活动实物; ——主持人、主祭人特别服饰; ——参与民众活动服饰。	必备	必备	—	可选

续表

采集对象	采集对象选择	采集技术选择			
		文字	图片	录音	录像
2.表现形式					
过程	该项目活动的整个流程。	必备	必备	可选	必备
结果	该项目活动结果及产生的产品。	必备	必备	可选	必备
应用	该项目在生产生活中的应用。	必备	必备	可选	必备
特别祭拜仪式	采集对象应包括以下内容： ——祭拜对象,确认是一种或多种祭拜对象； ——主祭人； ——仪式参与者。	必备	必备	可选	必备
民间传说	民间传说采集对象要求选择活动社区与习俗密切相关的风物、风情传说,包括民歌、故事和谚语等。	必备	必备	必备	必备
3.社团	社团采集对象选择原则： ——宗族； ——家庭； ——民间组织。	必备	必备	—	可选
4.民众		必备	必备	—	可选
直接参与者	选择具体参与活动的社区民众。				
间接参与者	选择"外来参与民众"和观众。				

（二）记录重点

非遗代表性项目抢救性记录工作中传承人是采录的核心,传承人的配合至关重要。通常要事先告知他们:拍摄目的、要求,拍摄的时间、地点,耽误的误工补贴。各类别记录重点如下：

1.民间文学

在相应的民俗活动中记录传承人完整的讲唱作品、解说作品；重点表现传承人的语言特色、表演技巧、即兴能力、互动能力,记录与作品相关的信仰与禁忌等。同时也应记录传承人文学表现力的生活基础,如其生长环境和生活环境。根据传承人的讲唱能力,原则上应录制其能讲唱的全部作品。

2.传统音乐

作品拍摄以传统性、代表性、稀缺性(包括传承人表演得最好的曲目、只有传承人掌握的曲目和生僻曲目)为选取原则。重点记录传承人的演唱、演奏技巧,详细记录与音乐相关的仪式,以及乐队编制、曲令、乐谱、服饰等。所记录的音乐作品应保留其传统的表演环境和表演方式。歌曲类不低于20首(需含稀缺曲目),器乐曲类不低于10首(需含稀缺曲目)。

3.传统舞蹈

重点记录舞蹈的主要特征、常用队形、基本套路,详细记录舞蹈的动作要领、表演套路,以及演员的服饰、化妆、用品用具等。如项目为群舞,则应重点记录传承人,兼顾群体。如果该舞蹈项目是民俗仪式中的一部分,还需记录相关仪式,同时保证歌、舞、乐不脱节。原则上应记录传承人掌握的全部传统舞蹈。

4.传统戏剧

记录传承人的代表性剧目,同时也应着重记录濒危剧目。重点表现传承人的流派特征、行当特色、唱腔特点、动作要领。也应记录相关的行头、道具、乐队等。如戏剧的表演属特定的时令和场合,也应对民俗环境加以表现。完整录制传承人代表剧作3—5出,并收集相应的剧本。

5.曲艺

录制传统曲目、书目。重点记录传承人的唱腔特征、表演技巧和对经典作品的讲解、演示。记录乐队编制、伴奏乐器(特制乐器),注意表现出传承人与合作伙伴、观众的互动和即兴表演。完整录制全部短篇代表性作品,长篇作品记录1—3部,并收集相应曲本。

6.传统体育、游艺与杂技

记录体育、游艺与杂技的全过程。重点记录传承人讲解、示范高难度动作、核心技艺、招式要领、口诀,记录各类活动规则、流程、形式、人员、器具。记录传承人及相关人员的训练过程,表现团队竞技中的配合与默契。杂技类,应完整录制代表性节目;游艺类,应录制游艺过程和全部特色技巧;体育类,应录制全部套路,竞技体育还应拍摄比赛过程。

7.传统美术

全程记录工艺流程、制作步骤、特殊技法。记录原材料及其加工,以及核心工艺、手艺、方法,记录工具及特殊工具的制作。表现出传承人对作品的塑造与把握。重点拍摄传承人对作品用途、设计及寓意、艺诀、操作要领等的讲解,记录相关传说、民谣、谚语、行规及相关信仰、禁忌、民俗。至少拍摄1—2件代表性作品的完整制作过程,至少呈现5件以上代表作品(标明作品是否原创)。

8.传统技艺

全程记录传统技艺流程、制作步骤和方法。重点记录原材料及其加工,突出核心工艺、手艺、方法,记录工具及特殊工具的制作。器具、设备、设计图纸、作品要分别拍摄。请传承人示范绝活、特殊技法、创新之处。记录相关传说、民谣、谚语、师训、家训、传统行规、行话等。至少拍摄1—2件代表性作品的完整制作过程,至少呈现5件以上代表作品(标明作品是否原创)。

9.传统医药

完整记录传承人的诊疗过程,分解拍摄诊疗技法的同时照顾患者的感受和隐私。重点记录传承人亲自示范药品的制作及独特的炮制工艺。如果该技艺有不同的诊疗方法,需要逐个记录。重点记录传承人对不同病患采取的有针对性的诊治方法,并请传承人讲解其中的道理和用意。制药流程部分应完整拍摄;诊疗方法部分应拍摄几组不同的诊疗方法,以体现传承人的诊疗水平。

10.民俗

要在特定时间空间中完整记录民俗活动从筹备、活动准备、活动呈现、活动结束及循环规则等全过程,明确传承人在民俗活动中的身份和社会责任;记录要以传承人为主,兼顾人群。详细记录传承人在特定文化空间中对岁时节令、重要场所、核心知识、特殊工具、各类绝技、信仰活动的介绍和展示。对于传统年节及大型祭典等习俗,要记录年节及祭典活动的全过程,重点记录其中的核心仪式,如敬天、祭祖、拜年,并请传承人讲解其中的主要环节和文化内涵。记录年节和祭典活动中的艺术表达,如讲故事、歌唱和跳舞。对于生产生活习俗，要列出该项习俗的全部环节，如大足宝顶香会习俗中自成系统的工具使用，确保完整记录。忠实记录生产生活习俗，避免表演。记录依托在生产生活习俗上的各种艺术形式，如谜语、谚语、俗语，窗上的剪纸，宴席上的祝词、歌曲、舞蹈，劳作时的民歌、号子。对于民间信仰习俗，要完整记录民间信仰仪式过程，如迎春、神诞、禳灾、还愿等，以及传承人对相关信仰仪式的解释说明。记录和民间信仰有关的口头表述，如历史掌故、各类说辞、经文等。记录民间信仰中的艺术表达，如演剧、音乐、秧歌、社火等。

第四章 重庆川剧抢救性记录研究

抢救性记录以传承人为核心,是基于文化整体性与相对性的理念,利用数字化技术,运用人类学田野工作的方法,以"抢救"为第一要务,尽力在传承人尚在、精力尚好的时候,抓紧时间,围绕"口述、实践、传承教学、综述和卷宗"等五种途径展开,目的是通过口述史访谈、项目实践、传承教学、综述和卷宗五个方面,尽可能全面完整地记录传承人掌握的技能与知识,形成"四片一宗",即口述片、项目实践片、传承教学片、综述片、工作卷宗。

重庆川剧抢救性记录研究是以重庆国家级非遗代表性项目川剧国家级代表性传承人为例开展抢救性记录,将代表性传承人(川剧现有国家级代表性传承人有6名,市级代表性传承人有37名)对川剧的深刻理解与自身掌握的精湛技艺通过数字化影像手段全面、真实、系统地记录存档,探究抢救性记录方法。

第一节
重庆川剧抢救性研究

川剧系重庆市首批国家级非物质文化遗产名录保护项目,是中国最有影响的地方大剧种之一。笔者通过查证史料,如《中国戏曲文化概论》《中国戏曲通史》《重庆市志》《重庆文化艺术志》《重庆戏曲志》等,采访老艺人,深入研究重庆川剧项目相关内容,包括历史渊源、基本内容、主要特征、重要价值、传承谱系、存续状况及川剧代表性传承人,为开展抢救性记录做好充分准备。

一、重庆川剧发展简史

川剧系重庆市第一批国家级非物质文化遗产代表性项目,是富有重庆地域特色的戏曲艺术。

(一)历史渊源

重庆川剧历史悠久。它的根可以追溯到先秦时代的"巴渝歌舞"。巴人自古生活在高山峡谷、激流险滩的自然环境中,长期保留着原始社会遗存下来的"尚巫信鬼"的祭祀习俗,为驱魔除疫在巫师带领下,人们戴着面具,载歌载舞。这种独特的表演仪式被后人称为"傩舞",对后世民间社火中的歌舞及川剧化装表演影响深远。商朝末期,"周武王伐纣,实得巴蜀之师,著乎《尚书》。巴师勇锐,歌舞以凌殷人,前徒倒戈。故世称之曰:武王伐纣,前歌后舞也"《华阳国志·巴志》。战国末年,《宋玉对楚王问》:"客有歌于郢中者,其始曰下里巴人,国中属而和之者数千人。"汉初司马相如《子虚赋》中说:"千人唱、万人和,山陵为之震动,川谷为之荡波。"这种一人领唱,众人帮腔的演唱方式与如今流行于巴蜀地区的川剧高腔、花灯调、川江号子等一脉相承,具有远古巴渝歌舞遗存风骨。

汉代的燕乐百戏。汉高祖进伐三秦之时,巴人作为汉军前锋,"锐气喜舞",刘邦"命乐工习之",列入燕乐百戏。配制舞曲四篇,一曰矛渝,二曰安弩,三曰安台,四曰行辞。汉代巴蜀地区出现了说唱故事的俳优和带有装扮人物和故事的角抵戏。俳优又称优人,为汉代说唱艺人。"击鼓歌唱,作俳优"《汉书·霍光传》。说唱故事对川剧表演艺术影响很大,特别是以念作为主要艺术手段的丑角戏,吸收了排忧的艺术形式。

唐宋的竹枝词与"踏蹄"之戏。流行于巴蜀地区的巴渝歌舞在唐代演变成了风行一时的竹枝词。"巴女骑牛唱竹枝,藕丝菱叶傍江时"。当时竹枝词是伴以笛、铜鼓等乐曲,并配以歌舞表演。刘禹锡入川,将其整理写成《竹枝词》九首,从此竹枝词流布全国,乃至海外。竹枝词词曲及演唱方式对川剧艺术的产生具有深远影响。宋人《夔州图经》记载:"俗传正月初夜,鸣鼓连腰以歌,为踏蹄之戏。"《寰宇记》通州巴渠县(今四川宣汉县):"其民俗聚会,则击鼓,踏木牙,唱竹枝歌为乐。"这种踏蹄之戏的演唱对川剧灯调的产生具有前后相承的作用。

宋元明时期的"川戏"。宋代即有"川杂剧"的记载,明代"川戏"远赴江苏,形成与南戏争胜的局面,轰动全国。这为川剧的生成营造了丰富的文化土壤。元明时期的剧目较为丰富。元末明初的南戏四大传奇:《荆钗记》

《刘知远白兔记》《拜月亭记》和《杀狗记》。元曲《潇湘夜雨》、明万历古杂剧《倩女离魂》、明万历刻本《目莲救母》、明万历博古室刻本《墙头马上》、明四德刻本《拜月亭记》、明继志斋刻本《玉簪记》、明万历玩虎轩刻本《琵琶记》。

清末民初时期川剧的诞生。明末清初,移民浪潮等诸多原因,江西的弋阳腔、湖北和安徽等地的皮黄(胡琴腔)、陕西的秦腔(弹腔)与巴蜀地区民间灯戏等声腔艺术,均在其移居地域各自演出,呈现出"诸腔杂陈"的繁荣景象。形成以胡琴戏为主的川北河派,以高腔戏为主的资阳河派,以弹唱为主的川北河派,以重庆为中心的高腔为主兼多样声腔的川东河派。重庆修建"乐楼",王四等艺人常在"歌场舞榭每演古忠节之士,慷慨激昂,心摹神往"(《重庆府志》)。巴县艺人马九儿随魏长生同赴北京献艺,变"西秦梆子"为"川梆子"而享誉京华。

清乾隆年间,资阳河地区出现有文字记载最早的高腔戏班,该戏班延续百余年的演出活动培养出众多名家。高腔戏源于江西弋阳腔,经川东、川南向川西、川北发展。高腔是川剧独有声腔,其剧目在川剧五种声腔中数量最多,这个居于主导地位的声腔形成,标志着川剧的诞生。

道光咸丰年间,以"大名班"崛起为标志,昆高胡弹与本土灯调渐次融合,形成延续至今的"五腔共和"声腔体制。民国元年(公元1912年)"三庆会"在成都成立,将昆腔、高腔、胡琴腔、弹腔和灯调五种声腔同台演出,正式形成"川剧"剧种。后又相继出现了"老庆华班""舒颐班""燕春班"等一批班社,在重庆、成都等城市建起了一批用于演出的剧场(当时称为"茶园""戏园"),加快了川剧从广场艺术向剧场艺术发展的步伐,其剧本、表演和音乐、舞台美术的文化品位也得到不断提升,丰富多彩的川剧艺术迅速传播到了相邻的贵州、云南及湖北部分地区,奠定了川剧成为中国戏曲"四大地方剧种"的地位。

川剧在不断改革中得到发展。1905年四川成立了"戏曲改良公会",改良川剧剧本,净化川剧舞台。辛亥革命后,川剧得到进一步改良,涌现出了一批反映时事的时装戏。尤其是抗日战争时期,一些文化名人云集重庆,积极宣传抗战。重庆川剧界也编演了一大批反映抗战内容的时装戏,形成第二次编演时装川剧的高潮。1920年,三庆会首次来重庆演出,演唱了一批戏曲改良剧目和时装剧目。在此前后,重庆一些川剧名家也以多种声腔同台演出传统戏、改良戏和时装戏,重庆川剧舞台上出现了成渝两地名家荟萃献艺的盛况。新中国成立以后,川剧得到新生。在"百花齐放,推陈出新"戏曲工作方针和"改戏、改人、改制"戏改政策的指引和推动下,重庆川剧有了新的发展。在体制上,废除了封建班主制,改为集体经营的共和班,进而实行了民营公助,有的则改为国营或地方国营;在人员上,通过举办艺人政治学习会和艺人业余文化政治党校等,加强对从业人员的阶级教育和时事政治教育,提高了艺人们的思想觉悟和文化水平;在剧目上,挖掘整理改编了一大批剧目,清除了淫秽、恐怖等不健康表演,改男声"齐呐喊"的帮腔为专职女声领腔的男女混声帮腔,逐步建立、健全了导演制度,重庆川剧出现了前所未有的崭新景象。新时期拨乱反正,结束了"文革"时期川剧凋零衰败的局面,重庆川剧事业出现了短暂的繁荣。随着科学技术的迅猛发展。多种新兴的文艺样式和传播方式渗透进社会生活和各个领域,人们的审美兴趣和审美方式不断变化等,重庆川剧也和整个戏剧一样,逐步走向低谷。80年代初期,在四川省委提出的"抢救、继承、改革、提高"八字方针的推动下,重庆成立了振兴川剧领导小组,努力使重庆川剧走出困境,得到振兴。

(二)川剧组织

1.班社、院团

重庆最早的川剧班社是道光年间(公元1821—1850年)合川大河坝(今合川太和镇)袍哥管事外号徐狗耳朵创办的高腔戏班燕春班。该班长期活动于合川、铜梁、潼南、遂宁、射洪、武胜等地,至1939年与来合川的成都三益公第一班合并组成新兴三益公。它是重庆地区存在较长、影响最大的川剧班社。之后,尚有龙庆班等数十个班在重庆地区活动。

1951年元旦,以重庆大戏院(川剧团体)部分人员为底班,邀请、成渝等地川剧演员参加,组成的重庆市实验川剧院正式成立,院长张德成,副院长周慕莲、贾培之。1955年底,胜利川剧团部分人员并入,改名重庆市川剧院,院长周慕莲,副院长金震雷;下设两个演出团。1958年底初,组建第三团,8月,下放南桐矿区。1958年底四川省川剧院第一团下放重庆,并入重庆市川剧院为三团。1960年,将三个演出团合为两个演出团。1965年底,剧院建制撤销,两个演出团改为直属市文化局的重庆川剧一团和重庆市川剧二团。1970年6月,市川剧一团、二团及戏曲界抽调部分业务人员组成重庆市川剧改革组。1972年12月,市川剧改革组更名为重庆市川剧团。1974年,重庆市川剧团撤销,恢复市川剧一团、二团建制。1980年元旦,剧院恢复建制,院长张民权,副院长袁玉堃、许倩云、于义、范国珊、李家敏,重庆市川剧一团、二团改为院属两个演出团,即重庆市川剧院一团和重庆市川剧院二团。

重庆市川剧院建院以来,主要演员有生角张德成、贾培之、李述成、陈淡然、杨肇庵、刘化平、邹西池、车佩新、祝明达、李家政、徐又如、刘桂藩、熊焕文、唐少林、李明华等;旦角周慕莲、胡裕华、琼莲芳、薛艳秋、胡漱芳、周金钟、王清廉、许倩云、苹萍、高凤莲、钟鹤玲、林琴新、秦淑惠、何小莲、张巧凤、刘世玉、余果冰、曾又珠、刘卯钏、庄其美、赵家书等;小生张宏恩、姜尚峰、袁玉堃、陈桂贤、李文韵、李侠林、夏庭光、秀华、廖啸风、吴辉新、吴拙、刘又全、赵书勤、肖又和、王世泽、张学永等;花脸唐彬如、吴晓雷、徐文翰、金震雷、陈玉骏、蔡如雷、杨三武、刘震新、胡明克、王德云、谢正新、袁世国,丑角周裕新、周企何、李文杰、刘裕能、熊再新、徐笑侬、赵又愚、庞祖荣,老旦张树芳等;主要音乐人员有鼓师李子良、陆青云、蔡慰民、李世仁、黄一良、穆治国、傅舒云、杨才胜、胥明贵、罗升河、罗天福、段令相等,琴师何秉权、肖君甫、吴平、尹志银、陆建林、巫学成、刘天拯、陈祖明等;领腔徐文忠、徐远芳、戴彩萍、白正容等;创作和研究人员有赵循伯、李净白、许音遂、罗健卿、李行、胡度、杨明良、李心白、熊来、钟锄云、王夑、田桢、隆学义、陈安生、田大文、黄荆、潘和志、梁举、郭莘舫、罗常禄等。

以1952年参加第一届全国戏曲观摩演出大会的西南区观摩演出团川剧队和重庆又新川剧院为基础,于1953年5月,组建成立西南川剧院,院长朱丹南,副院长张德成、贾培之。1955年7月,西南行政大区撤销,剧院与四川川剧团、四川省文化局戏曲研究室合并组成四川省川剧院,院部由重庆移至成都。

2.行会、协会

重庆解放前的戏剧界同人组织主要有：1931年成立的重庆市剧业总会、1932年成立的重庆市界同业公会、1935年成立的重庆市电影戏剧商业同业公会、1938年成立的重庆市川剧同业公会、1938年成立的中华全国戏剧界抗敌协会重庆分会、1941年成立的重庆市川剧业演员协会、1945年成立的重庆市电影戏剧同业员工联谊社、1946年成立的重庆市戏剧电影协会等；重庆解放后的戏剧行会、协会主要有：1951年成立的中华全国戏曲曲艺改进协会重庆分会、1952年成立的重庆市戏曲工会、1955年成立的重庆市戏曲工作委员会、1955年成立的重庆市文化工会等，其中戏剧家协会尤为突出。

1951年4月，成立了中华全国工作者协会重庆分会，主席朱丹西，副主席席明真、董小吾、张德成。有常务委员18人、委员45人、候补委员10人，该会在促进全市戏剧创伤繁荣，活跃戏剧理论批评，组织专业剧团和群众业余戏剧活动方面，做了大量工作。该会还主办了4期周刊《观众报》，向市内外发行，是当时西南地区传播戏剧和戏改活动的重要渠道，1953年5月，根据重庆市第二文学艺术工作者代表大会的决议，该会撤销。

1981年12月，根据重庆市第三次文学艺术工作者代表大会决议，重庆戏剧家协会当时有会员300多人，主席度明真副主席田广才、厉慧兰、杨少元等，秘书长王松柏，有常务理事95人。下设艺术委员会、创评委员会和《重庆剧讯》编辑部。

剧协在座谈、研究重庆创作、演出剧目，举办艺术讲座，组织艺术交流等方面做了大量工作，对重庆川剧发展发挥了重要作用。

（三）重点剧目的创作和演出

创作、改编、整理、移植演出的丰富剧目，为重庆川剧增添了绚丽的色彩。

1.新中国成立前和重点剧目

在辛亥前后的戏曲改良动动中，重庆也创作、演出了一批反映实事、贴近生活的时装戏。刘怀叙编写的《哑妇与娇妻》《是谁害了她》《晚娘毒》《一封断肠书》，王觉吾编写的《洪宪官场》，以及《广州风潮》《枪毙八妃》等，先后由傅三乾等主持的裕民科社、刘怀叙主持的群乐科社,以及新民社在又新大戏院,群众仙茶园等地演出。

抗日战争爆发后,重庆川剧界编演了一批反映抗战为内容的时装川戏,主要有《芦沟桥头姊妹花》《铁蹄下的女伶》《亡国惨》《父仇》《热血青年》《背父从征》《台儿庄大捷记》《血战南口》《滕县殉国记》《巾帼殉难》《八百孤军》《乞儿爱国》《转战宛平》《泰山鸿毛》《烟鬼汉奸》《汉奸的孤女》《汉奸的报酬》《汉奸梦》《骂殷汝耕》《枪毙李服摩》《枪毙韩国复矩》等。形成第二次编演时装川剧的高潮。

2."文革"前十七年的重点剧目

重庆解放初期,在改戏为中心的"三改"戏曲政策的推动下,重庆川剧界以重庆市川剧院为基地,大力改革川剧剧目。该院从1954年开始,集中全院老艺人,李述成领头,组成"三列国小组",采取边挖掘、边整理、边演出的方式,先后演出了大、中、小型三国戏67个,列国戏37个,共计104个剧目。1951年至1964年,全市共挖掘、整理、改编了380多个大、中、小型的川剧传统剧目,新编古代戏和现代戏,其中由出版社以选集和单行本方式出版的有247个,总发行量达200万册。1955年至1957年,重庆川剧界还分期分批地鉴定演出了176个传统剧目,其中出版剧目有133个。这些挖掘、整理、鉴定的剧目中,《焚香记》《琵琶记》《幽闺记》《柳荫记》《荆钗记》《白蛇传》《赵氏孤儿》《绣襦记》《荷珠配》《红梅记》《乔老爷奇遇》等是其代表。这一时期的现代戏剧目建设也取得了显著成果,较有代表性的有王燮创作的《龙泉洞》,席明真、刘铭改编的《江姐》,李行移植的《夺印》,李行等与原京剧作者合作移植的《嘉陵怒涛》,罗健卿创作的《十二个老矿工》,川一团集体改编、李泽和罗健卿执笔的《两个女红军》等。

3.拨乱反正时期的重点剧目

党的十一届三中全会后,拨乱反正,清源正本。重庆川剧有了新的发展,但不久以后,川剧开始出现不景气的境况,重庆川剧界仍然坚持不懈地推进川剧事业在困境中向前发展。在李行改编的川剧《穆桂英战洪州》演出100余场爆满之后,又推出倪国桢创作的《井尸案》,又有《凌汤元》《古琴案》《禹门关》《人与人不同》等剧目参加了四川省振兴川剧调演。

(四)川剧艺术教育

解放前,川剧艺术教育主要是依靠科班招收一定数量的青少年入科班学戏,班社或艺人收徒随班学艺。解放后,文化主管部门建立了具有正规设施和制度的戏曲艺术教育单位,同时,表演团体也招收学员,团带班,培育新人。

重庆川剧艺术教育,解放前主要有又新科班。该班于1947年开始招生,两年共陆续招生80多人,最后留下57人,学制6年(学3年,帮3年),周裕祥主持科班教学。1953年,该班与又新川剧院一道并入西南川剧院。

解放后,重庆川剧艺术教育主要有:西南川剧院实验川剧学校,1953年成立于重庆江北磐溪,张德成任校长,有教职员工16人,学生47人,后迁成都,扩建为四川省川剧党校;重庆市川剧院附设戏曲训练班,1960年7月成立于重庆至圣宫3号,谢代任班主任,开班时设川剧,越剧班移交重庆市越剧团,只留川剧专业的演员班和音乐班,学制分别为7年和5年,学员约100人。"文革"开始后,戏曲训练班并入重庆市川剧二团;重庆市川剧青年演员进修班,班址为重庆市至圣宫,张民权、徐文翰任班主任,从1960年7月至1962年11月共举办4期,每期3月或5月,共培训学员430人次;四川省川剧党校重庆班,中等专业党校,1979年8月成立于重庆杨家坪长江剧场,呈声、李家敏任副主任,招收学生80名,其中表演56名、音乐24名,学制分别为5年和3年,音乐专业学生于1983年毕业后留校实习,表演专业学生1984年毕业后与音乐专业学生同时分配至重庆市川剧院工作,该班未继续招生,后改建为重庆市艺术党校。

(五)重庆川剧报刊与著述

重庆川剧界在大力进行舞台演出的同时,还积极拟定著述、编辑报刊,以推动重庆戏剧的发展,成果比较显著。

重庆川剧界共编写、出版了《川剧大观》《川剧演出剧本选》等剧本集7种,其中先后由重庆市戏曲曲艺改进会、重庆市戏曲工作委员会编辑,重庆人民出版社出版的川剧剧本选集《川剧》自1954年至1959年,共出88辑,先刊了重庆的川剧传统剧目和一些著名演员的演出本,共大、中、小型剧本176个;由《川剧丛刊》编辑委员会编辑,先后由重庆人民出版社和四川人民出版社分别出版的《川剧丛刊》，自1955年至1959年共出18辑，先刊了《柳荫记》《彩楼记》《琵琶记》等43个经过整理、修改并演出的优秀传统剧目。还出版了《乔老爷奇遇》等单行剧本15种、《川剧艺术研究》等理论专著14种、《川剧胡琴曲牌》等曲谱4种、《川剧百丑图谱》图谱1种和《别洞观景》等画册2种。此外，还办过《观众报》1种，该报系周报，4开，1950年10月7日创刊，1952年6月4日停刊，共出版83期，刊登以川剧为主的戏曲活动，刊载川剧传统剧目的修改本新编戏曲剧本、曲艺等，并开展群众性的评论，交流戏曲改革工作经验。

重庆川剧界还编写、出版了《重庆剧讯》，该刊为重庆戏剧家协会机关刊物，内部发行，不定期出版，1983年4月创刊，1984年底闭刊。该刊以报道重庆地区戏剧活动和发表重庆戏剧艺术家有关著述为主，并设有《我在重庆的戏剧生活》栏，邀请抗战时期在重庆的戏剧名家拟定回忆文章和有关重庆话剧史的著述，引起全国戏剧界之注目。

1984年12月，《重庆新作》创刊问世。该刊系重庆市文化局创作室编辑、出版不定期内部刊物，刊载重庆剧作家创作、改编的新剧目和评论文章，旨在扶持、奖掖重庆新创剧作，与全国其他兄弟单位所办戏剧刊物进行交流，以促进重庆专业剧团舞台艺术的发展和繁荣。

（六）川剧艺术交流

重庆戏剧艺术交流除在重大戏剧活动中所述的在重庆举行的7届戏剧节、4届雾季公演外，还参加全国和四川省的会演、调演，以及出市巡回演出。川剧曾在1952年参加第一届全国戏曲观摩演出大会；1953年秋至1954年夏，至西藏、西康等地慰问解放军；1957年5月初开始，赴武汉、南京、上海、济南、北京等地做了历时半年的巡回演出，1960年9月，为广州秋季交易会演出，并在深圳为港澳同胞公演；1961年3月，晋京汇报演出后，又到天津、石家庄、郑州、开封等地巡回公演；1965年9月，赴成都参加西南区话剧、地方戏观摩演出；1983年和1984年，又赴成都参加第一届、第二届四川省振兴川剧调演。重庆戏剧在出市、出省进行艺术交流的同时，中央和其他省市的戏剧表演团体也来重庆进行艺术交流，来渝进行交流演出的团体达107个次，共演出了约240个剧目。

重庆川剧曾于1953年10月至1954年2月,组织70余人的演出团,随中国人民第三届赴朝慰问团去朝鲜,进行了为时4个月的慰问中国人民志愿军和朝鲜人民军的演出;1959年10月至11月,又选派了23人参加中国川剧团,赴东欧的波兰、德意志民主共和国、捷克斯洛伐克和保加利亚进行了访问演出。外国艺术家来重庆演出戏剧的有:1955年10月25日至30日在人民大礼堂演出的保加利亚代表团和1955年11月10日至14日在人民大礼堂演出的缅甸文化代表团。

在全国、四川省和重庆市参加会演、调演告示行动中,川剧不少剧目和创、演人员获多种奖励。川剧《井尸案》《古琴案》《凌汤圆》《貂蝉之死》《楚庄王》等,在1956年的重庆市戏曲会演,以及1979、1980、1981和1984年的重庆市专业剧团青少年会演、调演中,获奖者共有369人次,其中一等奖川剧27人次,二等奖川剧85人次,三等奖川剧168人次。

二、重庆川剧的基本内容

重庆川剧历来以剧本的文学性,表演的精湛性,声腔的多样性,击乐的独特性,绝技的神奇性与大俗大雅的渝派风格,名传遐迩,声誉卓著。以重庆市川剧院为代表的川剧体现了独具地域特色的渝派风格。重庆川剧荟萃前辈大师名家名角,造就了张德成、周慕莲、袁玉堃、夏庭光、许倩云、高凤莲等一大批知名度高、造诣深厚的老一辈艺术家,拥有新生代川剧领军人物、全国十大青年表演艺术家,如重庆市川剧院院长沈铁梅、资深剧作家隆学义、导演胡明克、作曲家陈安业等一大批艺术骨干。积累了《金子》《琵琶记》《绣襦记》《柳荫记》《孔雀胆》《聂小倩》《赵氏孤儿》《乔老爷奇遇》等优秀保留剧目。

重庆川剧的基本内容可用"丰富厚重"四字加以概括。这可以从以下三方面予以说明:

(一)剧目方面

重庆曾经演出的川剧剧目数以千计。川剧界流传的"高腔四大本""弹戏四大本""五袍、四柱、江湖十八本"均系重庆川剧的常演剧目;"唐三千,宋八百,数不完的三列国",在重庆也有具体体现,重庆市实验川剧院在20

世纪50年代初期,就挖掘、整理、演出了三列国戏104个,其中三国戏67个,列国戏37个。据重庆市戏曲工作委员会1956年统计,解放前在重庆上演过的不同剧目多达1132个,其中大本戏403个;该戏工会1956年公布已收集到的传统川剧剧本1024个,民国时期演出的时装戏剧本38个,到1959年,收集、记录的传统川剧剧本达1106个。由此可见,重庆川剧剧目丰富之一斑。

重庆川剧剧目不仅数量繁多,而且相当完整。例如目连戏,不仅有江津何育斋根据郑之珍《目连救母劝善戏文》改编的、为四川众多戏班所宗的《音注金本目连全传》,还有川剧艺人演出的"条纲本""单出本",以及20世纪50年代整理的"鉴定演出本"和90年代的"改编本"。尤其是重庆戏曲工作委员会王向辰根据重庆市实验川剧院李述成所藏老本抄录的48本1092出的目连"连台戏场次本"(包括《大发猖》1本9出、《佛儿卷》1本20出、《西游记》4本97出、《观音》3本74出、《封神》12本283出、《东窗》12本293出、《台城》3本65出、《目连》12本251出),完整地保留了48本"大目连"的演出剧目。这不仅在重庆和四川独有,就是在全国也属罕见,在中国戏史领域中弥足珍贵。

重庆川剧剧目以喜剧著称。为数众多的喜剧剧目,别开生面,独树一帜;即使在一些悲剧剧目中,也常穿插一些喜剧人物、喜剧情节或喜剧场面。剧本的文学性强,雅俗共赏,具有深厚的文化底蕴。先后在全国和省、市有影响的传统戏、新编古代戏和现代戏剧目有:《焚香记》《琵琶记》《乔老爷奇遇》《荆钗记》《绣襦记》《红梅记》《荷珠配》《幽闺记》《赵氏孤儿》《金貂记》《闹齐庭》《芙奴传》《禹门关》《香罗帕》《孔雀胆》《晴雯传》《杏花渡》《大红袍》《三击掌》《烛影摇红》《卖画劈门》《放裴》《摘红梅》《烹蒯彻》《杀伯奢》《五台会兄》《牛皋扯旨》《醉隶》《文武打》《穆桂英战洪州》《别洞观景》《井尸案》《古琴案》《婚变案》《龙泉洞》《嘉陵怒涛》《凌汤圆》《金子》等。

(二)声腔方面

重庆川剧的声腔主要有昆腔、高腔、胡琴腔、弹腔和灯调五大声腔,同时,还有"吹吹腔""安庆""七句半"以及一些民歌小调等高腔、昆腔、灯调属曲牌体,以选用不同曲牌和以不同曲牌的不同连缀表现不同的剧情和人物的性格、情绪、心态;胡琴腔、弹腔属板腔体,主要以板式变化来表现。传统高腔为不托管弦的徒歌,昆腔以笛子伴奏(亦有用唢呐伴奏的,多为合唱曲),胡琴腔、弹腔、灯调,分别以小胡琴、盖板子、胖筒筒为伴奏主奏乐器。由于音乐素材、曲式结构、伴奏乐器等的不同,五大声腔自成体系,各具风格;却又由于都是在同一地理环境、同受巴蜀文化影响而形成的,故又具有浑然一体的川剧品格。

同一剧目一般只用高腔、胡琴、弹腔之一演唱,个别用两种或三种声腔演唱的,称"夹黄路子";有少数剧目,名称相同,属同一戏剧故事,却用不同声腔演唱,习称高腔路子或胡琴路子或弹戏路子,它们在剧本结构、戏剧场面、讲唱安排、唱词说白等方面都有不同程度的差别,实际上是同名异戏。昆腔和灯调除演唱昆腔戏、灯戏剧目外,常插入少数曲牌在用其他声腔演唱的剧目中使用。

重庆川剧声腔曲牌十分丰富。20世纪50年代初期,重庆共收集了高腔、昆腔曲牌各300余支,灯调曲牌30余支,还出版了《川剧胡琴曲牌》《川剧弹戏曲牌》《川剧锣鼓牌子》,内部印刷了《川剧高腔乐府》等专著。

(三)表演方面

重庆川剧的表演精湛完美。

在角色行当上,戏曲艺术一般分为生、旦、净、末、丑五种行当,重庆川剧界则习称这五行为小生、旦角、花脸、须生、丑角。小生分为文小生、武小生、娃娃生;旦角分为正旦、青衣旦、闺门旦、花旦、奴旦、摇旦、武旦、老旦;花脸分为唱功花脸、讲口花脸、架子花脸、草鞋花脸;须生分为老生、正生、靠甲生、做功生、老末角;丑角分为袍带丑、褶子丑、龙箭丑、襟襟丑、老丑、武丑等。此外,还有龙套,男龙套分为袢子、马衣、上天龙三类;女龙套习称彩女。

在表演技巧上,有褶子功、翎子功、扇子功、椅子功、柱头功、脚尖功、面肌功、矮子功、台口功等,讲究手、眼、身、发、步技法,还有变脸、吐火、打叉、提影子、镖技、藏刀、大刀走路、鬼从风行等绝技。每类功法中,又分若干小类。比如:扇子功就有折扇功和团扇功两小类,折扇功还分为观风光握扇出游、摇掌扇侍奉年高、行路难背扇思考等30式,团扇功也有平端扇、右阳扇、倒肩扇等26式。手法中的指法更多达100式。如表现自然景象的有：天、地、日、月、夜、风、云、雷、雨、雪等；表现兵器道具的有：枪、刀、弓、箭、锤、砚、墨、笔、帖、书等；表现动物形象的有：龙、虎、鱼等。把100式指法组合起来，则称为"百字韵"：

    天地日月夜 风云雷雨雪
    山水石鱼浪 草木鸟花香
    你我来去转 不眠开避关
    美容眼眉口 胸心膀皮拳
    茶酒饭筷碗 洗搓拜帐帘
    枪刀弓箭锤 砚墨笔帖书
    分合走回捧 衣抱醒吐座
    马踏踢火照 杀打算锁钥
    龙虎灯袖抛 刎捆绑羞胡
    推拉扭送盒 船楼高底无

如此丰富多彩、精湛完美的表演技巧，更增重庆川剧内容的博大与厚重。

三、重庆川剧主要特征

川剧流传于原四川境内的，其所在区域为原四川省。四川地处祖国大西南和长江上游广大流域，古为巴蜀古国境地。其地理位置和环境的历史面貌，可谓巴山渝水的荒蛮、四川盆地的闭塞，因而素有出脚夔门险、进入蜀道难的世间甚传。如此区域性的地理环境，为川剧的产生及其特征的形成奠定了地域、人文的基本成因。

川剧在长时期的流传中，形成了川西坝、资阳河、川北河和下川东"四条河道"为中心的四大流派。川西坝以演唱胡琴腔戏为主，资阳河以演唱高腔戏为主，川北河以演唱弹腔戏为主，而下川东则以演唱多种声腔为特色。下川东以重庆为中心。重庆交通便利，经济繁荣，多种声腔的戏班云集，致使重庆成为多种川剧声腔演出的根据地，地处重庆境域的川剧颇有特色。

重庆川剧主要有以下六大特征：

（一）历史传承的悠久性

重庆川剧也与整个川剧一样，作为地方剧种，正式形成于清代的"花部乱弹"兴盛时期。但它的地方戏的基因源远流长。其源可以上溯到3000多年前的"巴渝歌舞"，与中国戏曲大体同步。宋释道隆(俗姓冉，名兰溪)在《大觉禅师语录》卷下《颂古·马大师与西堂百丈南泉玩月》中，叙述他在家乡涪州(今重庆涪陵)戏棚看戏情景："戏出一棚川杂剧，神头鬼面几多般。夜深灯火阑珊甚，应是无人笑倚栏[①]。"说明在宋代重庆杂剧演出就十分活跃。及至明代，民间迎神赛社的演戏习俗颇盛，重庆铜梁动辄"演戏匝月"，南川更是"演戏四五十日"。正是民间演出的戏剧，对融合改造多种外来声腔使之成为地方化的川剧，起了决定性的作用。

（二）多种声腔的相融性

源于江苏昆山腔的川剧昆腔，源于江西弋阳腔的川剧高腔，继承湖北汉调和安徽徽调传统，吸收陕西汉中二黄与四川扬琴的优点，逐渐形成的川剧胡琴腔，以及源于山西、陕西秦腔的川剧弹腔，均系外来戏曲声腔。它们与四川、重庆等地的地方语言、民间音乐等结合，形成新的剧种声腔。经过分班演唱而后同台并奏，融入川剧之中，构成川剧特有声腔，因而川剧几乎包容了中国戏曲的诸多声腔。这种相融性特征在中国地方剧种中实属罕见。

（三）演出剧目的丰富性

1.传统剧目：生(文小生、武小生)角，其代表剧目有：《摘红梅》《放裴》《荷珠配》《店房责侄》《御河桥》《小宴》《盗银瓶》等；旦角，其代表剧目有：《焚香记》《琵琶记》《反延安》等；净(花脸)角，其代表剧目有：《金貂记》《铡美案》《财神图》等；末(须生)角，其代表剧目有：《铁冠图》《文公走雪》《一品忠》《挑袍》等；丑角，其代表剧目有：《杨广逼宫》《西川图》《结草报》《迎贤店》《胡琏闹钗》《林丁犯夜》等。

2.新中国成立后整理改编的传统剧目：《柳荫记》《乔老爷奇遇》《杜十

[①] 岳精柱：《"湖广填川"历史研究》，重庆出版社，2014年，第123页。

娘》《绣襦记》《芙奴传》《将相和》《彩楼记》《荆钗记》《玉簪记》《意中缘》《百花亭》《黄金印》《牛皋扯旨》《翠香记》《醉打》《香罗帕》《穆桂英战洪州》《反徐州》《辩非记》《碧波红莲》《禹门关》《龙骨扇》《芙蓉花仙》《治中山》《田姐与庄周》等。

3.时装戏剧目:《太太的枪》《晚娘毒》《乞儿爱国》《是谁害了她》等。

4.新编古装剧目:《谭记儿》《望娘滩》《和亲记》《煮海记》《夫妻桥》《巴山秀才》《易胆大》《井尸案》《古琴案》《婚变案》《赵氏孤儿》《千里送京娘》《怒龙沱》《阚泽荐陆》《孔雀胆》《闯王遗恨》《燕燕》《楚庄王》《王熙凤》《轵侯剑》等。

5.现代戏剧目:《四姑娘》《江姐》《龙泉洞》《赤道战鼓》《嘉陵怒涛》《两个女红军》《社长的女儿》《飞夺泸定桥》《金沙江畔》《柜台》《瑶山春》《枫叶红了的时候》《南方来信》《潘虎》《十二个老矿工》《夺印》《父女送钢》《李双双》《白毛女》《小二黑结婚》《金子》《死水微澜》《山杠爷》《变脸》《四川好人》《四川白毛女》《草莽英雄》《红军妹》等。

(四)表演风格的多样性

重庆川剧集各河道之长,风格多样。重庆川剧影响力较大,各地戏班,戏种纷至来渝,戏班、艺人交流频繁,相互影响,因此,巴渝地区川剧有"川夹京""川夹汉""川夹陕"现象,具有海派风格。如泰和班在胡琴的唱腔中,融入了京剧、汉调的一些曲调,即被称为"川夹京""川夹汉"。重庆川剧对周边影响较大,甚至及于贵州北部,湖北的建始、恩施州。长寿县的雷家班,在乾隆年间,经贵州一路演出到云南,后定居于曲靖,道光十一年(1831年),才改唱滇剧。在湖北恩施的灯戏中,就有"与川剧、南剧合班演出剧目,即灯戏艺人称之为'风绞雪'类演出剧目",有"从川剧、南剧移植过来的,适宜灯戏'三小'形式表演的剧目"。盛行于峡江地区的南剧中的上路,"属于梆子腔系,又称川梆子,用盖板胡琴伴奏。"

(五)群星传承的共荣性

重庆川剧界历来群星璀璨,名家荟萃,一代一代地传承发展,形成强大的创作、表演群体。正如传承谱系一栏所叙,重庆川剧界在清末至民国年间由多个师承、班社的名家汇集成行当齐全、技艺精湛的创作、表演群体,民末至"文革"以川剧院附设戏曲培训班等多种形式招收五批学员进行培训传承,培养出一批批颇有造诣的川剧艺术人才。新时期以来,川剧学校又将一些学有所成的毕业生输送至川剧界,其中部分人员已成为当今重庆川剧的台柱。这些川剧创作、表演人才,代代相传,共同为繁荣重庆川剧做了贡献,他们也因此共生同荣于观众心中。

(六)研究成果的丰硕性

重庆川剧界历来重视理论研究工作。早在20世纪50年代初期,在调查、挖掘、记录、整理川剧剧本的同时,就对舞台艺术,包括演员的师承和表演、曲牌、曲调唱腔、锣鼓谱、身段谱、脸谱、特技等,也一一做出记述,并将其整理成文,或撰写成专著,予以发表和出版。这以后,还有计划地对颇有影响的川剧表演艺术家的舞台表演艺术进行系统记录整理、出版。在20世纪80年代,又编写了以川剧为主要内容的《重庆戏曲志》。一些研究人员还撰写、发表了一批研究川剧基本特征及其美学价值等文章,将川剧理论研究予以升华。据不完全统计,重庆川剧界共出版了研究川剧的专著30余本,发表文章数百篇。这些理论研究成果产生了良好的影响,有数十项成果获得省、市的奖励,《川剧艺术研究》1~4集,于1985年选为美国国会图书馆陈列图书。

四、重庆川剧的重要价值

按照非物质文化遗产十大类别分类,重庆川剧属于传统戏剧类。在对重庆川剧价值研究前,我们需要探究传统戏剧在非物质文化遗产中的重要性。

(一)传统戏剧在非物质文化遗产中的重要地位

国家级非物质文化遗产代表性项目名录中的"传统戏剧",指的是中国各地域各民族人民创造的传统戏曲艺术。戏曲艺术综合了文学、音乐、舞蹈、绘画、雕塑、杂技、武术等元素,舞台表演讲究唱、念、做、打,具有很强的虚拟性、程式性与技术性。其"角色行当"主要分为"生、旦、净、丑"几种类型。传统戏曲表演,在舞台上不设置固定的场景,剧种人物的情景,一般要靠演员的语言和动作来体现,戏曲语言的叙述性和表演动作的虚拟性、程式性是戏曲表演的重要特色。戏曲舞台上的时间与空间的处理也体现出高度的灵活性。中国戏曲的起源可追溯到上古的歌舞,经过汉、唐,直到宋、金才形成较完整的戏曲艺术形态。南宋时温州一带产生的南戏,一般认为是中国戏曲最早的成熟形式,金末元初中国北方形成了元杂剧,演唱北曲,形成中国戏剧发展中创作与演出的繁盛时期,经过元、明、清交融交汇的艺术演变,由于方言、音乐的差别,在各地演变为形形色色的声腔和剧种。也有一些剧种系由民间歌舞、说唱、少数民族歌舞说唱基础上发展而来。中国戏曲剧种极其丰富,按20世纪50年代中期的统计,中国存在着360多个戏曲剧种。2017年6月结束的全国戏曲剧种普查统计结果显示全国现有348个剧种。

在各界关怀和支持下,昆曲被联合国列入首批人类口头和非物质文化遗产代表作名录4。列入人类非物质文化遗产名录的戏曲剧种,除昆曲外,还有藏戏、京剧、粤剧、皮影、木偶,共6个剧种,不仅在我国的非物质文化遗产项目中是最多的,而且在人类非物质文化遗产中也是项目最多的国家。

目前,国务院公布了五批国家非物质文化遗产代表性项目名录共1557项,传统戏剧有171项。其中进入第一批国家级非物质文化遗产代表性项目名录的传统戏剧有92项,进入第二批国家级非物质文化遗产代表性项目名录的传统戏剧有46项,进入第三批国家级非物质文化遗产代表性项目名录的传统戏剧有20项,进入第四批国家级非物质文化遗产代表性项目名录的传统戏剧有4项,进入第五批国家级非物质文化遗产代表性项目名录的传统戏剧有92项,均是具有较大影响和特殊审美价值同时具有艺术、历史及文化价值的重要戏曲种类。同时,国务院公布的五批共3068位国家级代表性传承人,其中有784位传统戏剧类国家级代表性传承人。

6个剧种列入人类非物质文化遗产代表性名录,171项传统戏剧列入国家非物质文化遗产代表性项目名录,784位传统戏剧类国家级代表性传承人,由此可见,传统戏剧在我国和人类非物质文化遗产中所占据的重要地位。

(二)重庆川剧的重要价值

川剧是我国优秀民族文化的重要组成部分之一,其遗产丰富,流行地域广,拥有观众多。它是中国300多个地方戏曲中一个颇有影响的大剧种,又是重庆地区最具地域特色和民族特色的传统戏剧文化。目前,全国国家级非物质文化遗产代表性项目名录中传统戏剧类有171项,其中"川剧"共2项,申报地区仅有重庆市和四川省。

重庆川剧是川剧的重要组成部分,它的由来与川剧的源起一脉相承。它历史悠久。它的根可以追溯至先秦时代的"巴渝歌舞",到汉代的燕乐百戏,唐宋的竹枝词与"踏蹄"之戏,宋元明时期的"川戏",清代川剧的孕育。再到民国元年(1912年),在全国戏曲改良运动的助推下,"三庆会"成立,使得川剧得以全面发展和逐渐成熟,促使川剧迅速从广场艺术向剧场艺术发展。剧本、表演和音乐的文化品位不断提升,其流播领域也从重庆、四川扩展到贵州、云南、湖北部分地区。中华人民共和国成立后,川剧得到政府的重视与扶持,频繁地走上世界的戏剧舞台,逐步奠定了它饮誉国内外的地方大剧种的历史地位。

重庆川剧的特色非常鲜明。它具有"五腔共和"的声腔体制。其中川剧高腔曲牌丰富,唱腔优美动人,具有地方特色,是川剧的主要演唱形式。川剧帮腔为领腔、合腔、合唱、伴唱、重唱等方式,意味隽永,引人入胜;川剧语言幽默风趣,生动活泼,"川味"很浓,具有鲜明的地方色彩,浓郁的生活气息和广泛的群众基础。主要表现在念白和唱腔用的都是重庆、四川方言,语言特别诙谐风趣,通俗易懂。而且词汇丰富,可以说是"便中见雅"。川剧演员富有人情味和个性化的表现力,具有浓郁的乡土气息;在川剧音乐中川戏锣鼓起着举足轻重的作用。常用的小鼓、堂鼓、大锣、大钱、小锣(兼铰子)统称为"五方",加上弦乐、唢呐为六方,由小鼓指挥;川剧常见于舞台的剧目就有数百种,唱、做、念、打齐全,幽默妙语连篇,器乐帮腔烘托,"变脸""喷火""水袖"独树一帜,再加上写意的程式化动作,蕴含着不尽的妙味。川剧的群众基础深厚,深受重庆广大群众喜爱。川剧名戏《金子》《李亚仙》《阖宫欢庆》《灰阑记》《思凡》等更是在国内流传甚广,甚至远涉重洋传遍世界。据不完全统计,二十世纪六十年代初期,当时重庆川剧团(班)几乎遍及重庆市的每一个区县。

重庆川剧是重庆文化的一大特色。它是以昆腔、胡琴、弹戏、高腔、灯戏五种声腔构成一体的独特而古老的剧种,在我国戏曲剧种中十分罕见。

重庆川剧还保存了不少优秀的传统剧目和丰富的乐曲与精湛的表演艺术。它是重庆人民所喜闻乐见的民族艺术，具有多元融汇的文化构建，以及中华文化与巴渝文化丰富内涵与地域风情特色，广泛地反映了人生世态，在国内外享有盛誉。它根植于重庆广大民众心中，对重庆民众的民族性格、心理结构、艺术情趣、精神面貌等都有重要影响。保护、发展川剧艺术，既是对中国民族民间优秀传统文化的弘扬，也是对中国戏曲艺术的振兴；既能满足人民群众精神文化的需求，又能促进和谐的小康社会的建设，在促进重庆、四川乃至全国文化建设中将产生不可低估的积极作用。

五、重庆川剧传承谱系

重庆川剧界的传承大体可以分为三个时期和三种形式，多个时期、多种形式培养、传承的艺术人才，不少人都成了重庆川剧界的骨干，使重庆川剧界人才济济，名家辈出。

其一，清末至民国年间由多个班社和师承的名角汇集重庆进行演出和传承。这一时期的主要人员有：

1. 小生：张宏恩、彭天喜、魏香庭、张绍华、姜尚峰、袁玉堃、陈桂贤、李文韵、李侠林、夏庭光、吴辉新、吴拙、周继培等；

2. 旦角：阳友鹤、周慕莲、胡裕华、琼莲芳、薛艳秋、胡漱芳、许倩云、王清廉、苹萍、周金钟、张树芳、高凤莲等；

3. 花脸：唐彬如、吴晓雷、徐文瀚、陈玉骏、金震雷、蔡如雷、杨三武、胡明克、王德云等；

4. 须生：张德成、李述成、陈淡然、杨少安、邹西池、车佩新等；

5. 丑角：刘成基、周裕祥、李文杰、刘裕能、徐笑侬等；

6. 音乐人员：李子良、李世仁、黄一良、何秉权、陆青云等；

7. 编剧：赵循伯、李净白、李心白等。

其二，民国末年至"文革"前，以科班、训练班、进修班的形式进行传承。1947年创办又新科班，开始招生，至1949年陆续招生80余人，最后留下57人；1953年、1957年、1958年，重庆市川剧院（包括原重庆市实验川剧院）先后招收三批随团学员，1960年在此基础上，创办重庆市川剧院附设戏曲训练班,先后共培养学员约100人。此外,重庆市川剧界还于1953年初开办了帮腔人员训练班,培养帮腔人员25人;1960年7月至1962年11月,又先后举办了4期青年演员进修班,共培养学员430人次。这一时期的主要人员有:

1.小生:刘又全、赵书勤、萧又和、王世泽、熊平安、刘树德等;

2.旦角:张巧凤、刘世玉、余果冰、刘卯钊、庄其美、田淑群、马文锦、胥蕴萍、黄荣华等;

3.花脸:邬俊鹤、李平、蔡廷年、魏金城、蒲志诚、谢正新等;

4.须生:李家政、徐又如、陈农光、熊焕文、刘桂藩、刘化平、唐少林等;

5.丑角:赵又愚、刘又积、罗吉龙、杨宇才、许泳明等;

6.音乐人员:罗天福、陈安业、陆建林、尹志银、徐文忠、徐远芬等;

7.编剧:李行、王燮、倪国桢等。

其三,新时期以后,由开办川剧学校重庆班进行传承。1979年,开办了四川省川剧学校重庆班,招收学生80名,其中表演专业56名,音乐专业24名;1996年,又招收学生36人。这一时期的主要人员有:

1.小生:张建平、孙群、刘志勇等;

2.旦角:沈铁梅、钟斌、谭小红等;

3.花脸:封世海、王涛等;

4.须生:车小佩、万明府等;

5.丑角:陈飞、张帆等;

6.音乐人员:吴子健、吴少露、郭莘舫、刘永红、刘枫、李萍、刘仁兰、马怀秋、谷秋等;

7.编剧:隆学义等。

六、存续状况

川剧经历了班社制、科班制的兴衰,"文革"期间,有一百多个川剧团遭遇解体。1976年后,川剧得到复苏。在开放传统剧目的同时,还举办了调演,恢复了川剧学校,成立了川剧研究所,复建了市川剧院等。并演出了很多优秀的传统剧目。然而,随着新兴媒体、网络的流行,川剧和其他地方戏曲一样面临着观众流失、演出市场萎缩、传承困难、维持费用严重不足等困境,严重制约了川剧的发展。相关资料显示:20世纪80年代中期至今的30多年间,川渝两地共有200多个专业川剧团相继解体。20世纪80年代中期以前,重庆市区大大小小的川剧演出,每天差不多有100场,观众差不多有6万人;2008年,重庆市区每周的川剧演出大约有10场,观众仅不到3000人。目前,大多川剧院团已解体,老演员均已年迈,青年演员一时很难担当重任,致使川剧存续状况不尽如人意。

七、重庆川剧代表性传承人介绍

重庆川剧代表性传承人具有自己独特的表演艺术,其程式灵活,唱腔优美、表演真实细腻、语言诙谐幽默、舞台生活气息浓郁。他们是川剧项目的重要承载者和传递者,掌握着丰富的川剧理论知识和精湛的表演技艺,是川剧活态传承、发展的核心人物,最能代表重庆川剧表演艺术的特征,被公认具有代表性、权威性与影响力,对川剧传承与发展做出重要贡献。

目前,重庆川剧现有国家级非遗代表性传承人陈安业、夏庭光、周继培、高凤莲、许倩云、沈铁梅共6名,市级非遗代表性传承人37名(包括国家级代表性传承人6名),已经去世5名。

(一)川剧国家级非遗代表性传承人介绍

陈安业(1936年6月—2007年11月) 男,汉族,四川省渠县人,国家一级作曲,第二批国家级非物质文化遗产代表性项目川剧代表性传承人。1956年,进入重庆市川剧院担任演奏员;1972年师从丁忠瑛、蔡慰民、李世仁等,系统学习了昆、高、胡、弹、灯五种声腔音乐,从事川剧音乐唱腔设计和作曲,先后创作了《卓文君》《南华堂》《龙泉洞》《嘉陵怒涛》等剧的音乐。由他主要担任音乐设计和作曲的川剧《金子》《李亚仙》,分别荣获第九届、第十三届文华奖音乐创作奖等奖项。

夏庭光(1934年2月—) 男,汉族,国家二级导演,第二批国家级非物质文化遗产代表性项目川剧代表性传承人。自幼随父习艺搭班,后进入重庆市川剧院,师从张德成、彭天喜、姜尚峰等川剧表演艺术家,主攻文武小生,兼演须生、小丑。其表演文武兼备,戏路宽广,演出代表作有《书馆悲逢》《长坂坡》《出祁山》《抱尸归家》等。1952年开始,夏庭光兼任导演,代表作有《十五贯》《赵氏孤儿》《枫叶红了的时候》等。并著有专著《川剧传统导演手法选例》《川剧品微》等。

沈铁梅(1965年7月—) 女,汉族,重庆市人,国家一级演员,中国戏剧梅花奖三度获得者,中国文化艺术政府奖文华表演奖获得者,享受国务院政府特殊津贴专家,第二批国家级非物质文化遗产项目川剧代表性传承人。出身梨园世家,其父沈福存为全国闻名的京剧表演艺术家,后师承于著名川剧表演艺术家竞华并深得其真传。其表演博采众长,自成一体,技艺精湛,唱腔优美。在继承、创新川剧艺术方面孜孜求索,创造性地赋予其塑造的艺术形象以时代内涵,丰富和提升了川剧声腔的艺术内涵和艺术品质,实现了川剧声腔改革的重大突破,被戏剧界公认为当代中国川剧领军人物。代表作有《金子》《李亚仙》《三祭江》《思凡》《江姐》等。

高凤莲(1929年2月—) 女,汉族,四川省成都市人,国家一级演员,第三批国家级非物质文化遗产项目川剧代表性传承人。从小随父高云峰,母高莲芳学习京剧。11岁改学川剧,拜李燕清为师。后拜川剧大师周慕莲为师。13岁在成都华垠大舞台登台演出,很快担任《西施》《红娘》《飞仙大道》等剧目主演。通过多年舞台实践经验,在川剧声腔及表演艺术方面积累了大量的经验,逐渐形成了自己的表演特点,有"川剧最佳闺门旦"的美称。在继承周慕莲大师技艺的同时又培养了众多学生和传人,使周派艺术后继有人。代表剧目有《焚香记》《焚奴记》《双拜月》等。

周继培(1929年2月—) 男,汉族,四川省达州市人,国家二级演员,第三批国家级非物质文化遗产项目川剧代表性传承人。1940年拜川剧艺术大师贾培之学习川剧表演,攻正生、老生。通过多年舞台实践,积累了大量的川剧声腔及表演艺术方面的经验,并创造性地将声腔和四川扬琴相结合,丰富和发扬了川剧声腔艺术。代表剧目有《马房放奎》《空城计》《古城会》《挑袍》《长生殿》等。多年来,周继培致力于传承贾派艺术,教习青年演员,使贾派艺术得以传承和发扬。

许倩云(1928年8月—) 女,汉族,四川省成都人,国家一级演员,第三批国家级非物质文化遗产项目川剧代表性传承人。13岁开始学习川剧,师承阳友鹤、周裕祥,扮相秀美,嗓音圆润,咬字清晰,韵味醇厚,行腔婉转流畅,善于运用极具艺术魅力的眼神和身段,将人物的情感世界表现得细腻而深刻。早在20世纪40年代就与陈书舫、廖静秋一起被观众评选为"川剧皇后"。在60多年的舞台生涯中,演出了数十部大戏和近百出折子戏,塑造了各式各样的川剧旦角人物。在表演艺术生涯中,培养了近百名川剧弟子。主要代表剧目有《评雪辨踪》《柜中缘》《孔雀胆》《谭记儿》《柳荫记》《封三娘》《摘桂斧》《百花赠剑》等。

(二)川剧市级非遗代表性传承人介绍

余果冰(1940年—) 女,汉族,重庆市人,重庆市第一批非物质文化遗产项目川剧代表性传承人。1947年底进重庆市又新科班,先后师从周裕祥、胡裕华、阳友鹤等。她演戏认真,表演到位,身段漂亮,基础扎实。1959年随中国川剧团到波兰、捷克斯洛伐克、德国、保加利亚访问演出,其在《水漫金山》和《人间好》两出戏的演出甚获好评。《水漫金山》后由德法电影公司拍摄成彩色宽银幕舞台艺术片,《人间好》也被布拉格电影电视中心录制并播映。曾导演了川剧《井尸案》《皇帝与奸谍》《花中魁》等剧。

李奎光(1929—2016年) 男,汉族,重庆市人,重庆市第一批非物质文化遗产项目川剧代表性传承人。李奎光出身于川剧世家,师承张德成、彭天喜、曹俊臣等,主攻正生、文生。从艺70余年,代表剧目有《林冲夜奔》《盘河桥》《提子都》《平原作战》《奇袭白虎团》《闹天宫》等。并在导演川剧方面颇有成效,1982年导演的现代剧《人与人不同》获四川省会演导演奖,1999年导演的现代剧《哭海无边》,荣获中国"映山红"戏剧节导演二等奖。

胥明贵(1931—2011年) 男,汉族,重庆市人,重庆市第一批非物质文化遗产项目川剧代表性传承人。他在总结前人的基础上,努力创新发展,探索川剧打击乐的发展之路,吸收四川各流派,特别是资阳河的特点,形成了具有重庆地域特色的渝派打击乐风格。

王德云(1939—2011年) 男,汉族,重庆市第一批非物质文化遗产项目川剧代表性传承人。他师从吴晓雷、梅春林、徐文翰,嗓音洪亮,基本功好,擅长导演武戏。60余年的艺术生涯,能文、能武、能唱、能打,代表剧目

《铡美案》《铡侄》《打銮》《药毒包公》给观众留下了深刻的印象。

刘树德（1946—　） 男，汉族，重庆市第一批非物质文化遗产项目川剧代表性传承人。他从艺50余年，以声腔、表演见长，嗓音洪亮、音域宽阔、穿透力强，唱腔吐词清晰，刚柔并劲。表演上博采众师之长，融会贯通文小生表演技艺，形成自己儒雅潇洒、亦庄亦谐的表演风格。他多次在重庆市川剧院历年上演的传统剧目和现代戏中担任领衔主演，塑造了许多栩栩如生的艺术形象，特别是近年来，拓宽行当戏路，深得川剧表演精髓，得到同行及广大观众一致好评，是重庆市川剧院主要演员之一。其代表剧目有《婚变案》《乔老爷奇遇》《荷珠配》《托国入吴》《水牢摸印》《堂会三拉》《店房责侄》《踏伞》《夜归》等。

罗吉龙（1945—　） 男，汉族，重庆市第一批非物质文化遗产项目川剧代表性传承人。1958年考入原四川省川剧院（后合并为重庆市川剧院），后在重庆市川剧院附设戏曲训练班学艺，1965年毕业后在重庆市川剧院工作至今。他基本功好，唱腔明亮，表演松弛，幽默风趣，丑而不俗；擅演各种丑角人物，以袍带、折子丑见长；熟练掌握"起腿登剑""水发""膝步"等技巧。

宋天伟（1946—2013年） 男，汉族，重庆市人，重庆市第一批非物质文化遗产项目川剧代表性传承人。12岁学艺，师承姜尚峰、袁玉堃、陆建培等名师，学演了大小折子戏几十余出。基本功扎实，唱、做、念、打具能，能承上启下，兼收并蓄，博采众长，塑造了吕布、武松、罗成等舞台形象，并能把多年舞台实践与导演理论有机结合，导排大场面的情感戏。宋天伟的"变脸"艺术曾在中央电视台及各地电视台展示川剧特技的风采，并出访过新加坡、马来西亚、韩国、法国，被马来西亚、韩国媒体誉为"变脸大师""千变魔脸"等。

许咏明（1946—　） 男，汉族，重庆市第一批非物质文化遗产项目川剧代表性传承人。11岁学艺，师承李文杰、刘裕能，具备了川剧丑角的表演技能，在舞台上演出了几十个大小戏。1988年10月获得团省委和省青联授予的在团中央、全国青联开展的"为七五建设出成果作贡献活动"三等奖和荣誉证书。1994年获得四川省丑角展演二等奖。

杨才胜(1927—2020年)　男,汉族,重庆市人,重庆市第二批非物质文化遗产项目川剧代表性传承人,重庆戏剧家协会理事。1941年拜师学习司鼓,技艺朴实无华,手法大方,转折敏捷、节奏鲜明。擅长资阳河道流派演奏风格,以擒、拿、短、打技巧配合演员的喜、怒、哀、乐情绪,有动有静,具有稳、准、狠的个人演奏风格。曾在上百出大幕、中幕戏的演出中担任司鼓及音乐设计。

代彩萍(1938—　)　女,汉族,重庆市第二批非物质文化遗产项目川剧代表性传承人。1953年考入川剧帮腔训练班学习,学习了多折大幕戏和折子戏,艺术上得到了长足的发展和进步。她的表演讲究人物的内心活动和思想感情,用声音造型于各种不同的艺术形象,"排字"讲究独具一格,且字正腔圆,乐感特强,善于高腔中"犯调技法"的处理。熟悉川剧打击乐,与演员、鼓师配合默契,能和演员一起创腔、谱腔。积累了传统川剧曲牌数百支,在其中有改良与创新;编写了数十出大幕、中幕戏并成功搬上舞台;创作唱腔50余首,多次参加各类演出并获奖。

谢正新(1945—2017年)　男,汉族,重庆市人,重庆市第二批非物质文化遗产项目川剧代表性传承人,中国戏剧家协会会员。1959年考入四川省川剧学校,专攻净角,师承著名川剧表演艺术家梅春林,学习吴晓雷老师的声腔艺术,善于学习净角名家的唱腔表演。其功底扎实,嗓音洪亮,唱腔深厚,韵味浓郁,眉眼灵活,脸上有戏。多次参加各类演出活动并获奖。

尹有贵(1947—　)　男,汉族,重庆市人,重庆市第二批非物质文化遗产项目川剧代表性传承人。师承川剧名家袁玉堃,在演出过程中,表演朴质、台风正派,能把剧情、角色、个性用形体、唱腔、表演融会其中,充分利用唱、做、念、打的传统程式、动作去合理表现不同角色,塑造角色。先后参演众多剧目并获奖。

熊平安(1946—　)　男,汉族,重庆渝中区人,重庆市第三批非物质文化遗产项目川剧代表性传承人,国家一级演员。1959年,考入北碚川剧学校学习川剧艺术,师承李侠林、袁玉堃、邹西池等老师,从艺53年,善演小生、老生。演出大小剧目上百出,代表剧目有《柳荫记》《玉簪记》《绣襦记》《禹门关》《吕布与貂蝉》《反徐州》《反朝歌》《治中山》《绛宵楼》等。他以表演和唱功见长,嗓音圆润,在讲白上有一定功底,善于刻画人物。掌握了川剧文生的褶子功、武生的翎子功、老生的翅子功、变口条等,同时还精通川剧特技变脸、藏刀、吐火、喷烟以及手影艺术等。

张建平(1953—) 男,汉族,重庆渝中区人,重庆市第三批非物质文化遗产项目川剧代表性传承人,国家一级演员。从艺40余年,师承袁玉堃,学习和掌握了袁派剧目十余折。他熟悉川剧表演程式和技巧,熟练掌握变脸、吐火、藏刀、水发功、褶子功等川剧特殊技巧;他能塑造不同角色、不同类型的小生形象:文小生风流潇洒,斯文儒雅;穷书生酸气十足,却不失书卷气;武生角色身段灵巧,气质非凡。他的袁派小生扮相俊雅,声音优美,其技艺风格清新流畅,秀丽高雅。代表剧目《踏沙帽》《独木关》《书馆悲逢》等,曾获各类大奖。2003年,他所参演的《金子》获国家精品工程奖、中国戏曲现代戏贡献奖。随《金子》剧组在我国的北京、上海、深圳、杭州、南京、广西、香港特别行政区等各大城市以及法国、瑞士、德国、韩国、新加坡等地进行重要文化交流和商业演出共300余场。

吴子健(1956—) 男,汉族,重庆渝中区人,重庆市第三批非物质文化遗产项目川剧代表性传承人,国家一级演奏员,长期在重庆市川剧院担任鼓师、指挥、音乐设计等工作。他从小学习二胡和作曲,既有扎实的传统功底,又具丰富的乐理知识。他在《金子》《白蛇传》《红梅记》等100多出剧目中进行了精心的打击乐创作并担任司鼓及乐队指挥。在《玉京寒》《风流天子》《一只鞋》等几十个大小剧目中担任作曲及唱腔设计,其中担任司鼓及乐队指挥的《一代风骚》《断桥》《打猎汲水》等10多部作品,先后在省市会演中获音乐创作奖,多次参加出访演出,赴德国、法国、瑞士、新加坡等10多个国家演出。

黄荣华(1959—) 女,汉族,重庆渝中区人,重庆市第三批非物质文化遗产项目川剧代表性传承人,国家一级演员。她自1972年学习川剧,曾得到阳友鹤、杨云凤、袁玉堃、许倩云等老师指导。1986年正式拜刘世玉为师,陆续演出《出北塞》《阖宫欢庆》《乔子口》《三娘教子》《秦香莲》《风筝误》《江油关》《二堂释放》《双冠诰》《截江夺斗》等众多剧目。她戏路宽,能担任青衣、花旦、彩旦兼领腔;刻画人物生动细腻,嗓音甜润、唱腔优美、音域宽阔,特别擅长唱功戏。

刘卯钊(1939—) 女,汉族,重庆市人,重庆市第四批非物质文化遗产项目川剧代表性传承人,国家一级演员。1953年考入重庆市川剧院,是表演艺术家周慕莲关门弟子,并先后得到薛艳秋、琼莲方、胡裕华、周裕祥、袁玉堃等多位老艺术家倾囊相授。主攻闺门旦、花旦、青衣,长于表演和刻画人物;唱腔字正腔圆、嗓音清亮;表演细腻,擅长以目传情,演出极富激情。高、昆、胡、弹、灯运用自如,尤以高腔见长,善于独立组腔。代表剧目有《情探》《别宫出征》《贵妃醉酒》《烤火下山》《白蛇传》《碧波红莲》《刘胡兰》等。

孙勇波(1967—) 男,汉族,重庆市第四批非物质文化遗产项目川剧代表性传承人,国家一级演员。1979年考入泸州市川剧团从事川剧表演事业,2008年调入重庆市川剧院工作。师承川剧表演艺术家、中国戏剧首届"梅花奖"获得者晓艇,专攻川剧文武小生。演出了《梳妆夺戟》《杀狗惊妻》《拦马》《放裴》《戏仪》《下游庵》《芙蓉花仙》《双珠案》等剧目,并多次荣获国家级、省级和市级奖项。

彭光荣(1966—) 女,汉族,重庆市第四批非物质文化遗产项目川剧代表性传承人,国家一级演员。1982年,在重庆市綦江川剧团训练班学习川剧表演,1991年进入重庆市川剧院。师承蓝光临、刘树德等川剧表演艺术家,反串,专攻文武小生,兼生角,声音优美,基本功扎实,扮相俊美,能塑造不同角色、不同类型的文武小生形象:文小生风流潇洒,斯文儒雅;穷书生酸气十足,却不失书卷气;武生角色身段灵巧,气质非凡。其技艺风格清新流畅,秀丽高雅。代表剧目有《水牢摸印》《放裴》《装盒盘宫》等。

刘永正(1937—) 男,汉族,重庆九龙坡区人,重庆市第三批非物质文化遗产项目川剧代表性传承人。他自1979年开始学习川剧唱腔及打击乐,能够演唱生角戏与花脸戏,他演唱生角和花脸时,声音洪亮,吐字清晰,唱腔纯正优美。主要代表作有《铡美案》《五台会兄》。在打击乐器技艺方面,胡、弹、昆、高、灯都能娴熟表演,尤其打大锣,具有浓厚的个人特色。从艺30多年来,他参与川剧活动演出、演唱近百场,在保留和传承白市驿川剧唱腔、打击乐技艺的事业中起到了积极的推动作用。

陈耀祖(1934—) 男,汉族,重庆沙坪坝区人,重庆市第三批非物质文化遗产项目川剧与川剧音乐代表性传承人。他在继承周芳华老师的司鼓艺术中,通过学习实践,提高了自己的艺术修养。他拜师后学习了川剧传统戏《红梅记》《荆钗记》《彩楼记》《焚香记》《琵琶记》《铁冠图》《南华堂》《比干与黄飞虎》《绣襦记》等大小剧目四十余个,是当时剧团里的艺术骨干鼓师。为了使川剧艺术尤其是川剧打击乐资阳河流派传承下去,近十年来他按剧团的要求负责整理录制出《四大公堂》光碟一套,且与各位老艺术家们一道撰写了《梨园拾粹》一书。

李成一(1939—) 男,汉族,四川省渠县人,重庆市第三批非物质文化遗产项目川剧与川剧音乐代表性传承人。1956年,他进重庆市群力川剧院科生班学习川剧音乐艺术(琴师),后一直担任上手琴师到退休。退休前,随着传统剧新编历史剧目的开发,他曾先后为《李冰》《哑女告状》《开滦烽火》等30余出新旧剧目担纲音乐设计,并参与了整理曲目、录碟、撰书、培养学生等工作。

王家麒(1940—) 男,汉族,重庆沙坪坝区人,重庆市第三批非物质文化遗产项目川剧与川剧音乐代表性传承人。他13岁拜魏香庭为师学艺,后拜师袁玉堃、姜尚峰、陈桂贤,学得了《踏纱帽》《梳妆夺戟》《书馆悲逢》等戏。在继承魏派艺术的同时,他结合自身条件,善于运用传统程式,以形传神,刻画剧中各种人物性格。从艺以来,他先后演出了《摘红梅》《踏伞》《放裴》《踏纱帽》《堂会三拉》《书馆悲逢》《戏仪》《酒楼晒衣》等30多个折子戏,《柳荫记》《绣襦记》《荷珠配》《龙骨扇》《白蛇传》《芙奴传》《荆钗记》等20多个大幕戏。他的嗓音清亮,昆、高、胡、弹、灯唱腔优美,书卷气浓,能文能丑,表演细腻,能充分利用唱做念打来表现各种不同人物,并长期坚持参加川剧演出活动,组织川剧专场演出。

苟方北(1929—) 男,汉族,重庆市沙坪坝区人,重庆市第四批非物质文化遗产项目川剧与川剧音乐代表性传承人。先后拜熊海清、大钹兼鼓师宋华斋为师学艺,他的演奏延续了资阳河流派、泸州河流派的技艺风格。他十分注重川剧音乐的变革,注重传统与现代音乐结合和创新,并将豫剧

《金玉奴》移置成川剧。主要代表剧目有《借赵云》《反五关》《红梅记》《玉簪记》等大型传统戏和《八阵图》《南阳关》等经典折子戏。

李永清（1945— ）　女，汉族，重庆市第四批非物质文化遗产项目川剧传承人。专攻花旦、武旦，师承川剧表演艺术家夏庭光，先后得到了筱月秋、管少卿、张德成、杨友鹤、李崇贵、刘模铎、苹萍等艺术名家的指导。常演《穆桂英打雁》《别洞观景》《楚庄王》《献宝》《义务勤杂工》《喜事重重》等剧目，并多次荣获奖项。

刘光辉（1933— ）　男，汉族，重庆市第四批非物质文化遗产项目川剧传承人，音乐编导。跟随刘德华、李子良学习司鼓，并兼习川剧小锣。在川剧司鼓上有一定的特点，讲究打戏、打人物、打感情，讲究和戏剧情节丝丝相扣。编导《宝莲灯》《红岩》《戴诺》《满江红》等剧目。

陈代科（1945— ）　男，汉族，重庆市第四批非物质文化遗产项目川剧传承人。出身梨园世家，自幼随父母学习川剧表演艺术，1959年考入南桐川剧团，师承徐笑侬、廖哨风、刘化平学习武生、生角、小生、小丑等行当，并兼导演。曾饰演杨八郎、孙悟空、武松等角色，并多次随南桐川剧团赴京演出，多次荣获省、市川剧调演大奖。

谭继琼（1973— ）　女，汉族，重庆市第五批非物质文化遗产项目川剧传承人。国家一级演员、三峡川剧团团长、支部书记。1988年就读四川省川剧学校表演专业，1992年毕业后进入三峡川剧团。先后拜刘世玉、许倩云、姜洪秀为师。主攻花旦，扮相俊美，嗓音甜润，基本功扎实，唱做念打俱佳，文武兼备。一直致力于川剧艺术，造诣较深，获得"中国戏剧梅花奖""五个一批"人才等大奖。代表剧目《鸣凤》《白露为霜》《武松杀嫂》《白蛇传》《人间好》等。

张承志（1941年— ）　男，汉族，重庆市第五批非物质文化遗产项目川剧传承人。国家二级演员，三峡川剧团原团长。1955年进入三峡川剧团学艺，先后拜师杨剑莹、蓝光临、袁玉堃，学习川剧表演艺术，代表剧目有大幕戏《彩楼记》《柳荫记》《焚香记》《玉簪记》、折子戏《周仁献嫂》《逼侄赴科》及现代大型川剧《红灯记》《智取威虎山》等。同时担任剧团主演。其导演的剧目《碧血红花》《三峡神女》《马工头送礼》等多次获全国、省、市大奖。

孙宗燊（1941年— ） 男,汉族,重庆市第五批非物质文化遗产项目川剧传承人。国家二级演员,原涪陵川剧团团长。1956年7月特招进入涪陵县人民川剧团。从艺以后,先是攻文武生角,后又改行丑角。先后参师廖啸峰、刘又良。曾主演《问病逼宫》《西川图》《拦马》《花子骂相》《春草闯堂》《屠夫状元》等60多出剧目。导演的剧目有《春草闯堂》《屠夫状元》《柯山红日》《程夫人闹朝》《做文章》等50多出。其表演的剧目多次荣获大奖。其丑角表演艺术贴近生活、扮相夸张、语言诙谐、动作搞笑,雅俗共赏,唱腔简洁,兼收并蓄。

孔宪禄（1941年— ） 男,汉族,重庆市第五批非物质文化遗产项目川剧传承人。国家三级演员,原涪陵川剧团副团长。1952年起开始学习川剧表演技艺。1957年9月考入涪陵县人民川剧团科办学艺。定丑为行,之后拜川剧名家刘铭铎、裴志刚为师,从艺六十余年,其丑角表演艺术含蓄幽默、妙趣横生,成功塑造了众多栩栩如生的丑角形象。曾主演剧目有《十五贯》《鸳鸯谱》《恩仇记》《玉支玑》《井尸案》《美丑洞房》等。

第二节
重庆川剧代表性传承人抢救性记录战略性研究

一、重庆市川剧代表性传承人抢救性记录要求

重庆市有48名国家级代表性传承人列入抢救性记录工作,其中川剧项目有5人,分别是高凤莲、夏庭光、周继培、许倩云、沈铁梅。目前已完成全部抢救性记录工作,共收集、采集文字资料10万余字,视频100小时,音频102小时,图片2000余幅。

（一）记录的定性

采用录音、录像、照相、文字等方式进行的关于川剧传承人的影音、口述文献采访、建设，并对其进行档案保存工作。在抢救的前提下，兼顾研究与传播需要。

（二）记录的成果

资料：需是"0"次文献素材；

资源：需是经过编目处理，可被使用的文献；

四片一宗：史料意义的纪录/文献片（口述片、传承教学片、项目实践片）；传播意义的专题片（综述片）；工作卷宗。

（三）记录的性质

记录工程应以学术为导向，首先要保证学术研究及非遗传承的需要，确保记录工程的真实性、整体性，导演、摄像、录音等团队成员需以记录和保存资料为工作重点，尽量多地积累原始素材。在保证学术质量的前提下，兼顾艺术手法和表现力。

首先，要尽量保证实现学者主张，导演、摄影、录音等创作部门须尽量完成学术需求。

其次，记录过程中应尊重自然规律、生活习俗和文化生态，尽量不要表演、扮演，可根据实际情况进行非虚构搬演。

再次，在保证所有学术需求完成的前提下，兼顾美学和视听语言。美学风格、自然主义、纪实风格，切忌为视听效果而虚造、虚构。

最后，除口述史访问之外，应以采取客观观察式拍摄为主，如情况特殊，须采用进入式、调查式等方式拍摄，须经工作团队讨论，并由项目负责人慎重决定。

二、抢救性记录的前期准备

做好川剧代表性传承人访谈前期准备，包括团队组建、知识准备、设备准备、访谈问题准备、工作方案设计、与传承人建立好良好关系。

（一）团队组建

重庆市非遗保护中心作为此项工作的实施单位，负责组建抢救性记录工作团队。

工作团队成员包括项目负责人1人(为非遗保护中心工作人员),学术专员至少1人,导演1人,摄像2—3人(其中包括图片摄影1人),录音1人,后期1—2人。如果是少数民族语言使用区或方言区,如重庆方言,需专门翻译人员1人。分工可兼顾,并根据项目规模、工作量适当增减人数。

项目负责人:应为市非遗保护中心工作人员。全面负责抢救性记录工程,包括前期准备、团队组建、统筹联络、现场记录和后期整理等。项目负责人对传承人和记录工程的成果负责。

学术专员:负责整个记录工作的专业指导,须是传统戏剧相关领域研究专家,全程参与项目质量把控。最好能担任口述访谈的采访人,承担口述文字稿的编辑、审校及文献片、综述片的文案撰写、审片等工作。系项目的学术责任人。

导演:负责在记录工作中,把握拍摄内容及质量,统一执导现场摄影、摄像、用光、录音、后期制作等,具备一定的专业基础。系项目的艺术与技术责任人。

摄影摄像:负责现场摄像、摄影,及灯光和配套设备的操作,需具备一定工作经验。

录音:负责拍摄现场录音,需具备一定工作经验。

后期:负责口述片、传承教学片、项目实践片、综述片的剪辑制作,需具备一定工作经验。

翻译:负责拍摄现场、后期制作及口述文本整理等环节的语言文字翻译工作。需为采访者和被访者之间翻译方言或少数民族语言,促成访谈双方交流顺畅。要求最好为采访地本地人,精通当地语言,对项目有一定了解。

其他业务人员:根据项目的具体情况适当增减。如文稿速记、文稿校对、摄像助理等。

所有工作人员都与市非遗保护中心签订保密协议,保证抢救性记录工程内容的信息安全。

(二)知识准备

工作团队组建完毕后,应集中时间针对即将拍摄的传承人和非遗项目做好充分的理论储备。

影像人类学:影像人类学的内涵一分为二。一方面,是指通过视觉媒介进行人类学实践;另一方面,是指对文化和社会中的视觉现象进行人类学研究。

口述史:口述史既指通过录音、录像或笔录的方式,经由设定的一系列访问所取得的关于个人、家庭、社群、重要事件或日常生活的历史信息,也指对于这些历史信息的研究。

影音档案学:既是对于声音、影像文献(档案)分类、编目、保存和服务方法的研究,也是针对声音、影像文献(档案)的内容研究。

戏剧学:对戏剧进行全面研究,包括演员、编剧、导演、舞美等技术的整套研究,不排斥方法论。戏剧学非常注重科学性,这就决定了它的整体性和独立性。

非遗学:非物质文化遗产学研究从非遗视角出发,针对现时的活态。非物质文化遗产学坚持以人为本、整体保护、活态保护、原真性保护原则,重点研究非物质文化遗产保护规律与传承规律。

心理准备:预测可能情况,增强承受能力。

学术准备:戏剧学、非遗学、影像人类学、口述史学、影音档案学等相关学科的基本知识和工作方法。

川剧项目基本情况:了解川剧项目的历史渊源、主要内容及传承情况。

传承人基本情况:掌握传承人相关的资料和信息,了解其所在的自然、社会、家庭等环境以及生活史、个性、习惯等,初步编制传承人年表和传承谱系表。

社会习俗与文化背景:了解川剧所处的社会历史习俗与文化背景。包括民族、语言、宗教、习俗、禁忌、重大社会历史事件等。

(三)设备准备

项目负责人、导演、摄像和录音对拍摄的内容进行充分研究后,应共同商议确定所需设备。

1. 摄像设备

应使用高清摄像机进行拍摄,信号应选取PAL制。记录过程中,可根据实际情况选择某些重要场景进行4K拍摄,可按需选取轨道车、摇臂、监视器等各种拍摄辅助设备。

(1)配置要求

视频信号:PAL彩色,CCIR标准1080/50i规格,帧速率为25p。采样率应不低于4:2:2(或所用摄像机的最高采样率),码率应不低于50Mb每秒(或所用摄像机的最高码率)。

分辨率:1920×1080/1440×1080

记录介质:SXS CFast 2.0 SSD

(2)参考机型

目前可供选择的摄像机型号很多,参考机型如下:

松下:松下AG-HVX203AMC、松下AJ-PX298MC、松下VariCam LT (AU-V35LT1MC)、松下AJ-HPX3100MC、松下AK-HC5000MC

索尼:索尼PXW-Z580、索尼PXW-X580、索尼PXW-FS7K

佳能:佳能EOS C700 FF、佳能EOS C300 Mark Ⅱ、佳能EOS C200

2.录音设备

记录中,应选择合适的录音设备。录音设备按功能一般分为拾音设备(话筒)、调音设备(调音台)和记录设备(录音机)。现在大多录音设备均可兼具这些功能。

(1)配置要求

①指向性话筒

收音头类型:电容式

声道:双声道

适用对象:录音专用

指向特征:超心型指向

②录音笔

MP3录音模式8kbps(单声道):约1043小时

MP3录音模式48kbps(单声道):约174小时

MP3录音模式128kbps:约65小时10分钟

MP3录音模式192kbps:约43小时30分钟

③数字录音机

能外接麦克风。

(2)参考机型

参考机型如下：

指向性话筒铁三角U857QU、铁三角AT850/H

指向性录音话筒铁三角AT2020、CME BG-900

数码录音笔索尼PCM-D100、科大讯飞SR701、飞利浦VTR9200

数码录音机ZOOM H4N

3.照相设备

可选用专业级相机，选配长焦、广角、人像等规格的镜头。记录格式应为RAW格式，图像尺寸应为该机型所能记录的最大尺寸。

(1)配置要求

机身类型：全画幅数码单反/高质量卡片相机

有效像素：2000万以上

(2)图像分辨率

大：约2100万像素(5616×3744)

中：1110万像素(4080×2720)

小：520万像素(2784×1856)

(带闪光灯、角架、UV镜、CF卡、电池)

(3)参考机型如下

参考机型如下：

索尼：索尼ILCE-9、索尼A9Ⅱ、索尼A7SII

佳能：佳能5DMarkIV、佳能5DMarkIII、佳能EOS-1D X Mark Ⅱ、佳能5DS

4.监视设备

(1)配置要求

17寸单屏7RU 屏幕：16:9/4:3 分辨率：1920*1200 颜色：16.7M 可视角度160*120；2路复合输入或1路YC输入或1路YUV的输入；1路复合输出；1 VGA或DVI输入；支持UMD功能和三色Tally显示；支持Under Scan、Safe Marker和Blue Only功能。

(2)参考机型

参考机型如下：

大华DH-LM86-S400、大华DHL86

索尼LMD-2110W、索尼LMD-1530W

5.后期设备

后期设备与软件平台的选择，与前期设备的选择具有同等的重要性。在后期设备的选择上，应考虑以下几点：

(1)应选择较为通用的剪辑软件，如Apple Final Cut和Adobe Premiere Pro，以便后续的修改和使用。

(2)剪辑软件的选择应考虑与摄像机录制格式相匹配，可直接导入素材，而无须转码或生成代理文件，从而提高后期效率。

(3)不可将素材备份盘直接作为剪辑盘使用，应单独准备空间足够的硬盘作为剪辑盘挂机剪辑，备份盘只负责素材读取之用，以确保数据安全。

参考系统：Edius Storm非线性编辑系统，大洋非编系统，Dell非编EDIUS工作站，苹果非编系统等。

6.辅助设备

摄像机需配用专业三脚架。可选配轨道、摇臂、航拍仪、影视灯光、斯坦尼康稳定器、反光板、场记板等辅助设备。

(四)工作方案设计

1.注意问题

项目负责人、学术专员、导演及其他相关人员共同参与工作方案设计。工作方案包括做好资料整合分析、明确核心内容、工作方案及预算等内容。

在工作方案的设计过程中，一要充分考虑到难度和特殊性，二要考虑到周期和预算，明确工作方法，制订出切实可行的工作方案。同时应注意以下几个问题：

(1)应根据地域或民族风俗习惯、宗教信仰、方言及少数民族语言等情况制订有针对性的工作方案。

(2)如遇传承教学或项目实践场所改建、传承人身体状况变化等特殊情况需抢时间拍摄素材时，可先抢拍素材后补充制订工作方案。

(3)如遇传承人去世或因身体无法配合记录工作,要重新确定工作方案。

(4)如遇传承人为残障人士,需制订特殊工作方案,如考虑用手语对聋哑人进行访谈等。

2.实例分析

川剧国家级代表性传承人夏庭光抢救性记录工作方案,见表1。

表1 川剧国家级代表性传承人夏庭光抢救性记录工作方案表

项目情况分析	一、采访主题:夏庭光老师的艺术人生 对川剧国家级代表性传承人夏庭光老师的采访拍摄,呈现其川剧艺术的一生。目前存有夏庭光的部分视频和照片(普清),需要重新收集、拍摄视频资料,本次拍摄将严格按照此次国家级代表性传承人抢救性记录工程的要求,设三机位、多景别录影,采用口述篇、传承教学篇、实践篇的方式,记录下夏老师在其事业中的辉煌成就及其对该行业所做出的卓越贡献。 二、需要采访、拍摄人物:夏庭光,及其徒弟饶春、李润、易传林、张严威、封四海。		
具体工作方案	采集场所	口述史拟选重庆市非物质文化遗产保护中心(地址:枇杷山正街93#)或者在夏老师家中采访。实践片和传承教学片选择在川剧院。	
^	采用设备	3台sony高清摄像机	
^	具体工作计划: 一、开展调研 (一)第一次调研。 1.调研目的:"了解"。开展初步的资料收集、了解项目和传承人的基本情况、与传承人和保护单位建立良好的工作关系。 2.调研内容:实地了解川剧与文化背景,收集、整理资料,编制传承人年表和传承谱系表,初步圈定正式拍摄时的出镜人物,了解当地与本项目有关的大型公众节庆活动,初步圈定正式拍摄所需场所,讨论前期创意构思的可行性。 3.制订拍摄方案 (二)第二次调研。 1.调研目的:确认。与相关人员核实拍摄方案的可行性,对选定的时间、地点、人物进行确认,对第一次调研进行查漏补缺。 2.完善拍摄方案。根据第二次调研情况,修改、完善文献片拍摄方案,拟定综述片拍摄方案,最终提交学术专员审核。		

具体工作方案	二、采访时间和工作小组安排 （一）传承教学片 1.2016年4月6日下午，在川剧院艺术中心（人和）拍摄夏庭光老师的传承片，现场拍摄了夏老师排戏、教授、指导、说戏等过程，其中包括指导3个徒弟。 张严威：《柳毅遇美》（高腔） 封四海：《李陵碑》（胡琴） 易传林：《活捉李甲》（高腔） 2.计划2016年5月16日继续拍摄夏老师现场教授、指导。 （1）采访徒弟饶春、李润、易传林 （2）夏庭光传授改编戏《白面虎肖方》中响排，起意、夜奔两场戏（内容：教授徐超、易传林等） （二）口述片 拟定2016年4月25—26日进行夏老师口述访谈 收集夏老师资料，采访夏老师及家人，让夏老师推荐需要采访的徒弟及实践片表演剧目 （三）实践片 剧目和时间待定（实践片可以和传承教学片结合起来） 三、视频资料拍摄 （一）口述片（约3—5小时） 对传承人夏庭光老师及其家人、徒弟进行口述访谈视频拍摄，以记录其人生经历、表演技巧、个人风格特色、技巧经验、兴趣爱好等，及川剧这个项目的文化背景、文化生态、文化记忆等。 （二）实践片（约4小时） 选择夏庭光老师经典剧目选段的演出作为拍摄内容，由夏老师本人及其徒弟进行展示。初步拟定拍摄剧目： 1.夏庭光剧目《白帝城托孤》 2.夏庭光剧目《范生赠银》 3.夏庭光剧目《马房放奎》 4.徒弟封四海剧目《李陵碑》 5.徒弟易传林剧目《活捉李甲》 6.徒弟饶春剧目《李肃说布》 （三）传承教学片（约4小时） 选择夏庭光老师具有代表性的剧目2—3段，以现场教授、指导学生的过程作为拍摄内容，展示项目传授、学习及其实践的全过程。（学生徐超等，场地拟选川剧院）
成果预期	一、预计采集工作周期10—20天 二、预期达到成果： 口述片时长5个小时 传承教学片时长3—4个小时 项目实践片时长3—4个小时

（五）与传承人沟通

国家级代表性传承人是杰出的文化实践者和创造者，拥有对非物质文化遗产的阐释权，在记录工作中他们应得到充分的尊重，成为工作过程和成果呈现的核心人物。①

工作团队应通过一次或多次拜访，对整体项目的内容与目的，与传承人进行详尽沟通，力求使传承人理解抢救性记录工程的诉求，争取传承人的认同与配合。工作方案需请传承人审阅，并根据传承人的意见进行修改，修改后请传承人确认。与传承人沟通过程中，需遵循以下三点原则：

一是知情同意原则。使传承人全面了解该记录工作的内容和目的，在征得传承人同意后，方可开展工作。

二是不伤害原则。记录工作不得直接或间接侵犯传承人或其他相关人员隐私或其他权益。

三是有利原则。有利于传承人，有利于该项目的传承，有利于非遗保护工作。

在与传承人充分沟通并取得其对抢救性记录工程的理解和认同后，应请传承人签署相关协议。

三、文献收集

做好川剧文献收集工作，包括文献收集来源、内容、方式。除传承人本人所拥有的、亲朋好友、单位和民间等收藏的，图书馆是重要的文献来源地。

（一）文献收集内容

有关传承人的所有文献资料，均在调查收集之列。包括纸质文献，缩微制品、音像出版物与电子文献，实物文献。

川剧代表性传承人抢救性记录工作收集资料有：

剧本及戏文集、曲谱、扮相谱、脸谱、戏单、戏票、演出节目单、海报、社团章程、行头、道具、乐器、演出模型、布景和帷幔等舞台装置等；

---

① 田苗：《非物质文化遗产影像保护初探》，《艺术评论》2016年第7期，第106页、107页。

项目和传承人申报材料(申报书、申报片、辅助材料);

传承人历年演出的活动视频、照片;

传承人的获奖证书、奖杯、奖牌;

戏剧服装(包括头饰、衣帽、戏服、鞋等);

化妆等工具。

(二)文献收集的资料类型

应收集的资料类型包括纸质文献、缩微制品、音像出版物与电子文献和实物文献。

1.纸质文献

纸质文献是以纸张为载体,用书写或印刷等方式记录知识、信息的文献,又可分为写本文献、印刷文献、盲文出版物等。根据出版情况,又可分为正式出版物与非正式出版物。纸质文献的语种不限,包括汉文、少数民族文字与外文。见图1。

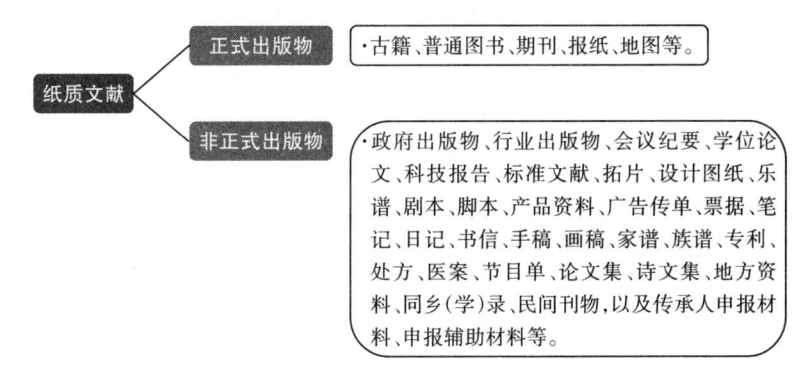

纸质文献
- 正式出版物：古籍、普通图书、期刊、报纸、地图等。
- 非正式出版物：政府出版物、行业出版物、会议纪要、学位论文、科技报告、标准文献、拓片、设计图纸、乐谱、剧本、脚本、产品资料、广告传单、票据、笔记、日记、书信、手稿、画稿、家谱、族谱、专利、处方、医案、节目单、论文集、诗文集、地方资料、同乡(学)录、民间刊物,以及传承人申报材料、申报辅助材料等。

图1 纸质文献示意图

应收集一切与项目直接或间接相关的各类纸质文献。正式出版物无须进行数字化;非正式出版物根据具体情况,尽量实现数字化。

2.缩微制品、音像出版物与电子文献

与项目直接或间接相关的一切缩微制品、音像出版物和电子文献,均在收集之列。缩微制品、音像出版物应尽量进行数字化。如收集到的缩微制品与纸质文献内容重合,优先选择纸质文献。见图2。

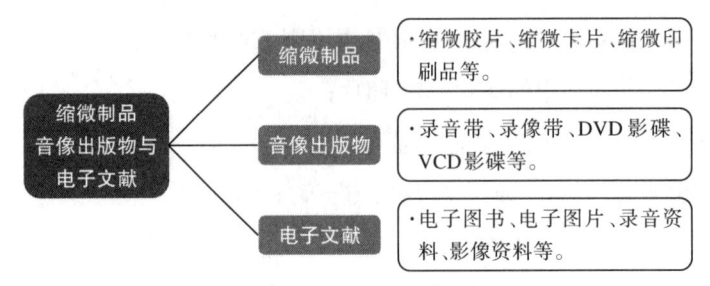

```
缩微制品 ──→ 缩微制品 ・缩微胶片、缩微卡片、缩微印刷品等。
音像出版物与  ──→ 音像出版物 ・录音带、录像带、DVD影碟、VCD影碟等。
电子文献   ──→ 电子文献 ・电子图书、电子图片、录音资料、影像资料等。
```

图2　缩微制品、音像出版物与电子文献示意图

3. 实物文献

实物文献是指与项目直接或间接相关的各类器物与场所,对于可获取的实物文献,应妥善保管原件,并进行数字化;对于不可获取和不可移动的实物文献(如工作场所、文化空间等),需采取拍摄或扫描等方式记录保存。见图3。

```
实物文献 ──→ 各种器物 ・劳动工具、生活用具、装饰品、服饰、照片、证书、奖章、奖品、印章、纪念品等。
        ──→ 场所    ・工作场所、教学场所、生活场所等。
```

图3　实物文献示意图

（三）文献收集来源

文献收集来源见图4。

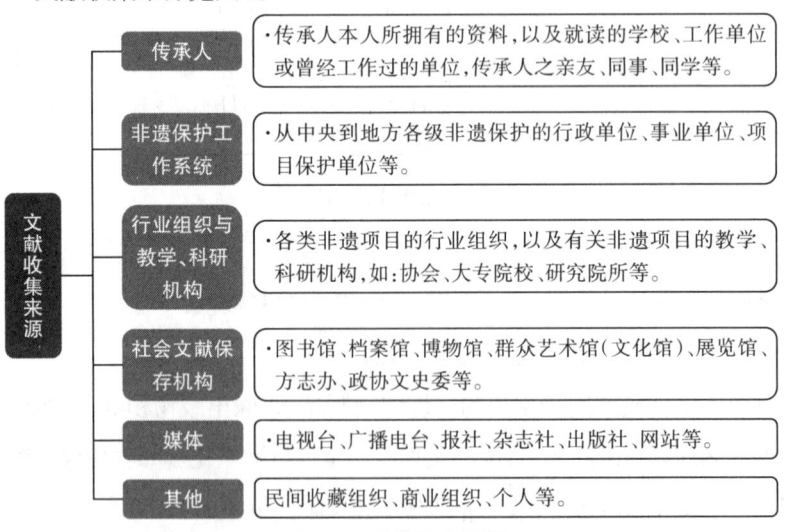

```
文献收集来源
├─ 传承人            ・传承人本人所拥有的资料,以及就读的学校、工作单位或曾经工作过的单位,传承人之亲友、同事、同学等。
├─ 非遗保护工作系统   ・从中央到地方各级非遗保护的行政单位、事业单位、项目保护单位等。
├─ 行业组织与教学、科研机构  ・各类非遗项目的行业组织,以及有关非遗项目的教学、科研机构,如:协会、大专院校、研究院所等。
├─ 社会文献保存机构   ・图书馆、档案馆、博物馆、群众艺术馆(文化馆)、展览馆、方志办、政协文史委等。
├─ 媒体              ・电视台、广播电台、报社、杂志社、出版社、网站等。
└─ 其他              ・民间收藏组织、商业组织、个人等。
```

图4　文献收集来源图

(四)文献收集方式

文献收集方式主要有:缴送、调拨、购买、捐赠、复印或复制、交换、其他等。见图5。

```
                    文献收集方式
   ┌────┬────┬────┬────┬──────────┬────┬────┐
  缴送  调拨  购买  捐赠  复印或复制   交换   其他
```

图5　文献收集方式图

(五)文献使用权限说明

对于已获取的各种类型的文献资料,均应通过签署《文献收集与使用授权书》等方式明确使用权限,避免可能引起的法律纠纷。收集文献的不同使用权限及具体处理方式如图6:

- **取得相应授权**:在进行文献资料调查收集时,应获得原资料拥有者及著作权人等相关权利人的授权,并将授权书放入工作卷宗。
- **无法获得授权**:对于一时无法获得所收集文献的使用权或著作权授权的情况,须作免责声明,同时进行使用权征集。
- **著作权争议**:若所收集文献存在著作权争议,需作标注,说明争议具体情况。

图6　文献使用权限说明图

(六)编制《文献目录》

文献收集工作完成后,应编制《文献目录》。以川剧国家级代表性传承人沈铁梅老师项目的文献收集目录为例,见表2、表3。

表2　纸质文献目录

编号	题名 (材料内容)	作者	出版社/期刊 /所有者	出版/ 印刷时间	收藏地点	收集人	是否授权	备注
1	《把川剧带到海外》报刊	苗春	《人民日报》	2005年4月21日 (第6316号)	重庆市川剧院	××	是	重庆市川剧院赠
2	《全国人大常委会副委员长关怀楚剧》报刊	卿峰	《川剧与观众》	2000年4月 (第4期总第94期)	重庆市川剧院	××	是	重庆市川剧院赠

续表

编号	题名（材料内容）	作者	出版社／期刊／所有者	出版/印刷时间	收藏地点	收集人	是否授权	备注
3	《东方遇见西方,情景戏曲诱惑》报刊	不详	《多伦多之星》	2013年6月13日（第200期）	重庆市川剧院	××	是	重庆市川剧院赠
4	《沈铁梅成川剧传承人》报刊	隆准	《重庆晚报》	2008年2月29日（总第8103期）	重庆市川剧院	××	是	重庆市川剧院赠
5	《感恩川剧》报刊	沈铁梅	《光明日报》	2005年4月29日（6版文化周刊）	重庆市川剧院	××	是	重庆市川剧院赠
×	××××	××	××	××	××	××	×	×

表3　电子文献目录

编号	名称	拍摄者/制作者/作者	拍摄/制作时间地点	收集人	收藏时间	文献格式	是否授权	备注
1	《江姐》（上、下）2019年6月黄永发录制（宣传科廖兴交）	黄永发	2019年6月在重庆市川剧院录制	王赛华	2019年8月7日	MP4	是	两个视频
2	《新闻联播》2018年3月两会习近平总书记出席重庆代表团院长代表	中国中央电视台	2018年3月10日摄于北京人民大会堂	王赛华	2019年8月7日	Mp4	是	重庆市川剧院赠
3	2015《思凡》荷兰艺术节	德国摄制组	2015年拍摄于荷兰	王赛华	2019年8月7日	mpg	是	10个视频
4	2019年2月8日—13日戏曲艺术电影《金子》参加德国IMZ电影节视频资料	德国摄制组	2019年2月8日拍摄于德国	王赛华	2019年8月7日	mp4	是	3个视频

续表

编号	名称	拍摄者/制作者/作者	拍摄/制作时间地点	收集人	收藏时间	文献格式	是否授权	备注
5	2015年6月19日重庆川剧《思凡》闪耀荷兰艺术节(前荷兰女王亲自祝贺)	《重庆直播》	2015年6月19日摄于荷兰	王赛华	2019年8月7日	MP4	是	重庆市川剧院赠
×	××××	××	××	××	××	××	×	×

四、抢救性记录采集

在文献收集工作结束后,就要进行抢救性采集工作。传承人抢救性采集工作以视频采集为主,并辅助以录音、拍照、文字记录等多种方式,采集内容主要包括传承人口述、传承人项目实践活动和传承人传承教学等。应先进行口述史访谈,之后可同时穿插进行项目实践及传承教学的记录工作。如有时令性要求或遇突发事件,可改变记录工作顺序。

除口述史访谈外,记录工作应以客观观察式拍摄为主。如遇特殊情况,经工作团队讨论,并由项目负责人慎重决定,可采用主观观察式、参与式等方式拍摄。记录工作应尊重自然规律和文化习俗,尽量不颠倒发生顺序,不做表演、扮演,酌情进行非虚构搬演。

由于非遗项目并非孤立存在,而是在其固有的人文环境和文化空间中进行实践和传承,并可能与其他项目关系紧密。因此,记录对象除了代表性传承人及其所代表的项目之外,还应包括其所处的文化空间,以及与之相关联的其他项目。

在记录工作中,应保证一定数量的照片拍摄,主要内容有:

一是对项目的关键环节点,拍摄照片文献;

二是为传承人拍摄肖像照;

三是为传承人拍摄生活照;

四是拍摄跟传承人相关的环境、物品、手稿、作品等照片;

五是拍摄工作团队的工作照。

同时,工作中的各项信息还应通过填写拍摄日志和场记单的方式加以保存,方便日后资料查询和回溯。

(一)传承人口述访谈

传承人口述资料将是能够沉淀下来以传后世的档案,具有很强的历史和文化价值。

在对传承人进行口述史访谈时,采访人是工作团队的核心,访谈的质量很大程度上依赖于采访人的素质、经验和技巧。因此,一方面需要慎重考虑采访人(学术专员)的人选,另一方面也需要采访人做好充分的准备。

1.访谈提纲

访谈提纲是整个抢救性记录工作开展的基础和前提,将直接影响口述访谈的质量高低。根据前期资料搜集内容,整理出传承人年表,将其中重大事件、关键人物及重要作品等设为时间节点,制订采访提纲。在拟定访谈提纲时,还应当注意,我们应通过提纲从传承人口中挖掘重要的、遗漏的非遗记忆,将访谈引向深入。

以川剧国家级代表性传承人沈铁梅、夏庭光、周继培为例,艺术历程、采访提纲基本框架如下:

(1)沈铁梅艺术历程

沈铁梅,女,研究生学历,重庆市人。现任中国剧协副主席,国家一级演员。第二批国家级非物质文化遗产川剧代表性传承人。重庆市川剧院院长,中国剧协副主席,全国人大代表,中国民主建国会中央常委,全国政协委员,全国青联常委,中国文学艺术界联合会第十届全委会委员。

她是首批"新世纪百千万人才工程"国家级人选,全国宣传文化系统"四个一批"人才,国务院政府特殊津贴专家,文化部部优专家,中国文化艺术政府奖文华表演奖获得者,在中国戏剧梅花奖评选中三度摘梅。先后荣获国家级荣誉23项。

沈铁梅出身梨园世家,其表演博采众长,自成一体,技艺精湛,唱腔优美。在继承、创新川剧艺术方面孜孜求索,创造性地赋予其塑造的艺术形象以时代内涵,丰富和提升了川剧声腔的艺术内涵和艺术品质,实现了川剧声腔改革的重大突破,被戏剧界公认为当代中国川剧领军人物。

● 1965年

1965年7月,出生于重庆。

● 1979年

1979年12月,开始在四川省川剧学校学习表演。1985年结束。

● 1985年

1985年5月,在重庆市川剧院青年集训队学习。1993年6月结束。

● 1986年(拜师学艺)

沈老师出身梨园世家,其父沈福存为全国闻名的京剧表演艺术家,母亲许道美也是川剧演员。1986年,拜著名川剧表演艺术家竞华为师,并深得其真传。后又得到胡喻华、高凤莲、周继培、涂卿芳、车英、许又华等川剧名家悉心传授,博采众长,集百家之艺于一体,自成一格。

● 1993年

1993年7月至1998年10月,在重庆市川剧院任演员。

● 1994年

1994年,在四川成都举办"蜀调梅音沈铁梅个人演唱会"。

● 1998年

1998年11月至2001年4月,任重庆市川剧院副院长。

● 2001年

2001年5月至今,任重庆市川剧院院长。

● 2002年

2002年10月,在中国戏曲学院第三届京剧优秀青年研究生班学习戏剧戏曲学专业。2005年10月结业。

● 2010年

2010年8月,在北京大学重庆市宣传文化"五个一批"人才理论研修班学习。

● 三度梅

1988年12月,凭借3台折子戏《凤仪亭》《三祭江》《阖宫欢庆》荣获第六届中国戏剧"梅花奖"。2000年,凭借现代戏《金子》一剧中的精湛表演,荣获第十七届中国戏剧"梅花奖",同时《金子》获得文化大奖、中国戏剧节曹禺戏剧奖优秀剧目奖、中国艺术大奖等各类大奖36项(其中国家级大奖18项)。2011年6月,凭借传统改编戏《李亚仙》,荣获第二十五届中国戏剧"梅花奖"。

● 代表作

代表作有川剧《金子》《李亚仙》《思凡》《凤仪亭》《三祭江》《阖宫欢庆》《孔雀胆》《玉京寒》《枭雄夫人》《聂小倩》《江姐》等。

● 传承情况

培养了吴熙(曾获得二十七届中国戏剧"梅花奖")、周露、陈秋锦、李佳等高徒。

(2)沈铁梅访谈问题大纲

第一场　人生经历和从艺经历

1.首先请您简单地自我介绍一下,您的姓名、出生年月、职业、职务等基本情况。

2.您的父辈,祖父辈的基本情况,他们从事的职业与您现在从事的职业有没有什么关联和影响?(父亲沈福存是著名京剧演员,母亲许道美也是川剧演员)

3.您受教育的情况是怎样的?请给我们介绍一下您的重要人生阶段和相关职业经历。(川剧历史上第一位拥有戏曲表演研究生学历的川剧名家)

4.您是戏曲世家出身,您对戏曲最早的记忆是什么?记忆中第一次接触戏曲是什么场景?

5.出身梨园世家,从小对京剧耳濡目染,什么机缘促使您会选择去学川剧?(当年没有招录京剧的学校和单位)

6.当初您去学习川剧是什么时候? 当时您自己对这个改变是什么态度? 家人的态度又是怎样的?(自己比较抵触,父母全力劝导)

7.在您学习川剧的那个年代,川剧这一行的发展是个什么情况?

8.什么时候开始进入重庆市川剧学校学习? 学习年份大概多久,主要学习哪些内容? 每天的学习流程大概是怎样的? 与师长、同窗之间是否有难忘的经历?

9. 您1985年毕业开始为期8年川剧青年集训队演员生涯,这段时间具体做什么工作？与之前的学校生活有什么不同？

10. 演员主要任务包括哪些部分,当时收入状况如何,是否足够自理生活？

11. 青年集训队的演员生涯中是否有什么难忘的经历？可否给我们做一些介绍？(第一个梅花奖是在此期间获得的,这也是重庆川剧首次获此殊荣,可否为我们简要介绍一下这段经历？）

12. 您的父亲沈福存先生是我国当代京剧的四大名角之一,在您的学艺之路上给您提供了哪些帮助？是否有专门指导您表演？有没有让您特别难忘的回忆可以介绍一下？(从小训练,白天上学晚上学戏)

13. 父亲算是您的第一位老师吗？您觉得他给了您哪些方面的指导对您影响最深远？

14. 您还有其他几位师傅可以给我们详细介绍一下吗？他们主攻的方向、表演风格、擅长角色、拿手曲目是什么？(后承著名川剧表演艺术家竞华,并深得其真传。得到胡喻华、高凤莲、周继培、涂卿芳、车英、许又华等川剧名家悉心传授,博采众长,集百家之艺于一体,自成一格。)

15. 可否结合您跟这几位师傅的学艺经历,谈谈您学习过程中经历过哪些阶段？有什么难忘的记忆？有什么有趣的经历？遇到过哪些困难？

16. 您这一脉的川剧传承族谱可以给我们介绍一下吗？(可涉及各代传承人的姓名、年龄、民族、文化程度、宗教信仰等)。有没有什么信物(世传匾额/旗幡/印章/徽记或其他物件)获得过何种称号？(竞派)

17. 川剧艺术博大精深,有没有相应的行规、口诀？能否给我们分享或展示？

18. 与您一同学艺的有多少人？和您一起学艺的人,现在都在做什么？讲讲您和他们之间学习、切磋川剧的故事。

19. 您学艺时主攻方向是什么？您是什么时候出师的？那个时候,师傅对您有什么评价？

20. 第一次独挑大梁是什么时候？能否给我们说说当时的情形？

(1988年，年仅23岁的沈铁梅主演《阖宫欢庆》《凤仪亭》《二祭江》等折子戏首次登上北京戏曲舞台）

21.请您给我们详细说说您的成名经历，以及各个时期的代表作。这些代表作的特点和风格在哪里？

22.您曾经用过"竞美"这个艺名，给我们讲讲您的艺名的来历。现在还用吗？都是在什么情况下使用您的艺名？

23.您"梅开三度"的经历令人折服，这个傲人成绩可谓是川剧界的第一人，可以给我们分别说说当时的情形吗？获奖的曲目是什么？表演上都有什么讲究？您当时过人之处体现在哪些方面？

24.据了解，您在1989年获得一度梅之后却陷入没戏可唱的境遇，当时是什么原因？当时的情境可以给我们说说吗？是什么支持着您走出当时那种困境的？

25.您的艺术生涯里还有没有经历过其他的冷遇或困境？您是怎么一一克服这些困难的？

26.1993年您进入重庆市川剧团工作，当时有哪些契机，现在看来这次调动工作对您来说意味着什么？

27.1994年您在成都举办了个人川剧演唱会，有哪些契机促成了这次活动？

28.1997年您带领重庆市川剧同人们创作了川剧《金子》，该剧成了全国公认的十大精品剧目之一，赞誉无数，并助您二度摘梅，可以给我们介绍一下这部巨作吗？

29.《金子》改编自曹禺著名话剧《原野》，把原作戏份偏弱的女主角更换为第一女主角金子，这样的处理体现了怎样的创作思路？您在人物塑造和演绎上有哪些重点和难点呢？

30.《金子》这部作品被公认为"二十世纪末中国戏曲的代表作"，您也因为扮演主角"金子"誉满神州，您认为这个角色或者说这部戏对您产生了怎样的影响？

31.2002年到2005年期间，您参加了第三届中国京剧优秀青年演员研究生班的学习,这个时段正是您艺术生涯的小高峰,做出这样的选择您当时是如何权衡的,亲友师长们有没有什么意见?

32.2005年4月20日,在中国艺术研究院举行了"沈铁梅表演艺术研讨会",并出版了《沈铁梅表演艺术研讨文集》,这次研讨会在您的艺术生涯中有怎样的意义?

33.2006年您参加了春节联欢晚会的曲艺类节目《新五女拜寿》,获得"观众最喜爱的2006年春节联欢晚会节目"曲艺、杂技、魔术、戏曲类节目二等奖,能跟我们分享一下演出台前幕后的演艺心得吗?

第二场 带动川剧走向世界舞台

34.1994年,您的个人川剧演唱会开创了用西洋交响乐伴奏川剧传统戏的先河,这算是您将川剧和世界接轨的第一次大胆尝试吗?您是否满意这次尝试的结果?

35.1999年起,由您领衔主演的川剧现代戏《金子》已在全国各大城市及亚洲、欧美多国共演出近200场,在这些演出中,有哪些经历给您留下了深刻印象?

36.2006年,重庆川剧院与欧洲演出商签订了《金子》和传统折子戏在法国、瑞士两国及二十几个城市演出的商业协议,拓宽了对外演出市场,您觉得这对于川剧发展有怎样的意义?

37.《金子》一剧不仅蜚声国内,有报道说,连《金子》的录像光碟都成了巴黎市场上的热门抢手货,这种盛况您是如何看待的?

第三场 对川剧所做的创新与发展

【川剧历史】

38.作为一位川剧名家,想请您为我们讲解介绍一下川剧产生与发展的历史渊源。

39.川剧在历史上出现过哪些流派?跟我们简要说说,包括他们各自的风格、特点、拿手绝活。

40.对于您的这门技艺,每个时代甚至每个地方的发展情况可能都不一样,您给我们讲讲这门技艺在各个时期的发展状况吧。

【川剧特点】

41.川剧有什么特点？重庆川剧最大的价值是什么？

42.川剧的经典剧目有哪些？在您的行当里，都有哪些经典作品是传唱至今的？可以简要给我们介绍一下吗？

43.在您的角色行当里，对服化道有什么传统要求？如何选择，有什么讲究？

44.不同曲目的舞台效果如何安排？重庆川剧院打造的川剧有无特殊要求？

45.川剧的乐器伴奏，和其他戏曲的演奏乐器相比，有没有特殊的地方？

46.舞蹈时，表演者在动作和执掌道具上有什么动作上的讲究？

47.川剧表演的声腔有什么讲究？根据场合不同，情景不同，如何选择声腔和曲调？

48.声腔中，自己可以创作和发挥的空间在哪里？

49.我们要完成一场曲目，从无到有，要经历哪些环节和过程？哪些是需要特别雕琢的？最关键的是哪一步？最难的部分是什么？

50.一场传统的川剧表演，需要哪些人员？都是怎么分工的？需要哪些基本角色？表演前需要做哪些准备工作？

51.现在准备一台川剧表演，和过去古老的川剧演出相比，有什么不同？

【个人特点】

52.川剧的旦角，和其他戏剧相比，有哪些特质？您的旦角表演享誉川剧界，有哪些特质？

53.听说你在唱腔方面，对传统做了很大的改革，是"川剧唱腔女状元"，具体有哪些创新，您可以给我们说说您的"观众心理学"吗？

54.这么多年，您演出的曲目大致有多少出？您的作品主要分为哪几大类？每一类可以给我们列举一部您个人钟爱的作品吗？

55.同样一部曲目，过去传统的表演和现在的表演一样吗？区别在哪些方面？

56.您是如何塑造鲜活的人物形象的？川剧里的人物形象,要动用哪些独特的艺术手段才能实现它的立体化,从而打动观众？

57.川剧里旦角的表演中,唱、念、做、打分别都有些什么讲究？最难的部分是什么？

58.和其他戏曲的唱、念、做、打相比,川剧旦角的表演有什么不同？这其中有没有什么历史渊源？

59.川剧现在有哪些新型的曲目类型？您的哪些作品,或者哪些技艺,是您自己创新出来的？

60.您当年是将川剧与交响乐结合并搬上国际舞台的第一人。能给我们讲讲您的这些创举的经过吗？业界和民间对此有什么评价？

61.您是拥有多年表演经验的资深艺术家,表演时有没有遇到过突发状况？您是怎么救场的？可否分享特别难忘的表演经历？

62.到目前为止,您觉得难度最大的戏是什么,困难在哪儿？您最喜欢或最难忘的是什么戏,为什么？您觉得观众最喜欢您的什么戏？

63.作为川剧的代表性传承人,您获奖无数,其中有令你十分难忘的获奖经历吗？

64.您跟其他流派的川剧有合作吗？其他地方川剧发展如何？

65.您觉得川剧对于您来说意味着什么？川剧在您心目中处于怎样的一个位置？

66.俗话说学无止境,您已经取得了非常高的艺术成就,未来更高的目标是什么？

第四场　社会工作情况

【任职重庆川剧院院长】

67.您是什么时候接手重庆川剧院的？那时的川剧院是什么样的？为什么当时的川剧院会是那种状况呢？

68.您担任院长之后,是如何让重庆川剧院发展壮大起来的？

69.现在重庆川剧院状况可以给我们说说吗？如上演的曲目、未来的方向等等。

70.您现在的团队有多少固定职工？他们主要集中在哪个年龄段？您对他们有什么评价？

71.以前重庆还有过哪些川剧团？如今他们何去何从？为什么？

72.这几年在团队管理和演出运营上，您有什么心得？

73.您掌舵之后的重庆川剧院，推出了诸多反响不俗的作品，内容也很新颖，能给我们简要介绍一下吗？

74.对于目前重庆川剧院的发展现状，您觉得是否满意，还有没有什么期待和展望？

【其他社会活动】

75.您2005年担任了重庆大学客座教授，2010年担任武汉大学客座教授，前后分别在中国戏曲学院、上海音乐学院、华东师范大学等知名高校讲学，这期间有没有让您比较难忘的教学经历？

76.结合您的这些教学经历，您认为高校这个大环境能否为川剧的发展起到推广促进作用，具体有哪些表现？

77.作为一位具备高学历的川剧名家，您刊发过不少专业的文章，在您看来这对于您在川剧艺术上的发展有怎样的促进作用？

78.您2008年被评为国家级非物质文化遗产川剧代表性传承人，肩负着推广川剧的重大使命。而您不仅是重庆川剧院院长，还身兼全国人大代表，全国政协委员等其他重要身份。您觉得这些身份对于您推广川剧是否有帮助？能具体和我们讲一下吗？

79.2008年汶川地震，您前往灾区慰问演出，演出完毕后自己感动落泪，可以为我们介绍当时的情形吗？

80.听说在2008年春节期间，您放弃和家人团聚，到地震重灾区——青川竹园镇、广元市利州社区和剑阁县慰问演出，当时是怎么想的，家人对此是什么态度呢？

第五场　传承情况

81.您觉得作为一名好的川剧演员，需要具备哪些素质？

82.川剧艺术要从什么东西开始学起？学每一个流程需要多长时间？真正学成需要多长时间？

83.您目前收徒弟吗？发现好苗子应该如何培养？方便给我们介绍一下吗？

84.2015年,重庆川剧院青年演员吴熙,在您的带领下带病以川剧《灰阑记》冲刺第27届梅花奖并成功摘梅,这段幕后故事还登上了央视戏曲频道,当时的状态是怎样的？

85.您觉得这门技艺还好往下传吗？目前川渝地区,川剧整体发展现状是什么样的？前景如何？

86.随着时代的改变,您对观众人数会不会有担忧？新的时代要求下,您是怎样培养现代川剧演员的？

87.您属于眼光比较超前的戏曲专家,之前上过不少电视节目,参加过真人秀节目。您为什么会选择上真人秀节目？当时是个什么情况？您认为走真人秀这个平台,达到您预期的目的了吗？

88.当前川剧传承遇到哪些困难和问题,您是怎样克服与解决的？

89.政府、国家给您提供了哪些帮助和支持？除了您自身努力,您还需要国家的哪些帮助支持？

90.对于川剧这个国家级非遗项目的传播传承,您未来有什么打算或者详细计划？

91.作为国家级非遗项目代表性传承人,您觉得川剧的未来会是怎样的？您最大的心愿是什么？

(3)夏庭光艺术历程

夏庭光,男,汉族,生于1933年1月(农历正月初一),原名夏明德,庭光乃张德成老先生为他起的艺名,祖籍四川岳池,出生地重庆。第二批国家级非物质文化遗产项目川剧代表性传承人,国家一级导演,曾任重庆市川剧院副院长。主攻文武小生,能演须生以及小丑戏兼任导演。

夏庭光幼小随父夏长清(川剧小丑)习艺,夏老师几乎没上过学,没正规读过书,他从会走路的那一天起就随父亲走进戏园子,父亲工作,他就在"马门"边边("马门"是演员上下场的出入口)边学戏。他基本上学会了当时又新大戏院演出的娃娃生的所有戏文。

● 1933年

1933年1月(农历正月初一),出生于重庆。

● 1938年(5岁)

登台演出:五岁时一个偶然的机会,登台缘由是演苏生的小演员突生暴病,就由他救场,他临时上场不慌乱,应付自如。演的第一部戏是"马口"复杂、表情多变的全本高腔戏《芙蓉画》中的主角之一苏生,苏生这个角色在戏里很重要,还有两场重头戏。救场演苏生,使夏老师步入梨园之门。

● 1939年

1939年5月,日机大轰炸重庆,"五三"大轰炸那一天,午场演出《洪江渡》,他饰演江流僧(《西游记》中后来取经的唐玄奘)。当天演出,戏刚演到母子相会时,突然撕肝裂肺的警报响了起来。父亲赶紧抱起他跑出戏园,被人群挤进防空洞,夏庭光和父亲是这次大轰炸被炸塌的防空洞中跑出来的仅有的两名幸存者。随后,他随父"跑滩"搭班于丰都、赤水、合江、江津等县、乡戏班。

● 拜师学艺

夏老师是由须生大师张德成发蒙授业,又得丑角父亲朝夕熏陶;既得武生大王彭天喜的衣钵真传,又得文武小生泰斗兼须生大家姜尚峰悉心传授。广采博纳形成了自己的特色。

● 1946年

1946年(13岁),返回重庆,献艺于重庆得胜大舞台(后更名为胜利川剧团)当演员。

● 1952年

1952年开始兼任导演。

● 1955年

1955年12月,重庆市实验川剧院与胜利川剧团合并成立重庆市川剧院,长期在该院一团工作。

● 1958年

1958年参加北京中国戏曲学院导演进修班深造。

●1978年

1978年当选为第八届人民代表大会代表,继后数届任市政协委员、常委。

●1980年

1980年,开始创作写文章。至今,在全国报刊发表导、表演类文章600多篇,论文30余篇,创作、改编、移植、整理的大小剧本有30多个,并著有专著《川剧传统导演手法选例》《川剧品微》《川剧品微续集》等。

●1985年

1985—1990年,曾任重庆市川剧院院副院长。

●2009年

2009年,第二届成都国际非物质文化遗产节·川剧传承人折子戏演出中,77岁的夏庭光登台演出绝迹多年的《活捉李甲》。

●代表作

演过的戏200余出。演出代表作有《书馆悲逢》《长坂坡》《出祁山》《抱尸归家》《焚香记》《太平仓》《踏五营》《隋朝乱》《活捉李甲》等。

导演剧目200余出,导演的代表剧目有《十五贯》《赵氏孤儿》《赤道战鼓》《枫叶红了的时候》《白面虎肖方》等。

●传承情况

在四川、重庆各地的艺徒以及学戏者约50余人,已传授传统剧目50余折。

(4)夏庭光访谈问题大纲

第一场　艺术人生

1.夏老师,今天我们有幸采访您。您是著名的川剧表演艺术家,重庆市国家级非物质文化遗产川剧代表性传承人。首先,能不能给我们谈谈您的家庭环境,父母,兄妹等? 这些因素是否影响您走进川剧界?

2.夏老师,谈谈您的学艺情况。当初您是怎样走上从艺道路的呢? 您从艺七十余年来大致分成几个时期? 基本情况是什么样的? 从师学艺的感想和体会是什么?(可谈谈您的演艺生涯中的一些酸甜苦辣的感受,选择川剧的原因)

3.夏老师,谈谈您的师承情况。我们知道您师从了许多老师,那么请夏老师介绍一下几位师傅的艺术特点。您所取得的成就来源于哪些老师的指导,可分类说明在每位老师身上所学的技巧,对你的艺术道路所起到的帮助,以及您在学习过程中怎样博采众长,形成您自己的风格的?

4.谈谈您自己在技艺方面的突出特色、独门绝活和口诀或者技巧。有无行规行话、口诀、谚语等。

5.您大约学了多长时间的戏就开始登台演出了?你学到的第一个戏是什么呢?您最擅长的角色有哪些?

6.在您的艺术生涯当中,您觉得最需要感谢的人有哪些?

7.夏老师请您评价一下您的搭档(2—3位)。

8.请您谈谈对川剧流派的看法。

9.夏老师您是怎样一步步成名的,是因为参演哪些剧目和角色吗?当年演出的盛况如何,获得了哪些人(名人)的好评和荣誉?

10.您成名后演出了哪些经典剧目、经典角色?有何感想和体会?

11.在您的演艺生涯中,您的代表剧目(或者您最喜欢的剧目)是哪一部?请您给我们介绍一下当时排这个戏的情况。您当时是怎样塑造这个人物形象的?谈谈您表演的动作要领、唱腔等,唱念做打的技艺特点、表演的特色与技巧。

12.夏老师,您出演了许多有影响力的剧目,很受观众喜爱。请您谈谈各个行当角色需要注意的和掌握的,以及服饰、乐器、道具需要注意什么。

13.夏老师,您熟谙五种声腔,您能不能谈谈您对声腔唱腔的一些心得体会?

14.夏老师,我知道您在导演方面也做出了很大的成就,是什么促使您往导演方面发展的?请您谈一下这方面的情况。导演的哪些剧目是您自己比较满意的?其中有什么心得体会?

15.夏老师,我知道您还擅长写作,谈谈您在川剧理论研究方面的成就吧。

16.夏老师,可否给我们讲讲您现在的生活与川剧还有何联系,有无日常练习、授徒,或参加演出活动?未来有什么打算或者详细计划?

第二场　实践感悟

17. 夏老师,请您谈谈过去的川剧行业规模有多大,最盛时情况如何。今天的发展形势及总体水平如何?川剧发展存在什么突出问题?

18. 夏老师您一生经历过什么样的人生起伏或者挫折?

19. 夏老师,您在传统戏的推陈出新方面做了哪些尝试,有哪些心得?如唱腔呀,表演呀,导戏呀,演出等。

20. 夏老师,您参加过哪些大型演出活动令您印象最深刻?

21. 夏老师,川剧作为地方戏的五大剧种之一,比较重视对外艺术交流,那么,请夏老师给我们讲一下到境外演出的一些情况。当时演出的情况如何?是不是盛况空前呢?演出的剧目是什么?现在出国演出情况又是怎样的?

22. 夏老师,谈谈您对未来怎么看。我们现在一直强调要传承振兴川剧,对此您有什么想法?

第三场　传承教学

23. 夏老师,您作为国家级非物质文化遗产川剧代表性传承人,在川剧的传承方面主要做了哪些工作呢?

24. 夏老师是"桃李满天下",您现在有几位徒弟呢?介绍一下。他们学了多久了?是平时教,还是到演出前教呢?他们学得如何?有没有比较优秀的,分别取得了什么成绩?

25. 夏老师您是如何选择徒弟的?和他们的关系如何?对他们有什么样的要求?

26. 您认为在传承中,需要怎样去教学,什么是最需要传授给学生的?谈谈您培养学生的情况。

(5)周继培艺术历程

周继培,男,汉族,原名周华德,第三批国家级非物质文化遗产项目川剧代表性传承人,国家二级演员,行当正生、老生。创造性地在唱腔上吸收了扬琴腔和京戏曲牌、昆腔等,丰富和发扬了川剧声腔艺术。能吹笛子、箫及表演扬琴演奏。作为贾培之"入室弟子",有乃师遗风,人誉"唱口先生"。

● 1928年

1928年2生,出生于四川达县(今达州)城关,还有一个哥哥。4岁时父亲去世,母亲改嫁谭家。周继培随后跟随外婆,哥哥跟随母亲。8岁周老师才回到母亲身边。继父谭某在大南街开了一家修理铺,修理钟表、自行车、留声机等,特别喜欢唱川戏"玩友"。

● 1938年

1938年,刚满10岁,便随继父到宣汉县城唱"玩友",尽管茶园高朋满座,他一点儿都不怯场,还受到众多"玩友"的诸多夸奖。

● 1940年

1940年到成都,有一位达县的张潜武先生,爱好川剧,偶然听到周继培的清唱,认为若得名师指点,必然成就非凡,有意把他推荐到老生行泰斗贾培之门下学艺。

● 1941年

1941年向贾培之拜师学艺——从此步入梨园行。贾培之当时名震全川,深受四川人民敬仰,对学生要求很严。贾培之擅长正生、老生、花脸。1941年,他就教周继培表演《马房放奎》,并在成都、温江、广汉等地演出。周继培登台演出,颇得观众好评,乃师亦大为赏识,并将他改名为周继培(原名为周华德),其间一直在三庆会(成都市悦来大戏院)和周边习艺演戏。

周继培经名师贾培之严教,学到了贾门的《马房放奎》《古城会》《伯牙碎琴》《渡芦》《挑袍》《空城计》等诸多唱功佳剧,唱腔功力倍增,又善于将扬琴唱腔糅合于川剧。

● 1949年

1949年,新生三庆剧社,周继培和竞华同台演出,周继培演杜大新。

● 1950年

1950年开始唱大幕戏,20岁开始唱主角。

1950年,大众剧院成立后,周慕莲大师到成都接周继培和喻培武、陈桂贤、王成康到重庆市实验川剧院担任演员工作。

●1951年

1951年到重庆市实验川剧院(后来的重庆市川剧院),从事工作,担任演员。

●1953年

1953年在重庆边教边演出。同时1953年赴朝慰问表演(以队长身份带队到朝鲜)。后赴北京、上海、南京等地演出。他的《马房放奎》《空城计》《古城会》《挑袍》《长生殿》等剧目获得赞扬。川剧和扬琴录制成唱片的有七八十个曲目,川剧唱片有《马房放奎》《古城会》《挑袍》等。录制成曲艺、扬琴唱片有《沉船夺斧》《渡芦》等。

●1956年

1956—1957年带川剧训练班,任主要教师。

●1958年

1958年,作为知青下乡锻炼,他被调到一个汽车兵团,参加劳动。

●1959年

1959年,川剧院要求学习扬琴。周继培后来组织了扬琴大会在山城曲艺场演出,看演出的人很多,他唱得较多的是《楚道还姬》。1959年后,以借调方式调到市文化局工作。

●1979年

1979年,担任四川省川剧学校重庆班教师,培育新人。

●1985年

1985年退休的周继培没有居家乐享清福,一腔心血仍用在传承川剧唱腔中。

●2010年

2010年12月28日,在首届中国西部交响乐周的开幕式上演出,已83岁高龄,唱起了最传统的四川扬琴——《伯牙碎琴》,创新用交响乐唱扬琴。

●代表剧目

表演代表剧目有《马房放奎》《空城计》《古城会》《挑袍》《长生殿》《沉船夺斧》《渡芦》等。

●师承情况

周继培除师承贾培之专习正生外,还向川剧前辈艺术家天籁、萧楷臣学艺,博采众家之长。在传承教学上,从1953年起所教学生有熊焕文、刘卯钊、沈铁梅、曾桢、钟斌、李秋萍、王娅、熊宪刚等。

(6)周继培访谈提纲

第一场 艺术人生

1.周老师,今天我们有幸采访您。您是著名的川剧表演艺术家,重庆市国家级非物质文化遗产川剧代表性传承人,能不能给我们谈谈您的家庭环境情况,父母、兄妹等?

2.周老师,谈谈您的学艺情况。当初您是怎样走上从艺道路的呢?几岁开始拜师学艺的?

3.周老师,您从艺七十余年来大致分成几个时期?基本情况如何?

4.周老师,您的夫人高凤莲也是川剧代表性传承人,当年你们结为连理,曾是一段梨园佳话,请您谈谈你们是怎么认识的。你们合作过的剧目有哪些?你们分别饰演什么角色?

5.周老师,谈谈您的师承情况。我们知道您师承了贾培之老师,还向川剧前辈艺术家天籁、萧楷臣学艺,那我想请周老师介绍一下几位师傅的艺术特点。

6.请周老师分别谈谈在每位老师身上所学的技巧,对你的艺术道路所起到的帮助,以及您在学习过程当中是怎样博采众长,形成您自己的独特风格的。(从师学艺的感想和体会。)

7.周老师您是怎样一步步成名的,是因为参演哪些剧目和角色吗?当年演出的盛况如何,获得了哪些人的好评?

8.在您的演艺生涯中,我们知道您在生角艺术表演上,有着很大的造诣,并且出演了很多著名的剧目,很受观众喜爱,谈谈您的代表剧目(或者您最喜欢的剧目),以及您出演的角色。请您给我们介绍一下当时排这个戏的情况。

9.上面谈到您的代表剧目,那么您当时是怎样塑造这个人物形象的?角色塑造有何心得?请你谈谈各个角色需要注意的和掌握的地方。

10.谈谈您表演的动作要领,唱、念、做、打的技艺特点、表演的特色与技巧。

11.周老师,您能不能谈谈您对声腔、唱腔的一些心得体会?主要是谈谈您创造性地在川剧唱腔上吸收扬琴唱腔和京戏曲牌、昆腔等这方面。

12.周老师,您曾说过:"腔准于情而生于字,字正而后腔圆。"您在川剧演唱中很重视曲情,也特别讲究字正腔圆,谈谈您对曲情的理解,再谈谈字正腔圆的理解以及您是怎样做到的。

13.周老师,我们知道您在曲艺方面也很不错,也做出了很大的成就,是什么促使您往这方面发展?谈谈这方面的情况,哪些曲目是您比较满意的?

14.周老师,请问现在您日常还练习、授徒,或参加演出活动吗?以后还会继续致力于授徒吗?

15.在您的艺术生涯当中,您觉得最要感谢的人有哪些?

16.周老师您的搭档中和你配合得最有默契的是哪几位?

第二场　实践感悟

17.周老师,您在传统戏的推陈出新方面做了哪些尝试,有哪些心得?包括声腔呀,表演呀,剧本等。

18.1950年后,您常跟周慕莲、贾培之老师到北京中南海和吉祥剧场演出,谈谈当时令你印象最深刻的剧场演出情况。

19.周老师,请您谈谈1953年赴朝慰问表演后参加赴北京、上海、南京等地演出活动的情况。

20.周老师,请您谈谈1953年您边演边教的情况,以及1979年,担任四川省川剧学校重庆班教师的情况。

21.2010年12月28日,您在首届中国西部交响乐周的开幕式上演出,唱扬琴《伯牙碎琴》,听说当时演出很受观众欢迎,谈谈当时的演出情况。

22.周老师,谈谈您对川剧现状和未来怎么看。现状存在什么突出问题?我们现在一直强调要振兴传承川剧,对此您有什么想法?

第三场　传承教学

23.周老师,您作为国家级非物质文化遗产川剧代表性传承人,在传承教育方面主要做了哪些工作呢?

24.周老师是"桃李满天下",您教过多少徒弟?您一般教他们多长时间他们就可以登台演出?他们学得如何?有没有比较优秀的,分别取得了什么成绩?

25.周老师您是如何选择徒弟?对他们有什么样的要求?

26.您认为在传承中,需要怎样去教学?什么是最需要传授给学生的?谈谈您培养学生的情况。

2.访谈技巧

对传承人进行口述访谈是一种交流,它依赖于双方的语言互动。与一般的对话、聊天不同:普通的对话不一定具有特殊的目的性,但是访谈却是要通过我们的采访来得到相关的资料,它有着明确的目的。

采访时使用的口头语言比书面文字更平民化,也更为鲜活。在川剧代表性传承人口述访谈的采集过程中,口头语言的魅力应当通过访谈技巧得以保障。

(1)轻松入题,打开记忆的阀门

"记忆实际上是一种表征的传递,我们所能够记忆下来的是各种的表征。因而记忆在一定意义上也可以界定为对于过去的表征(the representation of the past),这种表征可以一代一代地向下传递(Bloch,1998:114)。"[①]口述访谈也可看作是传承人所记忆的对于过去的一种文化表征,构成传承人个人的记忆内容,建立起个人的历史。

开始访谈前,采访人学术准备要充分,要和传承人建立密切关系,具备一定访谈经验,访谈环境自然,同时,传承人要事先了解访谈内容,状态自然松弛,且结合生动的演示,才能达到访谈内容丰富充实。还要注意营造愉快的谈话气氛,使受访者尽快打开记忆的阀门,畅谈他与川剧的桩桩件

---

① 赵旭东:《文化的表达:人类学的视野》,北京:中国人民大学出版社,2009年,第83页。

件往事。这些"热身问题"把握着整个访谈的方向,是整个访谈顺利进行的保障。这一阶段切忌提复杂问题、敏感问题。

入题的方法可以是传承人参加的有关川剧方面的活动,传承人徒弟情况,也可以是近期川剧方面的新闻,在这样的情境下,往往可以比较顺利地开始访谈。采访时可以"以社会责任激发共鸣,以亲切认同推开心扉……当采访对象感受到你是为了一种更大的利益在努力时,他们会对你产生认同和尊敬,往往会敞开心扉,甚至创造条件帮助你进行采访,这时采访就变得有如顺水推舟,流畅又愉快"[①]。

同时,在采访时,要注意始终保持中立态度,避免使用带有倾向性或诱导性的语句;把握主题和方向,尽量按照时间顺序或事件发展的脉络提问,避免用生硬或不相干的问题影响或干扰受访人的思路;注意语气和节奏,避免审问式或压迫式以及过于直率地提问。

(2)安静倾听,让受访者尽情倾诉

老一辈川剧表演艺术家对川剧艺术有一种执着的热爱,川剧代表性传承人抢救性记录更重视的是历史过程中传承人信息的采集,因此,要耐心倾听传承人的陈述,始终显出采访者对访谈的兴趣,同时鼓励和引导传承人多说。口述访谈是一种倾听过去的行为,人们在回忆时常常会思绪万千,采访者认真倾听、尽量不打断对方是非常重要的。因为只有这样才能让受访者思路通畅,知无不言,言无不尽,从而使所搜集到的口述档案全面翔实,成为重庆川剧发展史的一个缩影。

访谈者的兴趣是影响传承人谈话情绪的重要因素。如何表现出对传承人的陈述感兴趣又不影响其谈话思路呢？大多数的口述历史研究学者都特别提出要"安静地倾听"。"对于成功的访谈员来说,他必须具备某些基本素质……最重要的是,他必须愿意坐下来静静地听。那些忍不住絮叨不停的人,或是忍不住用自己的观点来反驳或强加给被访者的人,最后得到的只是些没用的或是完全误导了的信息。"[②]也有学者认为:"有些访谈者为

[①] 颜芳:《问一问采访对象是否愉快》,《传媒观察》2011年第6期,第11页。
[②] 保尔·汤普逊:《过去的声音——口述史》,覃方明、渠东、张旅平,译,辽宁教育出版社,2000年,第241页。

了表示对受访者的叙述感兴趣,在受访者讲述过程中,不时地低声说:'是、是''对、对、对''啊哈''真的吗',等等。这些在日常交谈中很正常,但在正式访谈中,它会造成很多负面影响。"①这一看法是有一定道理的。因为过多的应和有可能会打断叙述者的思路,也有可能会影响摄像、录音的质量,这时,访谈者可以通过表情或体态来表明自己的态度。一次会心地点头,一个理解的眼神,一个鼓励的微笑往往就足够了。这样,传承人叙述的内容就可以有相对的完整性。如果需要插话,则应当保持中立态度。还有学者认为,访谈节奏以受访者的节奏为准,不要急于追问。一个安静的倾听者,如果遇到谈话节奏比较慢的受访者,会不会造成冷场呢?谈话节奏慢的受访者通常喜欢边思考边叙述,只要不影响叙述过程,就不必担心。当然,如果沉默的时间太久,访谈者就要注意适当地进行提问,如果是因为身体疲劳,则应当暂停录音,稍作休息。总之,要注意把握分寸,何时可以插话,何时应当保持静默要灵活掌握。

  对此,笔者认为还是要一分为二的处理,对健谈的和不太健谈的传承人,采取不同的策略。对于健谈的受访者,访谈者的静默很重要。例如,在访谈重庆川剧国家级代表性传承人夏庭光老师时,访谈者都体会到了"静默"的重要性,只要事先把要访谈的主题和大纲给夏老师过目,届时他就能侃侃而谈,自然过渡。因此,大纲中原有的一些问题笔者就没有特地发问,更多的是静默与点头,收到了比较好的访谈效果。当然,也有传承人没有接受访谈的经验,这就需要访谈者的附和和鼓励,在一种轻松和谐的气氛中传承人更容易拓展思路,采访者也更容易有意外收获。在准备对重庆川剧国家级代表性传承人高凤莲进行访谈前,采访者发现高老师看上去并不太健谈,所以不担心她的谈话内容会偏题,但是担心有些问题谈不透,就尝试了聊天式的访谈法,效果也不错。整个记录的主线清晰,访谈气氛融洽,高老师也愿意聊,非常亲切。

  (3)适当引导,让谈话内容尽显价值
  在采访提纲范围内的陈述无疑是受欢迎的。如果话题有偏离或者因

---

① 杨祥银:《与历史对话:口述史学的理论与实践》,中国社会科学出版社,2004年,第61页。

故卡壳,是打断还是倾听呢？具体可以分为三种情况。

第一种是话题虽然有所偏离,却能获得一些意外的信息,这时是不应该轻易打断的。笔者对重庆川剧国家级代表性传承人周继培老师访谈时,采访提纲是访谈他的带徒授艺情况,以及他自己对川剧艺术的理解。周老师非常健谈,谈着谈着就开始讲他的徒弟和学生都离开川剧舞台了,甚至谈到徒弟到话剧团去了,以及话剧团的情况。笔者看周老师谈兴甚浓,虽然与预先设想的话题有点不同,但对口述访谈也有帮助,说不定就会有什么新的发现,于是继续往下听。果然,他回忆起了曾经教过的学生李贤文老师,虽然不再从事川剧表演,但依旧热爱川剧,还说李老先生跟他同住一个小区,这是一个非常重要的信息,所以,之后,笔者顺理成章地访谈了李贤文先生。

第二种是话题偏离太多,这时要注意适当引导,但也必须照顾传承人的情绪,否则就会引起对方的反感。例如,在访谈周继培老师时就出现过这样的问题。这时,笔者的处理方法是不马上生硬地打断他,而是在对方阶段性地停顿时及时地插话,引导其转向主题。他谈到川剧的历史渊源时,提到了与其川剧相关的扬琴,顺势讲到扬琴情况,笔者担心他偏题太远,就在他谈到"当时唱扬琴的大部分都是知识分子,教授啊,老师啊,医生啊,历史研究人员等,因为扬琴的音乐性很强,只要听几回就上瘾,扬琴很文雅,很典雅,要求很严谨,吐字字正腔圆,讲究字讲究情",笔者把握住机会立刻有意插了一句:"那扬琴唱腔怎样糅合进川剧唱腔……"。周老师的话锋马上转了过来,说道:"这个要熟悉,熟能生巧,要这个旋律跟主旋律吻合,不吻合你要想办法,哪个把音阶改一下,唱法要改,要建立新腔,就是川剧没有的腔……"回到了主题。

第三种是受访者思路因故中断,为了保证记录效果,访谈者此时应及时插话补充。例如,在访谈李贤文老师时,询问李老师川剧《马房放奎》表演情况,李老师接了一个电话,思路被打断了,接完电话后,他说:"刚才我说到哪里了也……"笔者马上跟上一句话:"谈到《马房放奎》唱'明亮亮灯光往前照……"他马上就把思路接上了,接着谈《马房放奎》,唱道:"明亮亮灯光往前照,耳听得谯楼三鼓敲,陈文古做事把心坏了。"这个腔很流畅,很有韵味。

(4)善于追问,探寻传承人传承细节

口述访谈工作作为一种主动性的搜集工作,就更应当注重搜集补充历史过程信息。"人类学家、民俗学家力求更加客观地呈现'参与观察'的过程,在做田野调查进行访问的时候,不应该忽略甚至掩饰自己所提的问题。"①在访谈中,遇到不清楚的地方或重要的信息点要做到及时追问,有助于避免主观编造和添加,也可以避免就同一问题重访。"口述历史总是朝向被忽略的知识领域发展,因此,最好的发现往往就在你原先并不准备提出的问题上,或是在你事先研究时完全没有注意到的领域里。优秀的访谈者一旦听到受访者偶发性的陈述时,就得加紧追踪问题。"②当传承人提到当年从事川剧表演活动时常常会提及一些人、一些物或一些事,如果不深入追踪,一些重要的历史信息点就会转瞬而逝。此时,比较常见的提问有:"您刚才提到的××,我比较感兴趣,能否详细介绍一下?","您刚才说到的××事,我觉得特别能体现您对川剧艺术的理解,能否谈谈您当时是怎么想的?",等等。传承人原本简要带过的事情,被访谈者再次提起,会让他们感到自己提供的信息被重视,自己所从事的川剧事业被重视,往往会起到意想不到的效果。追踪性的问题可以为探寻与川剧相关的某一特殊物件的价值、特殊事件的民间影响或为探寻传承人的个人想法而设。

3.访谈流程

主要包括设备调试、伦理声明、访谈开始、倾听追问、签授权书。对于伦理声明,可在保证其完整知情的前提下,简化伦理声明的宣读流程,仅以录像、录音记录其口述:"我已完整阅读《伦理声明》,并同意其中的各项条款"即可。见图7。

---

① 于萌:《"口述历史"现状一瞥》,中国民俗学网,2010-03-05,https://www.chinesefolklore.org.cn/web/index.php? NewsID=6791,访问时期:2021年5月27日。

② 唐纳德·里奇:《大家来做口述历史:实务指南(第二版)》,王芝芝、姚力,译,北京:当代中国出版社,2006年,第95页。

设备调试	•口述史访谈正式开始之前,工作团队应高效完成访谈环境布置及摄像、录音、灯光等设备的调试。
伦理声明	•在首次口述史访谈开始之前,采访人和受访人应分别宣读伦理声明,并全程录像、录音。
访谈开始	•每次访谈开始,采访人应首先报出以下信息:本次访谈的时间、地点、采访人姓名、受访人姓名、第几次访谈。
倾听追问	•访谈过程中,采访人应本着"倾听与追问"的原则,掌握访谈的节奏、话题的走向与整体访谈时间。
签授权书	•访谈全部结束后,采访人或项目负责人应请受访人签署著作权授权书。

图7 访谈流程图

4.采集要求

(1)访谈时间安排

抢救性记录口述访谈的主要目的在于为未来留下宝贵的口述档案,为子孙后代留存活态的民间的非遗史。访谈内容是以回忆为主,因此,抢救性记录访谈工作不可过于仓促。要充分尊重受访者的意见,以方便受访者为原则,根据传承人的年龄及身体情况,合理安排访谈频次,每次访谈时间一般控制在2小时以内。总的来说,约定访谈时间时要注意:预约时间与正式访谈时间之间要有一段时间差,以便传承人做好充足的准备。不仅要说明访谈开始时间,还要大致约定访谈过程所需要的时间。例如,与对方约定×年×月×日上午9:00开始访谈,大约需要两个小时。

(2)访谈地点选择

为保证摄像与录音质量,约定访谈地点时要注意:由于口述访谈需要摄影、摄像、录音,应尽量选择噪声较小、人员较少的场所,比较安静的环境。可选择传承人熟悉的环境,如传承人的家中、川剧院排练场、剧场、共同约定的宾馆等其他安静场所都是较为理想的备选地点。

(3)用光要求

选择最合适的光照环境,尽量选择自然光。关于室内拍摄的灯光问题。一般情况下,需三盏灯,主光、辅光、轮廓光,主、辅光一般从人物前方打,主光常规打法:与摄像机夹角呈45度,与人物头部呈45度角,目的是将人物脸部打亮,辅光放在靠近摄像机镜头附近与镜头相等高度,并且要在主光的另一边,减弱主光打出的阴影。轮廓光从后方打,将人物从背景中分离出来,增加画面层次感。

(4)摄像要求

传承人口述访谈摄像建议使用全手动控制,保证拍摄质量。摄像时,背景构图尽量简洁,突出传承人。光圈处理,背景尽可能虚化(视环境)。一般三个机位最好,一个机位拍摄传承人和采访人全景,一个机位拍摄传承人特写,一个机位拍摄传承人中近景;也可以两个机位反打。反打的好处在于口述片剪辑在一起的时候,不会出现传承人没有对着镜头的情况。

如需翻译人员或其他辅助人员参与访谈,辅助人员坐于采访人旁边即可,无须在画面内出现。如因受访人听力等问题需坐于受访人旁边,可在画面内出现。

(5)录音要求

需为传承人佩戴领夹式麦克风或设置适合的外置麦克风收音。摄像机在连接外置麦克风的同时,也要保留一路自带或内置麦克风的参考音。

(6)照片拍摄

拍摄传承人的肖像照、生活照和采访过程中的工作照。

(7)时长要求

为保证传承人口述访谈记录内容的完整性、系统性、丰富性,访谈总时长应不低于5小时。

(二)传承人项目实践

1.项目实践

根据川剧项目的特点与规律,项目实践片应记录传承人实践的代表性剧目,同时也应着重记录实践的濒危剧目。重点表现传承人的流派特征、行当特色、唱腔特点、动作要领。也应记录相关的行头、道具、乐队等。如川剧的表演属特定的时令和场合,也应对民俗环境加以表现。完整录制传承人代表剧作3—5出,并收集相应的剧本。不是只拍摄传承人的正式演出过程,应记录传承人正式演出之前的排练活动、道具、服装的准备、场地的选择、演出前的化妆过程、演出经过乃至演出完后传承人与观众的互动情景。

项目实践片记录的是传承人或其推荐的徒弟的项目实践。如本人尚能表演且愿意表演,一定要用本人的。如果传承人年事已高,或身体原因或不愿意以不是最好时期的表演示人,也应该尊重传承人本人的意愿。笔者在进行传承人项目实践片拍摄时,遇到一些问题,采取了一些行之有效的方法。如川剧国家级代表性传承人夏庭光老师,由于采访时已87岁高龄,已无法进行动作难度较大的项目实践。但夏老师仍热爱川剧艺术且身体还较硬朗,偶尔还在舞台上客串表演简单的老生、花脸戏。鉴于此种情况,笔者在征求夏老师的意见后,采取师徒共同实践的方式。选择夏老师表演的代表剧目《白帝城托孤》《马房放奎》《范生赠银》,以及徒弟封四海表演的夏老师代表剧目《李陵碑》、徒弟易传林表演的夏老师代表剧目《活捉李甲》、徒弟饶春表演的夏老师代表剧目《李肃说布》,共6个剧目作为夏老师的项目实践片。其中,徒弟表演的剧目都是夏老师的代表剧目,同时徒弟的技艺又是夏老师最认可的。需要注意的是,根据系统性、完整性需求,剧目选择尽量满足3个原则:应包含不同风格的代表性剧目;包含不同演唱技巧的主要唱腔和绝活;包含不同的表演风格和绝活。

再如,川剧国家级代表性传承人周继培老师,由于年事已高(92岁),且身体欠佳,已无法进行完整的项目实践。鉴于此,笔者在征求周老师意见后,采用徒弟代为实践的方式。请周老师推荐了一位最能代表他的表演艺术能力的徒弟代为实践。随后,周老师的学生熊平安表演周老师的代表剧目《伯牙碎琴》、学生钟斌和孙群表演周老师的代表剧目《槐荫会》、学生李润表演周老师的代表剧目《空城计》,共3个剧目作为周老师的项目实践片,周老师对学生的实践进行点评、解说。

2.采集要求

(1)作品要求

对于川剧传承人,尽可能全面、完整地记录其所有剧目,如在收集文献的过程中已发现了录像,且质量尚可,则不必重复录制相同的剧目。

(2)环境要求

尽可能在特定的民俗背景和文化空间中记录实践过程。川剧需要在剧场或者排练场等地方实践。

(3)机位要求

建议使用双机位拍摄。剧场演出可采用四机位拍摄,包括1个全景机位、2个中近景机位、1个游机(拍摄乐班和其他内容)。

(4)拍摄要求

一般情况下,应使用客观观察式的方式进行拍摄,即工作团队人员的声画均不入镜。特定情况下,可采取参与式的拍摄方法,与画面内的人物交流,直至直接入镜。如需入镜,建议由学术专员入镜。(拍摄手法应以平实、自然、写实为主,也应拍摄一些表现力、感染力强的镜头,供综述片使用。)

(5)录音要求

录音师不仅要录制传承人或徒弟表演剧目时的声音,也应重视同期录音。

(6)照片拍摄

应参照内容与量化要求,在项目进行的重要节点拍摄,须注意避免干扰视频拍摄。若条件允许,传承人可重复操作关键步骤并单独安排拍照。对于重要环节、场景、实物和场所要进行多角度照片拍摄,重要的细节要拍摄特写。

(三)传承人传承教学

对川剧传承人传承教学的拍摄记录兼具两个目的:一是记录在非遗教学中能体现传承人特色的、独到的教学方法和教学内容;二是对口述访谈、项目实践中都难以体现的细节、体会、诀窍等内容,通过传承人的传承教学予以完善。

在整个传承人教学过程中要体现出传承人和徒弟之间的传承行为和师徒关系,表现出非遗口传心授的活态传承特色。

1.传承教学

拍摄传承人的传承教学,需要呈现师徒间的教学关系。教学记录需记录完整的教学流程、传承人示范身体各部位与工具的配合、师徒间的情感交流和技艺探讨互动等内容;选择传承人代表剧目时,注意其代表性;对于视听之外的感知方式(味觉、嗅觉、触觉),需要请传承人详细描述和讲解要点。

(1)根据传承人不同的传承教学能力,拍摄内容如表4

表4 传承教学方法表

传承人传承教学能力	解决方法
自然条件(如身体条件)允许传承教学行为	拍摄其传承教学活动,包括对徒弟的口传、剧目点评、具体技术层面的讲解。
具有传承教学能力,但没有自然教学行为发生(如徒弟不在身边)	组织相关人员,如艺术学校川剧班学生,为传承人安排实质性传承教学行为,即非虚构搬演。
无传承教学能力	选择教学方式与他最为相近的徒弟协助进行传承教学,讲解传承人传授给他的实践方法及内容的精髓,以及自己对项目及其教学传承方法的理解。

(2)根据不同的教学模式,拍摄内容如表5

表5 传承教学拍摄内容表

教学模式	拍摄内容
分阶段教学	川剧教学中,入门教学需要记录老师对开嗓、基本身段等基本功的教授;对已经掌握部分技能的学生,记录传承人对身段、唱功、人物表现等更高要求的训练;对于全面掌握技能的学生,记录老师对剧目和人物更加深度的阐释和示范、师徒合作表演以及出师仪式等。
分科目教学	在川剧教学中,传承人对不同的徒弟、学生进行唱功、身段等科目的分别教学、辅导。
分作品教学	传承人对川剧不同剧目的教授。
绝活教学	拍摄传承人将独特的川剧技艺绝活、经验总结、风格特征等传授给徒弟的过程,如口头讲解、手把手示范等;记录传承人对该川剧中独特技巧的细致表现和解说;记录传承人总结的各类方法、口诀等。

(3)川剧项目特色教学内容

传承人细致讲解唱腔、唱词、"手眼身法步"等要领,以及教授跟该项目相关的穿戴、化妆等内容。

2.实例分析

根据项目具体内容,传承教学的拍摄可以采用传承人教授,徒弟学做的方式;也可以采用徒弟主要表演或实践,传承人在旁边随时指导示范的方式。

传承教学片拍摄中,笔者也遇到一些实际问题。如几位川剧国家级代表性传承人年龄较大或身体原因,已无法进行长时间拍摄、表演、技艺传授。如夏庭光老师,笔者采取了先采访他的徒弟饶春、李润、易传林,再拍摄夏老师教授徒弟张严威《柳毅遇美》、教徒弟封四海《李陵碑》、教徒弟易传林《活捉李甲》,以及教授学生徐超、徒弟易传林传统改编戏《白面虎肖方》,最后夏老师对徒弟的技艺进行点评、解说。再如周继培老师,笔者采取了先采访周老师学生李贤文,并拍摄周老师和李老师交流、谈戏、学戏等环节。再采访周继培徒弟熊平安,并拍摄周老师和熊老师讨论改编戏《伯牙碎琴》、研究声腔以及点评等环节。最后拍摄《伯牙碎琴》排练的过程,以及乐师、鼓师对此戏的见解和看法。最终圆满完成传承教学片的拍摄。

3.采集要求

传承教学片拍摄应在真实的实践环境中进行。不同于实践片,传承教学片拍摄,不一定要在传统空间,根据传承人的具体情况,可以选择更为宽阔的适宜拍摄的空间进行,避免遮挡,以保证清晰记录教学过程为首要目的,并设置多种景别以全面记录教学内容。若拍摄空间过小,将无法展示传承人和被传承人教学全貌。

传承教学片重在教学内容,一定要保证表演内容的完整性,极可能使用大全景、长镜头。传承人或学生脚、手上、道具的表演丢失是不可取的。还要注意室内空间过于空旷,回响反射声过多;避免出现两个机位曝光不一致,或由于室内太暗开大光圈景深不够等问题。

记录工作进行中还应拍摄表现传承活动及社会影响的照片,突出师徒传承的文化、社会基础。此外,需要拍摄工作照。

五、整理编辑

完善后期编辑,形成口述片、项目实践片、传承教学片、综述片和工作卷宗,并整理存档。

(一)原始资料的保存与整理

收集文献和采集文献(即抢救性记录工作中所拍摄的素材,包括视频、音频、图片等)共同构成原始资料。

1.收集文献分类整理

按照纸质文献、缩微制品、音像出版物与电子文献、实物文献等类别分类。

所有电子文献及数字化后的其他收集文献需按载体类型进行分类,分别为视频、音频、图片、文本。

2.采集文献分类整理

采集文献同样按照载体类型进行分类,分别放入对应文件夹。所有文件夹名都以传承人编号开始。具体命名及分类见图8。

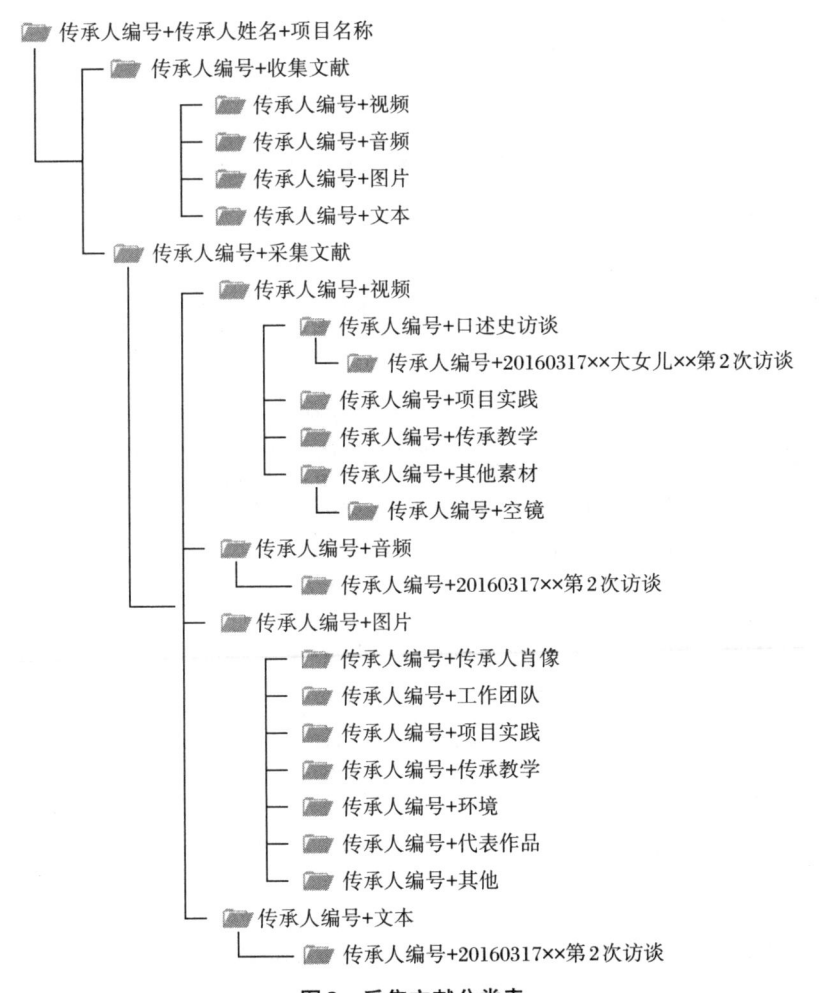

```
📁 传承人编号+传承人姓名+项目名称
    📁 传承人编号+收集文献
        📁 传承人编号+视频
        📁 传承人编号+音频
        📁 传承人编号+图片
        📁 传承人编号+文本
    📁 传承人编号+采集文献
        📁 传承人编号+视频
            📁 传承人编号+口述史访谈
                📁 传承人编号+20160317××大女儿××第2次访谈
            📁 传承人编号+项目实践
            📁 传承人编号+传承教学
            📁 传承人编号+其他素材
                📁 传承人编号+空镜
        📁 传承人编号+音频
            📁 传承人编号+20160317××第2次访谈
        📁 传承人编号+图片
            📁 传承人编号+传承人肖像
            📁 传承人编号+工作团队
            📁 传承人编号+项目实践
            📁 传承人编号+传承教学
            📁 传承人编号+环境
            📁 传承人编号+代表作品
            📁 传承人编号+其他
        📁 传承人编号+文本
            📁 传承人编号+20160317××第2次访谈
```

图8　采集文献分类表

①采集的视频资料按受访者口述、项目实践、传承教学、空镜进行分类整理。若受访者除传承人外还有其他人,则以"人名+与传承人的关系"进行分类,列入传承人口述文件夹内;视频中其他素材包括如传承人的家庭场景、生活场景、空镜等。每一类别的素材要以一个文件夹命名。空镜此处主要指当地自然景物、特色建筑或文化景观等不出现项目相关人物的镜头。其下按具体地点命名。若空镜拍摄不止一个地方,则以"地点"进行分类,列入空镜文件夹内。

②若受访人除传承人外还有其他人,需在文件命名中增加"与传承人的关系+姓名"信息。

③照片整理要求:对重复的、与主题无关的、因操作失误等影响画面效果的照片进行筛检和删除。其余按照个人照、项目实践、传承教学、代表作品、环境照片等主要内容分类保存。需注意:照片重点突出传承人;展现非遗实践能力的照片,突出独特的表演活动、重要动作;表现传承活动及社会影响的照片,突出师徒传承及参加的社会活动;代表作品需是传承人表演代表剧目的剧照;照片图注要求:名称+内容+场所,如夏庭光+川剧+重庆市川剧院。

④设精选照片文件夹,挑选所有照片中最能代表传承人及其项目特色的照片,其中传承人肖像照至少3张,体现传承人项目实践的照片至少8张,表现传承教学的照片至少8张,代表作品至少5张。精选照片如果是收集所得,需增加照片来源及拍摄时间信息。

3.其他事项

①某些与主题无关的现场噪声可以消掉(比如手机铃声,其他人员的说话声等等),另外,可以配以一些与主题不冲突,并与画面能吻合的声音,比如水流声、鸟叫虫鸣、旁白解读的人声等等。

②不同名录的视频的片头、片尾要有一个统一的格式,甚至其中的一些文字说明的字体以及出现形式也要相对统一的模式。

(二)口述文字稿整理

口述文字稿整理是指将传承人口述访谈录音内容转录为书面文字。转录后的书面文字更便于利用者阅读,其史料价值更高。文字转录的形式应是电子文字稿,同时打印输出纸质文本,一并存档。口述文字稿分为速记稿和整理稿。速记稿是以速记方式对传承人口述访谈录音进行文稿转录,整理稿是在速记稿基础上进行编辑、校核、补充并经传承人签字确认的最终文稿。

1.采取"四级校核制"

转录前需要做好转录和校核人员的挑选工作。由于川剧代表性传承人口述访谈内容大都与川剧相关,所以,这些人员最好具备两方面的能力:一是对川剧比较了解,二是具有一定的转录经验。

但事实上,这样的人员是很难找到的。大部分速记公司工作人员有转录经验,但是对川剧比较陌生,一些演员名、地名、川剧剧目、唱词等行业术语都不了解。鉴于此种情况,我们采取了"四级校核制":第一级是转录者本人,第二级是项目负责人,第三级是学术专员(采访人),第四级是传承人。当然,如果由项目负责人自己转录,虽然转录速度会受到一定的影响,但可以更好地保证文字转录稿的准确性,如此只需"三级校核"即可。例如笔者作为项目负责人,自己就担任部分川剧国家级代表性传承人的口述文字稿整理工作。笔者首先采取了先转录、后校核的方法。先把川剧传承人长达5个多小时的口述访谈录音转录成文字初稿,对于一些专业术语或者存疑部分用特殊字体、加粗、标红、批注等方法标注出来,然后查阅川剧相关资料,联系相关专家和传承人核实存疑部分,检查、修改文字稿后交于传承人核对,并签字确认形成口述文字整理稿。

2.转录的原则与方式

口述文字稿的转录基本原则是忠实和完整。即说什么记什么,不加以点评,不整理概括,不断章取义。

口述历史的转录方式通常有两种:"第一种资料整理方式,采用一问一答的整理方式,这具有三个优点,其一是保留了访谈时比较多的口语形式,因此,比较容易回溯到实际访问时的互动情景,同时也便于日后重新查询录音带的内容,其次是对于日后进行话语分析、文本分析或内容分析,提供了必要的方便。再次是便于通过文本分析来验证访谈的逻辑……第二种方式是按照生命史或生活的整理方式……把整个口述访谈视为一个完整的话语或文本,它便于在口述史研究中推导口述访谈中的谈话逻辑。"[①]口述访谈的文字转录与口述历史的文字转录有相似之处。但笔者建议口述访谈的文字转录采用这里的第一种方式,即"一问一答,原话照录"的方式。

在转录过程中,还应当根据川剧传承人的特点随时调整转录的操作规程。下面针对"一问一答,原话照录"方式讨论运用计算机协助转录的具体操作规程。这里以mp3格式的录音文件转录成电子文字文本为例,分访谈者亲自转录和请他人转录两种情况。

如果由川剧项目负责人自己进行文字转录,转录的操作规程有两种。一是在口述者(含访谈者和传承人)一句话结束时暂停一次,打出文字。这种逐句转录的方式适合较有经验的转录人员,他有把握记住整句话的内容。二是在口述者停顿时暂停一次,打出文字。这时口述者往往才说半句话,转录者还没有听清整句话,可能会出现理解有误的情况,转录者就需要灵活处理。如果半句话已经很清楚了,就可以马上打出文字;如果还不够清楚,则应当听完整句话再打出文字;如果句子过长一时记不住,就必须先完整听一遍,再分段听记。

如果请速记公司人员转录,除了采用上述操作规程外,项目负责人最好在转录之前为转录者做好两件事:一是为转录者提供当初的访谈提纲,二是向转录者讲明访谈的主要内容和注意事项。如果该转录者比较有经验,这两件事就可以省略。

3.转录中的内容处理

有的学者认为,口述档案的文字转录稿应当根据录音一一照录,包括访谈中出现的语气词,这才能体现原真性;也有的学者认为,为了让读者更易于理解,可以在不改变原意的情况下做一些适当的修改。笔者在整理川剧国家级代表性传承人口述访谈录音文字稿时,针对不同情况采取了一些处理方法:

(1)对不断出现的无实质意义的语气词或口头禅的处理

考虑到现场的互动效果,传承人有时会以不出声地点头方式进行附和,有时也会使用"哦""嗯""啊"等附和性的语气词。诚然,如果访谈中过

[①] 李向平、魏扬波:《口述史研究方法》,上海人民出版社,2010年,第141页。

多的重复性句子和语气词都一一照录的话,的确能更好地保证文字转录稿与录音的匹配,却很影响阅读。因此,笔者的意见是:只删除过多的重复性句子和语气词,不进行任何原意修改。

(2)对前后大段内容重复的处理

国家级代表性传承人大都年纪较大,因此常常由于记忆力衰退而变得啰唆,前面刚讲过,后面又重复讲述。遇到这种情况,主要应由访谈者在访谈中及时进行引导,并在文字转录时删去不必要的重复部分,再经传承人本人确认后定稿。

(3)对确实有必要进行修改部分的处理

在文字转录中,还会遇到不连贯的句子、不规范的语法。如果确实影响阅读,转录者就有必要在不改变原意的情况下进行修改。文字转录稿中的修改都应加上括号,括号中标明转录者所补充或修改的词语,最后还要由传承人确认。

(4)对方言表述内容的处理

在口述访谈中,会遇到使用方言访谈的情况,如重庆方言。在整理方言录音稿时,应以保持原汁原味和看得懂为原则,按照方言习惯转录,如果用方言和普通话意思相差太大,还应当添加注释,注明方言译为普通话的意思。此外,还有一种特殊情况:平时习惯方言说话,但访谈时又用普通话的传承人会在普通话中使用方言语法,这时,应当按照普通话的语法规范调整后转录。

(5)对年份的省略说法的处理

在口头表达年份时,人们通常会用省略的方法。例如,把"1956年"说成"56年",对于这种情况,为了清楚地说明年份,我们在文字整理时应改成全称。即传承人说"56年",转录后记为"1956年"。

(6)对受访者不愿公开部分内容的处理

"比较容易发生的问题是,受访者在做完录音访谈后,几经考虑心感不安,因而要求删减故事的内容,或是删减自己大放厥词、品头论足的那一部分。"唐纳德·里奇的建议是:"应当建议受访者,与其将材料完全删除,不如设限保留一段时间再做决定。"[①]笔者认为,文字整理稿应删减不宜公开的内容,并注明"此处根据传承人意愿,删除×××字"。

(7)对怀疑失之偏颇部分的处理

在访谈中,有时传承人的口述内容有明显不够客观或观点失之偏颇的地方。这时,仍应照原话转录,但可以做一些"技术"补充。我们应将口述文稿与已有的可靠史料相互印证。若是传承人的观点有误,在口述文字整理稿中应予以说明。

4.文字整理稿实例

文字整理稿作为抢救性记录工作的重要组成部分,应当体现访谈时的情景。主要包括访谈时间、地点、受访人、访谈人、转录人以及访谈双方的签名确认标识。下面笔者选取川剧国家级代表性传承人夏庭光口述访谈整理稿中的重点部分为例:

川剧国家级代表性传承人夏庭光口述访谈部分整理稿

采访时间:2016年4月25日上午、下午

采 访 人:罗敏

受 访 人:川剧国家级代表性传承人夏庭光

文字转录:罗敏

采访地点:重庆市非物质文化遗产保护中心(枇杷山正街93#)

采访人声明:本人×××已对国家级非物质文化遗产代表性传承人夏庭光的抢救性记录工作中涉及其本人的访谈口述文字稿进行审阅,并认可。

受访人声明:本人×××已对国家级非物质文化遗产代表性传承人夏庭光的抢救性记录工作中涉及其本人的访谈口述文字稿进行审阅,并认可。

采访人签名:×××　　　　**受访人签名**:×××

问:夏老师,您是我们著名的川剧表演艺术家,国家级代表性传承人,您能不能给我们谈一下您的家庭环境情况,父母、兄妹等,这些是不是您走进川剧界的必然因素呢?

[①] 唐纳德·里奇:《大家来做口述历史:实务指南(第二版)》,王芝芝、姚力 译,北京当代中国出版社,2006年,第57页。

答：我1933年出生，祖籍是四川岳池，出生于重庆的棉花街。我的父亲夏长清[1]是一个川剧丑角演员，兼开戏报（安排剧目）又当内场管事（类似现今的舞台监督）。在5岁的时候，一次偶然机会使我跨进川剧之门。当时，父亲在又新大戏院搭班（解放后的重庆剧场）。这个偶然机会就是，我当时上演了《芙蓉画》中的娃娃生。《芙蓉画》这个戏现在好多年轻戏友都没有听说过，基本失传了，这个戏里面有一个娃娃生或者叫"扒扒生"或者叫娃娃儿。娃娃生这个角色在戏里面场次多，是戏里面的主要角色之一。当时的剧团不管你再大的班子，娃娃生只得一个，因为东家老板不可能养闲人。那天，午场开启《芙蓉画》，演《芙蓉画》里面这个苏生的小演员突生暴病，戏已开出去了，观众已经要进场了，在这种情况下戏不能变动，父亲就喊我临时救场。我从会走路起，就一直跟着父亲待在戏园子（剧场）里，父亲工作，我就在"马门"边看戏耍（"马门"是演员上下场的出入口），那个时候剧场是一天演两台戏，午台和夜台，我都跟着父亲到剧场，就在"马门"边看戏。先是看热闹，后来逐渐喜爱入迷。除了在"马门"边看戏，我父亲还在早晚二时、饭前饭后给我念戏教唱。我常常还在戏毕后跑到台上去自我表演一番，因长期耳濡目染，我基本上学会了重庆又新大戏院当时演出过的娃娃生的所有戏文。因此《芙蓉画》这个戏我基本是看会了，这个戏里面的苏生的所有台词我也记得滚瓜烂熟。所以临时喊我去救场，我演出时也不惊诧、不慌乱、不错词、不黄腔地把这个戏完成了。除同台老师，师兄师姐照顾外，"马门"看戏起了决定性的作用。救场演苏生，使我步入梨园之门，吃川戏饭直到今天。

问：夏老师，那再谈一下您的学业情况，您从5岁开始登台演戏，您从艺七十几年，大致分成几个时期，基本情况请您大致介绍一下。

答：我今年84岁，再隔一年，就从艺80年了。我5岁开始唱戏以后，我的业师张德成[2]在茶馆喝茶的时候，收我为徒弟。我的老师是川剧大师，他很喜欢我。

---

[1] 夏长清，男，1892-1952，夏庭光的父亲，川剧丑角演员，兼内场管事，代表剧目《野鹤滩》《杀家告庙》《林丁犯夜》。

[2] 张德成，男，1889-1967，夏庭光的业师，主攻须生、老生，代表剧目《孝孺草诏》《渡蓝关》《杀家告庙》等。

问:夏老师,您是几岁被收为徒弟的?

答:就是5岁登台唱《芙蓉画》以后。我的业师张德成跟我的父亲关系很好,经常一起喝茶聊天。我5岁开始唱戏以后,某天业师在茶馆和父亲喝茶,说起要收我为徒弟,父亲就忙喊我磕头拜师。按照川剧界收徒的规矩,这是最简单的仪式。最隆重的仪式要收徒弟之前必须有介绍人、有担保人,其次要香蜡、纸钱、贡品,先拜太子菩萨(太子菩萨就是川剧界供奉的神),拜了太子菩萨,再拜老师,而且还要立字约。像在茶馆磕一个头,这是最简单的仪式。这就是我的拜师过程。在1939年重庆大轰炸最厉害的"五三""五四"之后,父亲就把我和母亲、妹妹带出去"跑滩"①搭班,我跟业师的接触就很少了。在这个"跑滩"搭班当中主要还是唱娃娃儿,也就是唱小演员。到了班子以后,当然也有迁台口②,迁台口又叫搬台口。川戏班里很多艺人"跑滩"搭班、跑台都愿意选择走水路,我和父亲亦是如此。一是水路交通方便些。二是这里面有一个异闻传说。在很早以前,鲁班造船差一块当桅杆的板子,恰逢一个川剧戏班子经过那里,就取了一块箱板(旧时装川剧服装箱子的隔板,作用是把折叠好的服装压住),不长不短,只挖一个月亮形就合适了。所以鲁班就说以后戏班子坐船不收钱,还要热情接待。这虽是异闻传说,但是我跟父亲跑滩走水路这段时间,的确受益匪浅,我们坐船、吃饭都不收钱。若是船工听说我们是川戏班的艺人,都热情招待。三是船工都喜爱川剧。因为他们劳作一天后,要稍做休息,第二天才开船。船便停靠在一个码头,他们上了码头,喝完酒吃完夜宵后,便喜欢看川剧,可以说川剧是他们茶余饭后的精神食粮。

问:夏老师,您是几岁到几岁"跑滩"呢?

答:大概1939年到1945年6年左右的时间,抗日战争结束后,我们才返回重庆。这段时间跑滩搭班很辛苦,居无定所,但是也很受益。那个时候乡班子一天唱四台戏,四台戏要演12个小时左右,也就是说一天就是吃饭、睡觉、练功、演戏这几件事情。我奔波于各个班子,但也学到许多川剧表演技巧。川剧分四个河道,不同河道的不同戏班,不同戏班的不同戏,不同演

---

① 跑滩,川剧行话,指戏班艺人沿长江沿线码头巡演、唱戏。

② 迁台口,指一个演出点的演期满了,到另外一个新的地点演出。

员的不同唱法,都不尽相同。我们搭的戏班多,看的戏也多,看的演员也多,也学到了多方面的知识,而且在看戏当中父亲还随时给我讲戏、讲怎么演。"跑滩"搭班使我开了眼界,受益匪浅,促进了我在川剧表演艺术方面的发展。

1945年以后,父亲就带我们返回重庆了。返回重庆搭的第一个班子就是重庆得胜大舞台,也就是新中国成立以后的胜利川剧团。从1952年开始,我既演戏,也兼做导演。在这期间,我有两个参师,一个就是武生彭天喜①,另一个是姜尚峰②。彭天喜是川剧界的三个大王之一,川剧界的这三个大王是:魏大王(魏香庭),曹大王(曹俊臣),彭大王(彭天喜)。所谓参师就是,第一个是业师,也就是张德成,除了业师以外,另外再拜老师都叫参师。我跟彭天喜老师、姜尚峰老师参师,比跟我业师拜师还简单。

问:您是什么时候跟彭天喜老师学戏的?

答:在1946—1952年期间,我跟彭天喜老师在得胜大舞台学戏。彭天喜老师是我专工武生的老师,参师时他已年逾花甲,我算是他的关门弟子。彭大王收我这个徒弟,既没有要我举行参师仪式,也未收分文的拜师礼,仅喊声"老师"就算定了师徒名分。姜尚峰老师是1952年以后参师的,也是只喊了一声"老师"就参师了。这就是我正式的三个老师。其他的老师也很多,跟人家学过戏的老师,还有主动教我戏的老师。第一个阶段,1945年到得胜大舞台,一直到1955年底(跟重庆川剧团合并),这一段时间我进步比较大。原因一是我两个参师当时都在得胜大舞台;二是我演出场次多、实践多;三是我看得多,又听取来自观众的反应和指点。以前学戏基本都是靠自己抽时间学。一天是两台戏,每台戏4个小时,一天8个小时,这还不包括上妆、下妆、排戏、练功、增加新鲜节目,连练功和排练时间都要在演出的空隙中挤。找老师学戏不是像我们现在的学校或科班那样,有一个规定的时间,而是要看老师的空闲时间。如在用餐时间或者茶余饭后或陪着老师一起喝酒时学戏。老师教戏也不像现在这样,还要给你剧本,从头到尾

---

① 彭天喜,男,1881-1952,川剧武生演员,他能戏多,代表剧目有《活捉子都》《太平仓》《长坂坡》《辕门射戟》等。

② 姜尚峰,男,1907-1977,川剧小生演员,他戏路宽,能戏多,代表剧目有《书馆悲逢》《放裴》《断桥》《水牢摸印》等。

教完,那个时候不是,一是没有本子,口传心授,二是抓重点反复讲解,因为我有演出经验了,又经常看老师演这个戏,他就把这个戏的主要的地方再给你反反复复讲,实际上这是老师教戏的最好的方法。从1952年开始我兼任导演,这就是第二个阶段。第三个阶段,1955年到1957年,这三年间我在云南、贵州、四川、湖北、上海、江苏、山东、北京等地方巡回演出,在这期间也是开了眼界,看了很多戏,也吸取了许多其他剧种的精华。有很多剧种以前没看过,甚至没听说过,这一次巡演加深了认知。例如,看了京剧"麒派"周信芳①老先生的戏《萧何月下追韩信》(川剧叫《萧何追韩信》),戏路子很多不一样,唱词也不尽相同,我就吸收了周信芳老先生"麒派"的重字轻音技巧,而且我还吸收了他唱【西皮】、【二流】等曲牌的味道。这一段时间,可以说是自身艺术提升的重要时期。还有一个阶段,1958年至1959年初,我在北京参加中国戏曲学院(现在的中国艺术研究院)导演进修班学习,进修班的最大特点是不讲斯氏体系,都是讲中国戏曲的导演表演问题。这个时间虽只有几个月,但每晚都有观摩之机,我至少看了100多场的戏,戏毕后还要记录、点评。这使我的导演艺术、表演艺术的水平都有所提高。

问:学到了哪些比较实用的东西?

答:我印象最深刻的是,1959年,田汉先生为中国戏曲学院导演进修班讲课时,说过这样一段开场白:斯坦尼斯拉夫斯基有的,中国戏曲有;斯坦尼斯拉夫斯基没有的,中国戏曲也有。这个我现在都记得,当时就觉得奇怪,田汉先生怎么讲课开场白就说这些,后来才知道此话是针对当时斯氏体系的学生、苏联专家列斯里瞧不起中国戏曲而发。这是在导演方面。表演方面,在这段时间也有所提高,尽管这几个月没有演戏,但理论水平有所提高,因为导演、表演是血肉相连的。从这一点讲,当时中国戏曲没有导演这个名称,导演这个名称大概是在四十年代兴起的,就是在当时川剧处于比较低谷的时候,开始演出《黑风洞》连台本、《血滴子》连台本、《三门街》连台本等条纲戏。从那个时候开始,有了"导演"二字,这个"导演"二字虽是外来的,但并不等于说中国戏曲或者川剧没有导演。从川剧的诞生开始,

---

① 周信芳,男,1895—1975,京剧表演艺术家,京剧"麒派"艺术创始人。代表剧目有《徐策跑城》《乌龙院》《萧何月下追韩信》《香妃》《董小宛》等。

就有导演,只是没用"导演"二字。这个导演是谁,可能是当家人,可能是戏的主角,可能是鼓师,可能是配角,也可能是打杂师。只要他做了导演的工作,从剧本到表演,到音乐处理,他就是导演。因为戏没有导演,这个戏就不会成为一个完整的艺术品。这算是一个阶段,这个阶段应该说在我艺术成长过程中是关键的一个阶段。

问:夏老师,1958年以后呢?

答:1958年以后,我所导的戏已经不是1952年到1958年间的味道,就有一些真正做导演方面的东西了。虽然当时我看了有关斯氏体系的书,但我个人导戏的原则是按照川剧演员、观众能够接受的东西去导。

问:夏老师,1958年以后的表演方面呢?

答:1958年后,我的业师回到了重庆川剧院,我从进修班毕业回来后,导演的第一部戏是《赵氏孤儿》,我的业师看了戏后就给我讲哪些地方不对、哪些地方还欠缺。包括我处理剧中人物韩琦,我有意识尽量没有让韩琦去发挥,用川剧行话说,没有让他得到观众的鼓掌。业师看了说不对,我说韩琦就这么一场戏,程婴是主角。他说程婴是主角就要韩琦陪衬。我说喧宾夺主。他说这个不叫喧宾夺主,叫喧宾托主,也就是水涨船高,一个戏里面其他的配角应该让观众鼓掌叫好的地方要让他发挥,这样程婴这个人物就受到更好地烘托。业师还传授我,也是戏曲谚语:"无技不成戏,滥用不是艺。"他给我讲到一个戏就是要靠技,所谓技当然不是像现在有的人那样非要表演技巧赢得掌声,它是包括唱念做打的技巧。"无技不成戏,滥用不是艺。"你一旦滥用技巧,就是技巧障碍、卖弄技巧,它就不成艺术,仅仅是一种技巧、技术。所以,在这个阶段不仅有我业师的指导,还有一些好朋友如胡度、李行、罗健卿、刘铭等和一些观众的指点。比如我演《营门会》,也就是韩世忠和梁红玉的故事,他们两个相会,其中有一句唱词,"金人入寇蛇吞象,正赖吾侪灭犬羊。"我的好友刘铭,他就告诉我那个"侪"字不读"ji",读"chái",而我就是读的"济","经济"的"济"。就像这一类,有这些朋友,有这些观众,有这些老师的指点,那一段时间受益比较大,我的表演、导演艺术水平都有所提高。

问：夏老师，您在1985年到1990年曾任川剧院副院长？

答：对。

问：那时您一直在表演，兼当副院长？

答：是的，1985到1990年当了整整5年的副院长。

问：那时您还醉心于表演？

答：表演，那我就自己找地方表演去了，比如当时川剧二团巡回演出一个多月，我就背起铺盖卷，带起演出的靴袜去参加二团的巡回演出，抽这个机会跟他们一起去演出。这5年当中主要做了一件事，参与了《重庆戏曲志》《川剧舞台形象谱》的编撰工作，这算是当5年副院长期间的成果。

问：夏老师刚才说了师承情况，给我们讲一下您的几位师傅，每个师傅的艺术特点？

答：我的业师张德成编撰出版了《川剧高腔乐府》这本书。我的老师能戏很多，但他的主要成就是对高腔有深入研究，所以他的很多高腔戏在民间观众中，特别是在川剧戏迷中成为经典，大家经常都要哼唱几句。如业师的《别宫出征》，"梁天监撩衣离龙位"这句唱腔，当时在玩友界，很多人都会唱。我的老师除了高腔戏以外，其他的成就也很突出。另外他教学生有一个特点：因材施教。因为他嗓音的特殊性，在高腔戏当中的唱腔，我们很多师兄弟达不到，达不到他就可以给你减、免、缓，甚至让你不学这个戏。另外尽管他没有导过一部戏，但他在表演、导演理论上都是有研究的。之前我跟你说到那些艺学，"无技不成戏，滥用不是艺"。可以说这是演戏当中艺术的真理、规律。这十个字，是从他的演戏生涯当中提炼出来的。看起很简单，但要归纳成这样十个字，没有在实践中吸取、提炼经验，是总结不到这么准确、精确的。比如我跟我老师认认真真只学过一个戏《骂王朗》，他的《营门斩子》《三击掌》没有教过我，但是我看多了，我就把戏的主要精髓记住了。我现在演出的《三击掌》《营门斩子》就是我老师的戏路子。我老师还有一个很大的优点：无门户之见。我学完他的《骂王朗》后，吸收了另外须生演诸葛亮的亮点，又吸收了另外花脸演王朗的亮点。当时我就跟老师说过：我说那个某某老师演这个戏的开场是这样的。他想想说可以，你以后也这样演。老师无门户之见，不是说我教了你演《骂王朗》的诸葛亮,你就不能吸收另外须生演诸葛亮的东西。这是我的业师。

另外,我的参师彭天喜老师在旧式的班社里为什么能够称彭大王(旧时川剧界有三个德高望重的大王——曹俊臣、魏香庭和彭天喜),一个是演技,另一个是人品。他主要是演武生,文生几乎不演。他无门户之见,不墨守成规,更不故步自封,善于吸收其他剧种的东西。比如他平时没有其他嗜好,只偶尔喝点酒,不抽烟,他所挣的钱除了养家糊口以外,在20世纪40年代时省吃俭用置了一身苏州的白靠①。老师认为,川靠刺绣粗糙,不如京靠精细;川靠靠旗、靠腿、靠"下摆"轻飘,不如京靠有重量;川靠的竹片旗杆不如京靠的藤杆有弹性,所以,他大胆采用京靠,而且借鉴京剧靠甲武生的一些靠子上的动作,融而化之。足以可见他取人之长,补己之短的进取精神。当时川剧界有些人认为这不是川剧的东西,是邪靠。但是彭天喜老师始终坚持己见。经过长期的演出实践,老师总结出"靠功"的踢、提、扭、转、走五字,包罗了靠身、靠腿、靠旗及大靠武生的台步等等,为川剧武生增添了"靠子功"的技巧。

彭天喜老师在舞台上演戏非常认真,可谓顾戏不顾身体,爱戏如命,在同行和观众中有口皆碑。有一次他在重庆章华大戏院演《盗冠袍》,因舞台年久失修,台板有些腐朽,在演到白菊花盗了官袍玉带上七层楼时(在舞台上表现七层楼就是搭三张方桌),翻"倒提"下来,左脚陷入被震断了的台板之中(当时舞台没有现在这样的地毯)。待脚拔出时,鲜血已浸透雪白的裤子。老师强忍疼痛,翻跌打斗如常,坚持把整个武戏演完。后经医生检查是粉碎性骨折。大家更加钦佩彭大王的毅力。还有一次,他饰演《独手擒方》的武松,这个戏主要讲武松独手擒方腊,宋江受招安以后,去征剿方腊,武松和方腊在打斗当中被方腊一刀把左臂削断了,武松忍住疼痛,一只手把方腊活捉。那天演出当中,本来一拍他的膀子,他一个"硬抢背"②落地,哪知演方腊的那个演员把刀收快了,大刀绊着他腾空的右脚,"咔嚓"一声,左锁骨折断,左手完全不能动弹,幸好与武松左臂被砍的剧情相符,故而观

---

① 靠子,川剧中古代武将穿的铠甲。靠子有前后两片,满绣鱼鳞纹,腹部绣一大虎头,称"靠肚"。护腿两块,称"靠牌子"。背后插三角形小旗四面,称"靠旗"。

② 硬抢背,川剧表演的跌扑动作,指身体向前斜扑,以左肩背着地,就势翻滚。

众都未察觉,他就忍着疼痛把后面的戏演完了。另一次,在得胜大舞台时,我跟他同台演新编的古装戏《大闹牡丹科》中的《宏碧缘》,我饰演巴老九,彭老师饰演一个恶贯满盈的和尚。在最后一场戏中,巴老九和其他的英雄去捉拿这个恶僧。当时这个戏布了景的,后面是佛像,前面是一个神台。在打斗当中,这个恶僧的武器打掉了,彭老师演的这个恶僧跳上神台,再一个"穿猫①",进入佛像的肚子里,谁知那天,老师一跳上神桌,桌子突然垮塌,他一个跟斗栽跌台上,吓得我见情忘戏,上前扶师,完全忘掉了我俩在剧中是仇敌。他着急了,忍着疼痛,起来把脚一跺,抬脚踢我一个踉跄。跺脚是我们舞台常用的一个暗号,意指要起脚踢你。当时他脚一跺,我随腿势走了个"提头抢背",老师闪电般地一个"穿猫"进了大佛肚内。没有桌子要入佛肚实已困难,何况老师摔得手、腰、腿均不同程度受伤,更是难上加难。但是,老师顾戏不顾伤痛,硬是以"穿猫"钻进了六尺余高的大佛肚皮,引来爆发的掌声。还好老师把这个事情掩过去了,否则我真的一扶,戏情跑了,观众要笑场,整个戏也断了。

我的参师姜尚峰老师主要演文生,又兼演武生、须生。他的文生戏主要的剧目有《书馆悲逢》《断桥》《放裴》《周仁献嫂》,武生戏有《夺棍》,须生戏有《杀狗》和《上关拜寿》等。他的这些戏都毫无保留地传授给我。姜尚峰老师演戏的特点是演行又演人。他认为要想演好人物,就应该按照戏曲表演美学的要求,既要从行当出发又要深入挖掘人物个性,精雕细刻才能达到所追求的理想境界。那种专讲人物,不顾行当的做法在戏曲表演中是行不通的。作为一个演员,一专多能是比较理想的、磨砺表演功力的方法。川剧表演是一门综合艺术,光靠"行当"的程式化是不行的,程式是为人物角色服务的,必须以演人物为主,没有"行当"也不行,突显不出戏剧的特点。所以必须在"行当"的规范中演好人物,这样既突出了川剧的特点,又成功地塑造了人物。因此,姜老师演文生像文生,演武生像武生,演须生像须生。而且文生中他也塑造了很多给人印象很深的人物,比如蔡伯喈、周仁、许仙等。他饰演的《十五贯》中的况钟,可以说在重庆至今无人能超越他。

---

① "穿猫",重庆话,意思是穿洞洞。

至于年轻人为什么要演须生戏,因为旧时侯,艺人生活不容易。演戏是没有退休一说的,年轻的时候演,老了还是要演。要养家糊口,不演就没饭吃了,所以在年轻的时候就要开始学老生戏,等到年龄大了,火候、力度掌握好了就要演老生戏。要是老了以后再现学那就不容易了。

问:夏老师,您谈一下您在每位老师那儿学的技巧对你艺术道路的帮助,以及你在学戏当中怎样博采众长,形成你自己的独特表演艺术风格的?

答:我的表演也称不上独特风格。我的父亲和几个老师,他们对我各方面的教育都有益。比如,我几岁的时候,就在《马房放奎》里饰演陈容。陈容是个须生角色,在戏里是一个老管家,而且是戴白胡子的老人。当时,我父亲在管"四杂头",管"四杂头"就是管童帽衣箱的负责人,父亲要找"四杂头"师傅给我找一副特长的白衫。一个这么高的小娃娃,要穿一副特长的白衫,戴超过膝盖的白胡子,还要戴长口条。我一出马门,观众是什么反应?激动地鼓掌。娃儿嗓子又好,唱"明亮亮灯光",唱一句观众要鼓掌两三次。那时不是我演好了,几岁、十来岁的娃娃怎么能够演好一个老管家陈容老哥哥,连演老人的样子都不像,更不要说诠释这个人物的性格、情绪,但观众喜欢娃娃演,觉得娃娃形象可爱。再如,我向彭天喜老师习武生,也学了很多须生戏、靠甲老生戏:《战袁林》《李陵碑》《踏五营》《出祁山》等。这些戏我二十几岁就学会了,但老师绝不许我那时在舞台上表演,彭天喜老师语重心长地说:戴麻口条、白口条(特别是后者)的戏,在这样两个年龄段你可以去演。一是年龄幼小的时候,戴起胡须(白髯)逗人喜欢,观众觉得娃儿形象乖巧、可爱,不会要求你像不像,甚至乱演都不会引起不满。二是年过半百后,演戏已多,经验较丰,修养较足,自身的岁数与剧中人物的岁数不相上下——不为装老而操心,专为刻画具体戏中的具体人物而努力,这时演起老生戏来得心应手、信手拈来。反而二十多岁的时候演须生戏是大忌,不能像小孩子那样得到观众的宽恕,也无法精确地体会一个老人的心态和身体机能,就是演出一个"老"字都艰难万分。同样的话我父亲夏长清、业师张德成和姜尚峰老师都说过,可谓金石良言。我曾经瞒着彭天喜老师,在另外的剧团演出,现在叫"火把剧团",二十几岁时去唱过《战袁林》中的鲍叔牙,演出效果,果如师预言……正如老师说的:一是经验不到，体会人物不够；二是年龄不到，出去就要装老，装老又不像老，演不出剧中人物的。所以老师说的这些话都是金玉良言，很有道理。要说我接收这些老师的东西如何消化，是不是有我自己的风格，此话不敢说。我只敢说一句，我跟我的这些老师相比，我不如老师，甚至从川剧的整体情况看，今不如昔。我的老师，不管业师还是参师都给我很多帮助。他们教导学生一点儿也不保守，但是有要求："第一要像，第二变样。""像"，像他——师承，像这个行当，像剧中人；"变样"，发展，融师传于己，显自身的风格。就是刚才也谈到了，你学的文生戏，要像文生；学的姜尚峰的文生戏，第一要像姜尚峰，第二要像文生，第三要像文生饰演的人物，它含这么几层意思。正如齐白石说的：学我者死，似我者生。我正是遵循老师的这个话，所以在我学的戏当中，是有所变化，有所发展的。若一个徒弟学了老师教的戏，一辈子只像老师，他的特点就是像他老师，得不出另外的结论，这不是一个好徒弟，不是好学生。

问：夏老师，下面我们谈一下您主要参演了哪些剧目或者角色得到大家认可，当年您演这些戏的情况以及获得的好评之类的。

答：我演的剧目大中小戏大概有两百多个，我导演的戏大中小也有两百多个。当然有几个戏是我自己喜欢、观众也认可的。比如我演的《断桥》，这个戏在观众中普遍认为有姜尚峰老师的味道，包括得到我老师姜尚峰儿子的认可。他的大儿子也是唱小生的。某日，他来看了我演的《断桥》，当场感动哭了，只说了一句话：我父亲是有东西的！再如1957年10月，重庆市川剧院一团巡回演出，在北京中国文学艺术界联合会礼堂，为文艺界的朋友献演，我演出川剧《活捉子都》，获得满堂喝彩。川剧的《活捉子都》跟京剧的《伐子都》是一个故事，这个戏是彭天喜老师教我的。当时这个戏先是在济南演了一场，受到一致好评。济南的《大众日报》上还有一篇写我演出此戏的文章《国庆佳节看川剧》。我在此戏中饰演子都，一出场就用一个很简单的表现手法。出场时是传统程式的"排朝"，正常顺序应是子都第二个出场。结果第一个出场的是颍考叔，第二个出场的是公子南，第三个出场的是公子贝……子都最后一个出场。当然是刻意让这位戏中的第一号人物最后登台。当子都一眼瞧见，素来与自己有积怨的颍考叔位列首位时,顿时妒火中烧,却苦于奈何颍考叔不得,只好疾步插入颍考叔与公子南之间,踞位第二,并顺势给公子南一肘,聊以出气。从子都出场至插班站定,不过短暂的一瞬间,而子都恃宠骄横、心胸狭窄的性格,不借助一句台词就已生动地展现出来。这一"出场"的安排,可称得上是"画龙点睛"之笔。

当上述的"卡轮子"①细节出现时,下面响起雷鸣般的掌声,因为大家从来没有看到川剧这个戏的这样一个处理方式。整个戏演出当中,有若干处掌声,除了肯定我自身塑造这个人物的努力外,更多的是为鼓励川剧有这一"卡轮子"的特殊表现手法而鸣,是为我的老师彭天喜付出的心血而鼓掌。演的这么多戏当中,我也有我喜欢的戏。比如文生戏《断桥》《书馆悲逢》《周仁献嫂》《放裴》,武生戏《活捉子都》《盗书打盖》《借赵云》,须生戏由我父亲传授的《萧何追韩信》《徐策观阵》,还有小丑戏《隋朝乱》《抱尸归家》等等。观众和川剧界的内行看了我演的这些戏,都认为我的戏是有特点的。

问:夏老师,您刚才讲了文生、武生、须生比较有代表性的剧目。能否讲一下当时塑造这些人物形象时有何心得体会?

答:当时塑造这些人物形象的时候,主要是通过老师教后自己去领悟,然后通过舞台实践,吸取观众、师友等各方面的意见和建议,再自己去琢磨,再实践。要说心得体会就是:第一,不管演川剧任何戏中的任何人物,你演的是川剧,不能把川味丢掉。第二,不能把师承关系丢掉,要让观众看得出你这个戏师承的是哪位老师的,但又不完全是。这不完全是的部分就是自己在老师的基础上发展的部分。第三,通过你这个行当成功地塑造这一人物,或者接近多少。这个接近多少,塑造人物的成功,不是光靠自己在下面琢磨或者演个千遍万遍,而是要跟观众交流,因为舞台艺术表演需要观众肯定,要让观众当"评委"。我演出的这些戏都是除了老师传授外,自己琢磨,还要在演出当中经过观众检验、肯定、反馈,反复多次,才把这人物塑造得生动形象的。虽然,我的戏观众都认可,我也付出了心血,但是我的确不敢说我自己有什么独特的风格,要说成功还是感激老师。

---

① 卡轮子,重庆话,意思是插队。

问：夏老师，刚刚您谈了各个行当的代表剧目，可否谈一下在代表剧目中您演了哪些角色？

答：比如文小生戏《断桥》，我演许仙；《书馆悲逢》是《琵琶记》里面的一折，我演蔡伯喈；《放裴》是《红梅记》当中的一折，我演裴生；武生戏的《活捉子都》，我演公孙子都；《盗书打盖》，我演周瑜；《借赵云》，我演赵云；《萧何追韩信》，我演萧何；《徐策观阵》，我演徐策；《上关拜寿》，我演周遇吉等等。

问：夏老师，谈一下您表演的动作要领，唱念做打的技艺特点以及表演的特色和技巧。

答：概括地讲，唱念做打这四种川剧表演的艺术手段，都是"从生到熟，从熟到随"。"随"就是出神入化，就是把这些东西化为己有。演员一上了舞台，似乎是很"随意"表现出来，但是我们是经过对这个戏、对这个人物深入研究，经过琢磨以后出现的"随"，而不是随随便便那个"随"的意思。还有在舞台上不能做作，特别不能为了获得观众的掌声，有理无理跳出情节去卖弄技巧，那样虽然获得掌声了，但是经不住时间考验，也经不住大家追问：你为什么在这个地方要这样做。这就是一个表演上的规律。

问：夏老师，您觉得您演得最好的是哪个角色？

答：只能说我喜欢。我喜欢的有《徐策观阵》《萧何追韩信》《断桥》《周仁献嫂》《活捉子都》《借赵云》《盗书打盖》等。当然是不是我演得最好的，我觉得离演得最好还有距离。但因为我喜欢，就会重点花时间去琢磨它，艺无止境嘛。尽管现在这些戏我都不能唱了，现在为了过戏瘾都唱点一般的戏，我现在不能唱小生，只唱戴胡子的戏，唱戴胡子又不能唱犯功的戏。

问：那您可以从经验上总结一下，您觉得这些，比如说各个行当，需要注意和掌握的，或最重要的是什么？

答：其实我现在觉得，我们后来的艺友，最缺的不是你提到的这个层次的问题，最缺的是基础，万丈高楼从地起，地基不打好，修几层楼都出问题。现在教学生的指导观念不像我们那时候。我们那时候老师教徒弟或者科班教学生，都非常注重基础，并不是一开始就教学生唱戏。现在办班、教学生，很多老师只要学生有了点基本功夫，马上就教学生单折子戏。既不告诉学生有关这个戏的一些知识,有关这个戏的来龙去脉,比如这个戏有无朝代,要是有朝代是哪个朝代;这个戏有没有全本,全本又属于哪个全本里面的;这个戏是采用什么声腔,这个戏采用的曲牌是哪支曲牌,这个曲牌基本的规律是什么,这个曲牌能表现什么情绪等等。老师不讲这些东西。这种教学方式最大弊端就是基础不牢。基础知识缺乏将导致教授与"传承"初衷渐行渐远,造成川剧表演基本层面的失衡。

问:夏老师,您熟悉这五种声腔,能否谈一下您对声腔唱腔的一些经验总结或者心得体会?

答:戏曲演员都很辛苦,川剧演员比其他戏曲演员更辛苦,更不容易。因为其他的戏曲剧种,据我所知最多只有三种声腔,而川剧有高昆胡弹灯五种声腔,这就给我们川剧演员带来了熟悉五种声腔的困难。作为一个川剧演员要熟悉五种声腔,唱不来昆腔,唱不来高腔,唱不来胡琴,唱不来灯调,唱不来弹戏都不行的,都要会唱,都要熟悉。当然,五种声腔又为川剧带来了益处。我们可以根据不同戏的不同风格,选择某一种声腔或某两种声腔或某三种声腔或某四种声腔,甚至选择五种声腔,来共同演出这个戏,这是其他戏曲剧种做不到的。

问:那夏老师您比较熟悉哪种声腔?

答:我对高腔最熟悉,其次是灯调、昆腔、胡琴、弹戏。

问:夏老师,您举一下例子,五种声腔中您最擅长的声腔,以您某个剧目或某个角色为例。

答:川剧这几种声腔当中的每一种,作为一个演员来讲都必须要学,都要熟悉。比如川剧中的昆腔我们不能跟昆曲相比。我们有很多川剧剧目都源于昆曲,但现在川剧没有一个全本的昆曲戏,只有昆曲的单折戏,这是为什么呢?主要原因就是观众听不懂。我们有很多大幕戏都源于昆曲,比如《秋江》《逼侄赴科》《玉簪记》等等。川剧《玉簪记》源自昆曲,但在《玉簪记》这个戏里面没有昆腔,全部是高腔。川剧的高腔四大本《金印》《琵琶》《红梅》《班超》也源于昆曲,但为什么它们成了高腔四大本,原因还是观众听不懂。但是《金印》也就是《黄金印》,又叫《金印记》,在这个全本戏里面我们只保留了一折昆曲《苏秦封相》，苏秦拜六国相印，这一折全折是昆腔唱。既然观众听不懂，为什么这一折又全折用昆腔唱呢？因为这一折的情节观众清楚，随便你怎么"昆"，就算一句也听不懂，观众也清楚内容。还有一个《青萍剑》，也就是《百花公主》全本戏，源于昆曲，但是我们川剧是高腔演出，我们仅仅有一折保留了昆腔，这一折前面是百花公主领兵乘马出来，在昆曲当中她有舞蹈，观众虽然听不懂她"昆"的这些词，但是看她的舞蹈，她是领起兵到了校场，下马上将台，这个情节观众一看就懂了。《青萍剑》没有全本运用昆腔的一个原因就是担心观众听不懂。还有一个三国戏《议剑》，主要内容是王允请了董卓赴宴，商议刺杀董卓。这个戏也是昆曲，但我们全折以讲白为主，只有最后才有昆腔。在后面曹操去刺杀董卓，王允对苍天"昆"了一句："但愿一剑诛佞臣，洗手焚香谢上苍。"这一句昆腔观众听得懂。最后刺卓也是昆腔，曹操、董卓、吕布这三个人都是用的一只昆曲曲牌【锁南枝】，但词不同。这个戏重在动作、舞蹈，观众当然看得懂，所以川剧中的昆曲没有全本戏只有单折戏。除了我说的大本里面的单折以外，另外还有单折戏《醉隶》是全折都用昆腔，尽管现在唱词都有字幕，但观众也不一定听得清楚，因为唱词用昆腔唱得太明白，它又失掉了昆腔的味道。但是这个戏的讲白和情节有趣，也吸引观众。

另一点，川剧前辈擅于利用昆曲长于歌唱和利于舞蹈的特点，形成川昆独具特色的艺术风格。一是昆曲戏不保留全本，只保留单折戏中的昆腔，这样观众就算听不懂也能看懂情节内容；二是擅于把昆腔融入其他声腔里，丰富了川剧声腔。例如《焚香记》里面的一折《打神》这个戏，主要内容是焦桂英接到王魁的休书，到海神庙去告王魁，她一开始唱曲牌【端正好】就是用的昆腔，"恨漫漫苍天无际"，下面接【端正好】的帮腔："恨王魁呀狠心毒意！"后面就是高腔了，川剧行话称之为"昆头子"[①]。这种【昆头子】不仅能在高腔里面用，还可以在胡琴二黄戏里面用，如《古城会》，在关羽跟刘备、张飞相会的那个情节，关羽唱曲牌【二黄】，他就用的【昆头子】。当然，我从戏只学过一个昆腔戏《武松打虎》。

---

①昆头子，即昆几个字或昆半句、一句后，接唱某一曲牌或者某一板式。

问：是哪位老师教您的？

答：彭天喜老师。现在只记得到两句昆腔【新水令·走板】："苍天何苦困英雄，二十年一场春梦……"后面都记不清了，因为演昆腔戏不仅要演员熟悉还要琴师熟悉，很多琴师不熟悉这个戏的昆腔曲牌，所以当时在得胜大舞台（解放后更名为胜利川剧团）没有机会演这个戏。但是作为一个演员五种声腔都要学，后来我兼导演了，更要学更要熟悉。在武生的昆腔戏里面，据我所知，一个就是《武松打虎》，另一个就是《金银记》里的《苏秦封相》。《金银记》里的苏秦，先是由文生演后是武生演，另外武生的昆腔戏不多，但是有些单折单只曲牌昆腔的戏武生也必须学。如曲牌【杏花天】只有两句昆腔，它用在打了败仗后，这种也要学，因为这个曲牌不仅在一个戏里面用，另外的戏里也要用。比如《上关拜寿》这个戏主要讲李自成打进北京，崇祯皇帝上吊这个故事。在《上关拜寿》中的曲牌【杏花天】就要用昆腔。还有一个曲牌叫【红沙儿】，这种昆曲曲牌用在武将自刎的时候，就是打败了逃出去了自刎尽忠殉国，这个也要学。所以不管学武生还是学须生，这种单只曲牌也要学。作为演员要学，作为导演也要熟悉，因为这样你才知道在你导的某些戏里面，灵活运用什么曲牌适合什么情节。另外，川剧五种声腔中最独具一格的是高腔。川剧高腔跟其他剧种的高腔可以说是大相径庭，像辰河高腔、湖南高腔等，它几乎是近于合唱或者是对问形式，不像川剧高腔特色鲜明。川剧高腔的特点一是曲牌众多，我们常用的曲牌都有五六十只，我们川剧前辈自创的高腔曲牌都有一百多只。二是川剧高腔曲牌中最有特点的是帮腔。这个帮腔不仅仅是代剧中人说话，还可以代第三者说话，也可以描绘环境，甚至可以帮助剧中角色表达内心独白（想说而说不出口的话）。帮腔的作用是多样化的。比如像我学姜尚峰老师的《活捉李甲》，就是《百宝箱》的故事，也是《杜十娘怒沉百宝箱》的故事。整个戏主要唱段就是曲牌【香罗带】，主要内容是李甲负义，为了一千两银子把杜十娘转卖给孙富，后来杜十娘抱起百宝箱投江，李甲一看人财两空，而且百宝箱里何止千金。李甲心疼，返回家后遂生病了，这个其实是"思宝病"，不是相思病，也不是其他的病。他就是想到一千金把杜十娘卖了，结果百宝箱里面价值万金,且杜十娘死了这万金也没得到,他实觉可惜,患上心病。他害病后一出场就是一副病恹恹的样子,浑身乏力,有声无力。我这里也是用低音去哼唱,跟前面说的《徐策观阵》一样。当然,跟《徐策观阵》情况也不一样,徐策是一个正面人物,值得歌颂的人物,李甲是需要谴责的人物。李甲首先是采用有气无力唱:"那年离家赴帝邦啊!"整个唱基本都采用这个低音哼唱,这种唱实际上比放开唱更困难,因为你要用气来托声,在低声唱当中每一句都让观众听得清清楚楚,就是用我们行话说的要送到观众耳朵里。因此,就比放开唱困难,但是放开唱又不符合李甲此时此境的情绪。整个戏除了唱以外,还有一些技巧,如跪步、甩发、变脸等,尤其是后面杜十娘鬼魂把李甲引到江边,让他看到日思夜想的百宝箱,李甲一看到百宝箱从水里面漂过来了,要钱不要命就要去扑,他的妻子李氏劝诫他,百宝箱在江河里面不能去,他生气蹬开妻子后扑上去。这时,杜十娘产阴风让李甲进入水里面,李甲就用旋褶(褶子的转动)技巧,旋褶后在波浪当中表示飘动,下场,结束。这个《活捉李甲》和川剧其他"活捉戏"处理不一样,我们有的活捉戏是拿鬼或冤鬼把这个人套起走,而这个戏杜十娘死于江中,她让李甲也死于江中,而且李甲死于烟波之中是为了百宝箱,要钱不要命。顺便说说川剧有若干个"活捉戏",它不雷同,处理方法也不一样,不是千篇一律。因此我们学这些戏,这些知识就要通过老师传授。通过一个《活捉李甲》你了解到川剧"活捉戏"的同一种"活捉"题材的不同处理方法,这是作为演员应该知道的,作为导演更应该懂得。还有川剧高腔戏的剧目是最多的,高腔戏中有一只曲牌【红衲袄】使用频率很高。因这只【红衲袄】曲牌喜怒哀乐四种情绪都有,所以川剧剧目使用这一只曲牌可演出的戏有上百个。比如《抱尸归家》有一段是【红衲袄】曲牌,还有《柳林劝兄》也是【红衲袄】曲牌为主的,还有《卖油郎》(也称《卖油郎独占花魁》)。《卖油郎》我演的整个那一折戏都是【红衲袄】曲牌,这个【红衲袄】曲牌非常适合卖油郎,也适合院婆、于花魁,三个不同的人物,不同的身份,不同的心情,都同唱一只【红衲袄】曲牌。这就非常考验演员,演员要根据戏中人物的情绪和台词唱出不同的味道。另外,川剧弹戏的剧目也较多。我学的弹戏剧目小生的戏有《周仁献嫂》,须生的戏有《上关拜寿》《杀狗》,武生的戏有《借赵云》《水淹下邳》，还有《盗书打盖》等。《盗书打盖》主要是弹戏腔，后头有胡琴腔。虽同样是弹戏，但不同的戏不同的人物也要唱出不同的味道。这里我举一个《盗书打盖》的例子。主要内容是周瑜听到蒋干向他汇报曹操初战失利，周瑜很高兴，北方之兵不识水性，焉有不败。蒋干又说现在曹操命蔡瑁、张允为水军都督，操练水军。周瑜问蔡瑁、张允是不是刘景升属下，得知这两人惯熟水战，心想又有两个劲敌了。随后，蒋干过江了。周瑜听闻蒋干过江了，他想到可以用蒋干来实现他的离间计，借曹操的手除掉蔡瑁、张允。川剧的蒋干是小丑演，不把他当成谋士，实际上这是"戳拐生"①。这里一开始要唱个弹戏【倒板】："闻一言不由人（哈哈哈哈……哈哈哈哈）。"这是我老师彭天喜教的，这个腔是在一般人物唱弹戏里没有的腔，他把这个哈哈哈哈笑声融合到【倒板】的唱腔里面，就是说把腔和笑融合在里面去，它跟后面的"转忧成喜……"很融洽，这一种唱法在其他弹戏【倒板】里面绝无仅有。这既是老师教的，又是前辈的创造，但我们学了后就要体会到这种情绪，要把这个笑声很柔和地融入【倒板】的行腔当中。这种融合手法，可以说作为川剧界的艺人或者初看戏的观众，是想象不到的。这一类情况不管是在高腔、弹戏、灯调、胡琴中，还是在很多的戏里面都有，它把同样一种曲牌或一种唱法根据人物情绪的不同而进行了微小的变化，从而使这个腔有了创新性发展。

问：夏老师，您在导演方面也做出了很大的成就，您是从1952年开始兼职做导演的，是什么促使您往导演方面发展的呢？

答：川剧以前没有导演这个名称，实际上是有导演存在的，若没有导演存在，川剧的这些戏就不可能完整。从1952年开始我兼职做导演这是由于剧团的需要。虽然我那时才20多岁，但因跟到父亲搭班"跑滩"，日积月累，看得戏比较多，加上剧团需要人来牵头做这个，我就当上导演了。

问：那您导演的哪些剧目是您比较满意的？

答：开始从事导演工作属于工作的需要，开始导演的是修改本，就是在戏改会的领导下对原来的传统戏剧本进行修改，删除唱词讲白里面不恰当的或者污秽的内容，还有调整一些情节，修改本改了后发给各剧团，让大家

---

① "戳拐生"，四川方言，也是川剧戏班惯说的贬词。指办事戳漏子，出主意乃歪点子的人。

以后按修改本来演，这就需要导演来安排具体怎么演。当时我们胜利川剧团有一个胜利川剧团编导组，编导组里就包括修改剧本的人和导演，我也是其中之一。就从这个时候开始，川剧的剧本就是导演修改本。当时，我整理修改过一些剧本，如传统戏《梵王宫》《反徐州》《金霞配》等，但后来胜利川剧团没有演出。这里需要提的是重庆当时有名的作家刘盛亚的《怒龙沱》。《怒龙沱》是他根据自己编写的话剧《水浒外传》改为川戏，并无偿送给胜利川剧团排演。这对那时演出多又无专职编剧而急需新戏的胜利川剧团来说，真是雪中送炭。该戏由薛艳秋老师和我共同导演，我演其中的花逢春。要说最满意的，古装戏应该是《赵氏孤儿》，时装戏有两个，一个是新中国成立以后川剧舞台上演出的第一个外国戏《赤道战鼓》，另一个是讽刺喜剧《枫叶红了的时候》。

问：夏老师，请问您现在日常还在练习、授徒之类吗，或者还参加相关的演出活动吗？

答：演出活动也参加，当然现在演出第一不演小生，只演须生；第二，不能演犯功戏，因为年龄的原因，不能演犯功戏。如《李陵碑》需要舞大刀，虽然现在大刀还是能够舞两下，但基本不演了，不怕一万只怕万一。还有去年我演的《骂王朗》就是我业师张德成教的，三国戏孔明骂王朗；去年还演了《范生赠银》，这是个老末角，耍耍戏；去年好像还演了《赶三关》等等。去年教徒弟饶春《借赵云》等八个戏。最近教徒弟饶春《李肃说布》，在今年演出了。

问：夏老师，您的搭档当中您觉得配合得最默契的是哪几位呢？

答：从音乐来讲，是鼓师吴子健和刘明贵的老师胥明贵。从生旦戏来讲，最有默契的是我老伴苹萍，她已去世了。演起比较默契，一是要跟鼓师有默契，二是跟搭档。

问：夏老师，您的演艺生涯中除了您的三位老师以外，您觉得最应该感谢的是哪些人呢？

答：值得感谢的人挺多，如在得胜大舞台（解放后更名为胜利川剧团），当时开报的李正方老师，此人原来是唱小生的，后因年龄大了就开戏报，开戏报就是安排每天演出剧目，他在安排剧目上对我应该是很有帮助的，有些戏我没有安排,他事先就问我这个戏是否安排过,若没有就马上找老师学这个戏,若是他记得的戏他就直接跟我说,等我熟悉了就把戏给我安排上。这是一个不简单的事,当时演员一天要演两台戏,若你要想唱某出戏,他不安排,若你不想唱或记不到的戏他给你安排了,你也无可奈何。李老师之深情厚意,令我铭记至今。他事先让我知晓,让我有所准备。另外,他还想方设法让我演过的戏在短期内复演。因为一天两台戏若不换戏,观众不来看。换戏换得多,特别是对当时我们这些年轻演员来讲实践机会就少。一个戏唱了一次隔几个月甚至一年再唱,这个就容易遗忘。李老师为了给我增加实践机会,想办法让我复演。如我们有一个戏《捡柴》,全本叫《春秋配》,我学唱了捡柴的小生李春华。十日后,李老师有意安排了《拷打捡柴》,让我复演。他把前面的戏连起来,"拷打"就是继母虐待江秋莲,她又命江秋莲去捡柴,后遇李春华送友返归询问详情,义赠纹银。他把"拷打"加进去,观众一看《拷打捡柴》没有看过可以接受。他就让我这个捡柴的小生隔了十几天又演第二次,我就熟练掌握了这个戏。

另外我的几个好朋友胡度、罗健卿、李行等都是很热心帮助过我的。《赵氏孤儿》就是罗健卿、李行、李心白我们几个一起导演的。这个戏在排练中也得到他们多方面的帮助。还有好友胡度,我能够写文章到后来能写书跟他有直接关系。在《川剧艺术研究》里,我写的有两篇,一篇是《导演所谈》,还有一篇是《忆师彭天喜》,这两篇都是在胡度的帮助下写出来的,他告诉我这一段该怎么写,那一段该怎么写,从什么角度去写,对我写作水平的提高帮助很大。但是我跟这些朋友遇到问题一样争论,我们是有问题直说的朋友,这种朋友我认为才是真正的朋友。包括老胡(胡度)的《川剧词典》,我在我的《川剧品微续集》里也指出不足之处,目的在于不贻误后人,当然我说的也并不一定是全对,我们并不因此对彼此有什么成见或关系不好。在近期,就是好友曾祥明,他是一个"没生坏命,得坏病吃错药"的这么一个人,他对川剧十分喜爱,跟我的接触也是由于他对川剧的喜爱,他对我的帮助也很大。我的第一本书《川剧传统导演手法选例》是他想办法出版的。第二本书《川剧品微》,第三本书《川剧品微续集》,第四本书《夏庭光演出剧本选》都是他帮我一篇篇校对的。这几位就是对我的艺术生涯有帮助的老师和朋友。

问：夏老师，2009年您参加了第二届成都国际非遗节，您当时77岁了，还表演了《活捉李甲》，是不是？

答：对，那是中国成都国际非遗节邀请的，这个戏在成都的反响还是比较好，因为成都没有这个戏。我到外地去演出，有个习惯，我不演他们经常演的，如我在成都我就不演蓝光临演的戏，也不演晓艇演的戏，我就要演他们没有演过的戏。我在成都演过几次戏，有一次是我们川研会元旦在成都开会，我先打听蓝光临、晓艇演的戏，我就演了三个他们没有演出过的小生戏《小宴》《水牢摸印》《汤怀尽忠》。《汤怀尽忠》不仅他俩不演，成都几乎都没有这个戏，就像《活捉李甲》一样，成都也没有，有些人甚至没听说过，还认为这是新编戏，因此这几个戏在成都的反响很好，其中就有我说的这个原因蓝光临、晓艇没有演过，成都没有这个戏，我演的再撇①，应该说都是好的，何况演得还可以。其他省份没有单独演过，就是1957年随着剧团出去演出过。

问：夏老师，您在传统戏的推陈出新方面有哪些尝试？有哪些心得？

答：我觉得川剧从来没有间断过推陈出新，我们的前辈时时刻刻没有忘记这一点。譬如我们以化妆而论，周慕莲的《情探》一戏，还有他跟康子林的《断桥》，以前旦角化妆，女角捆的剪刀夹，若现在还是这样好看吗？老早就变化了，随时随地在变化在发展。还有像在万年台演出，万年台基本都是这么高一个台子，我们的前辈根据演出的不同的场合、不同场地，在万年台台口的台沿上创造了飞台口、梭台口、走台口、睡台口等，但是把这几样东西再放进剧场，原封不动地搬来是不行的。进入剧场的飞台口这么高一点点飞起来哪个看，毫无意义。这些是前辈根据当时的演出条件、演出场所创造的，但是进入剧场就没有实际意义了，飞台口、睡台口也没有了，最多还有走台口、梭台口保留，就是说创造和取消技巧都要适应演出环境，这就是一种进步。所以像我演出、导戏，基本上都是遵循演的戏导的戏都是川剧，离不开传统二字。现在有些戏偏离了传统戏曲的演出规律。如《智取威虎山》穿林海跨雪原这一场，杨子荣出场拿的是马鞭，当然他不能

---

① 撇，重庆话，意思同"差"。

骑真马，拿起马鞭，不骑真马，以马鞭作为虚拟的表示骑马出来，骑马出来走了许久那棵树仍在那里，打虎上山完了那棵树依然在那里。这个戏把布景弄得这么实在，实际上也违反了传统戏曲的规律，凡是违反戏曲规律的，我认为都不合适。所以现在有些人把川剧舞台布景弄得很实，又要用传统的表现手法，结果就要出现一些笑话。如从梯子上划船下来，若在船上拿个桨片从一个平台实梯子上划下来，传统的表现程式必须是在虚拟场景实现，才能够和表演程式吻合，写实后就完全脱离戏曲程式。所以不是我谦虚，我要说的就是都是吃的前辈传统戏的饭，尽管在这个戏上我是这样处理的，不是前辈那样处理，但是前辈在另外的地方做过这种处理，这就不是说我在这里发展创造了，实际上还是把前辈的传统手法拿过来用。如我这次要排的《白面虎肖方》，其中要用收缩刀。所谓收缩刀，就是看上去是一把刀，一插到肚子上就缩进去半截，传统戏里面没有收缩刀。这并不是我发展创造的，传统戏里有收缩叉，就是三角叉，收缩刀和收缩叉是一个原理，所以我在这个戏里用收缩刀，并不是我发明创造，尽管这种手法在传统戏《打红台》里没有，但其他传统戏里面有这种手法，这些就是吃的传统饭。

问：夏老师，您桃李满天下，截至目前您教过了多少徒弟？

答：我的徒弟加上跟我学过戏的一共算起来大概40多人。

问：您徒弟当中有没有比较优秀或者您比较喜欢的？

答：喜欢或优秀的徒弟现在都已经离开了，还有的退休了，还有的很早就没有从事川剧表演了。

问：那夏老师您是如何选择徒弟的呢？在选择徒弟的时候您对他们有什么要求呢？

答：我选择徒弟不如说是徒弟选择我。我这40多个徒弟当中大概有20人以上没有正式拜师，只是简单地喊一声老师就算拜师了，因为我自己的拜师和参师仪式都简单，所以我也是算继承了我老师的传统。如以川剧院而论，跟我学过戏的学生生旦须净丑五个行当都有，还有一些像舞台队的管箱的、四杂头、打杂师等，他们很多东西不知道，像这些请教我或者咨询我的也不少。总之，从目前来讲，五个行当的演员和舞台工作者拜我为师的大概有40多人，范围在重庆和四川两省。现在很多管头帽的人叫不出头帽的名字,更不知道这个头帽该哪些人物戴,管服装、捡场的人也有这个状况,什么叫"虎头案"也不知道。你给他说摆"虎头案",他不知道摆"虎头案"是什么,要告诉他"虎头案"是指:一张桌子,桌子前面有一"脚箱",桌子上面有"桌箱"。还有摆场怎么摆,一桌二椅,中间一张桌子,左右一边一把椅子。以前有这些川剧术语,看似很简单,但要了解熟悉这些基础知识,需要老师传授。

问:夏老师,您有没有印象特别深刻的徒弟呢?

答:印象深刻的徒弟一个是早退休了,还有一个就是我在永川收的徒弟杨益棋,他在演出武戏中脚受伤了不能再演出了,后来就改行经商去了,但他在经商中,自己在永川自费举办了一次武生专场。现在他退休后,又在业余川剧队参加相关演出,而且是每月一戏,每个月演一场。用我们行话说对川剧有瘾,有深深的川剧情怀。

问:那夏老师您认为在川剧的传承中需要怎样去教学生和您觉得什么是最需要传授给学生的?

答:从目前来看,以川剧而言,传承是必须的。把前辈或者我的老师教我的戏,再传承下去是必须的,但是,川剧作为首批国家级非物质文化遗产代表性项目,单做这个还不够。基础知识的传承更为重要。万丈高楼从地起,传承一个戏就像修房子,一个戏传承完了,这房子基本修好了,但若是基础打不好,仅仅是表面上看有成果,但这些学生搬不了家,不能举一反三,学生在这个戏里所学的东西无法用到其他戏里面去。所以在传承一个戏中,我有一个习惯:凡是我知道的,我都要告诉学戏的学生。不管学生是否是我徒弟,我都要告诉他这个戏老师当时怎么教我的,现在我在这里做了哪些变化。如我教川剧院的李万果《汤怀尽忠》,这个戏是源于《岳飞传》。主要内容是汤怀奉岳飞的命令保新科状元张九成到敌方,也就是金营去探望徽钦二圣,徽钦二圣被金邦所擒。这个戏要闯三关,经过三个关口,才能到达目的地。以前彭天喜老师教我这个戏,先是前面有岳飞坐帐、接旨,再迎接新科状元张九成,最后再遣将。没人愿意保新科状元张九成到金营去,这是一个九死一生、凶多吉少的事,汤怀接令护送去。另外,闯三关中,每闯一次要下场,金邦的番兵要走一个过场。我学了这个戏后,同时在自己以后的演出中积累实践经验,后来我导这个戏的时候,我就省掉了前面岳飞接旨、遣将,就从金兀术开始。金兀术听到宋朝新科状元张九成要到金营来探望徽钦二圣,就喊三番将严守关门,下面就进入汤怀和张九成的戏,而且闯一关原来是要下场,又要走番将,我就把闯三关整个戏折中到只有两场戏,一个是闯关,一个是汤怀尽忠。这样整个戏的时间缩短了,人员也缩减了,把主要的时间集中到汤怀这位主要人物身上。我教学生的时候,我就要告诉他原来是怎么样的,现在我在演出时做了提炼,现在是这样子的。为什么要这样子,我也要告诉他。当然这个戏是宋朝戏,也要告诉他,金兀术是什么样的人,金邦现在是什么民族,这个戏是唱的胡琴西皮,其中有【倒板】、【二流】、【三板】,也要告诉他板式,我知道的都要告诉他。我教学生学戏,他就知道这个戏的来龙去脉和跟这个戏有关的一些知识。这样来教,教一个戏把与这个戏有关的知识都告诉他,就比只教一个戏其他都不讲,学生更容易接受,学生有了这个基础知识以后再学戏就要快得多。学生还可以在这个基础上去思索,去钻研,去发挥。也就是我老师告诉我的教学戏,第一要像,第二要变样。例如,《汤怀尽忠》这个戏,实际上就是这样,第一要像,第二要变样,像就是老师教的,有师承,当然又是武生,汤怀这个人物尽忠,明明知道到金营就是死,可以说是慷慨赴义。把这些时间一浓缩,重点就在塑造这个人物上,变样也变了,但是这个变了不是另生枝节,而是更合乎情理更精炼。原来这个戏一个多小时,现在这个戏不到30分钟,更适应于现代观众欣赏戏的习惯。观众不到30分钟就欣赏完了《汤怀尽忠》,我觉得于戏于刻画人于欣赏者都有利。另外,我说的基础知识除了教戏外,还要把基础知识课程也列到非遗的传授里。一定要重视这个事,我们川剧的传承发展才有保障。我们现在有的演员连【红衲袄】、【锁南枝】这类曲牌都唱不好、唱不来,这些曲牌在川剧的高腔曲牌当中是最简单的,是必须学会的,这些都是基础,这些都不学到,遇到这一类的高腔戏就有很多困难。所以我觉得传承第一是传授基础知识,第二才是教一个一个的戏。但是现在谁都不愿意传授基础知识,把这个列到日程上作为重点,因为这个不能吹糠见米,不能立马见效。如院团一个月传授了五个折戏或者三个折戏,马上就有演出有成绩,而基础知识传授又不能拿到台上去演,但这恰恰是我们需要重视的。当然,学生还需要多实践。我教了川剧院的两个演员学《情探》,一个是文小生王魁,一个是旦角焦贵英。演了一次,迄今这两个演王魁、演焦贵英的演员已经退休了,还没有演第二次,也就是说演了一次隔了几年还没演过第二次,你说他把这个戏真正学到手了吗?没有真正学到手,我更不能寄希望于他们再把《情探》往下传。因此老师传承戏以后,还要想方设法让这个学戏者学扎实、学牢固,多演多练,才能再往下传。所以我觉得传承工作要脚踏实地、求实求效才行。

(三)口述片制作

文献片包括口述片、传承教学片、项目实践片,其目的是最大限度完整地记录和保存。因此在后期制作过程中应尽量保留拍摄的原始素材,尊重事件发生的客观顺序。其中收集文献也可用于文献片制作。口述片制作的具体要求见图9:

汉字字幕	·字幕参照经过校对核实的速记稿,确保准确。字幕采用挂接的方式(形成单独的SRT字幕文件),需与内容保持一致。访谈语言为少数民族语言(有本民族文字)的,需添加本民族文字及汉字双字幕
题板	·视频中出现的重要人物,需添加人名题板,介绍其姓名、身份;重要的时间、地点、阶段名称,也需以题板的方式说明
内容、技术处理	·需删除影像中黑屏、镜头严重抖动、因操作失误造成的无关内容,影像的色彩饱和度、亮度、对比度等影响观看效果的,需进行技术处理
片头	·片头第一屏内容为本专题名:国家级非物质文化遗产代表性传承人抢救性记录工程;第二屏包含三栏信息,分别为项目名称、传承人姓名、文献片类型(口述片、项目实践片、传承教学片)。若项目实践片或传承教学片总时长过长,应分为不同段落,口述访谈按访谈次数进行分段,在文献片类型后加序号标注
片尾	·片尾第一屏以合适的速度滚屏出现,包含以下信息:项目负责人、学术专员、导演、摄影、录音、剪辑、文字编辑,第二屏以定屏标注记录实施单位(如××非遗保护中心)摄制
成片格式	·生成成片分辨率为1920×1080,格式高清,编码为MPEG,画幅比例16:9,固定码率25M以上

图9 口述片制作要求

口述片是对传承人口述史访谈的完整记录。是对双机位或多机位拍摄的传承人口述视频,根据口述访谈的内容或技术需要,将不同机位拍摄的画面剪辑在一起,以拍摄的次数为中间节点,保留每次访谈开场对访谈时间、地点、传承人、受访者的介绍,除去中间休息、噪声打断等无关内容,尽量完整地按多次访谈的时间顺序形成一条线性口述视频。其他与传承人相关的比如传承人的徒弟、家人等的访谈,以名字加与传承人的关系命名,分别单独剪成口述片。片中对受访人不予公布的部分应进行黑屏处理,隐去声音,黑屏无声段落时长应与不予公布部分时长一致,并在黑屏上加说明文字"此处依据受访人意愿,删去××分钟内容"。

(四)项目实践片制作

项目实践片是经过蒙太奇手法,对多机位拍摄的画面进行剪辑整理,按照项目实践或者表演、讲述的先后顺序,以实践活动的基本步骤或者表演的关键环节为单位,完整体现以传承人为中心的项目实践活动的影片。[①]

项目实践片中根据剧目、中场休息、段落等自然的停顿,应采取加小标题或者题板的方式予以说明和分段。同时演出开始前的化妆准备工作、乐队准备、服装准备工作等都应纳入项目实践片拍摄、制作内容。最后需除去黑屏、抖动、无关内容等部分,完整记录传承人项目实践活动。如不同的步骤和环节在不同空间同时进行,在项目实践片的排列中可标注说明。

项目实践片不建议采用传承人以往的视频资料,因为这属于文献收集内容;也不建议采用以往视频资料加上自我介绍、点评方式,因为传承人对自己的表演说明属于口述访谈内容,切记不能混淆不同片种的内容要求。

下面以笔者整理的川剧国家级代表性传承人夏庭光老师的实践剧目《白帝城托孤》《马房放奎》《范生赠银》以及周继培老师学生熊平安的实践剧目《伯牙碎琴》的文字稿为例:

---

① 田苗:《非物质文化遗产影像保护初探》,《艺术评论》,2016年第7期,第108页。

1. 夏庭光项目实践剧目《白帝城托孤》

白帝城托孤（胡琴·二黄）

演员： 夏庭光饰刘备，陈诚饰诸葛亮，张帆饰太监

乐队： 司鼓：刘永红

　　　　司琴：刘枫

　　　　击乐：张建英　邓峰　李兵　陆峰

　　　　弦乐：李萍　杨阳　回书瑶　候秋松　任小龙

演出时间： 2016.11.5

文字稿整理人： 罗敏

剧情简介： 三国时，刘备为给关羽、张飞报仇，倾两川之兵伐吴，中陆逊火烧连营之计惨败。刘备兵退白帝城，又患重疾，急召丞相诸葛亮委任托孤。刘备得孔明"鞠躬尽瘁，死而后已"之言，含笑而逝。

【台中一椅，台右侧一椅，黄色椅帔。】

刘　备　（上唱【倒板】）

　　　　伐东吴——

　　　　　　遭惨败令孤痛恨……

　　　　（唱【夺子】）

　　　　　　刘玄德怨声天，

　　　　　　恨声地，

　　　　　　怨天恨地，

　　　　　　恨地怨天，

　　　　　　苍穹大地，

　　　　　　何故无情。

　　　　（唱【一字】）

　　　　　　恨吕蒙！

　　　　　　白衣渡江暗袭荆州郡，

　　　　　　吾二弟走麦城捐躯命倾。

　　　　吾三弟在阆中被刺丧命，
　　　　刘玄德闻噩耗痛不欲生。
　　　　报弟仇伐东吴孤亲把兵领，
　　　　两川兵浩浩荡荡出国门。
　　　　恨只恨乳气未干的小陆逊，
　　　　用一条火攻计烧孤连营。
　　　　烧连营八百座天惊地震，
　　　　众将士被烧得死的死亡的亡，
　　　　焦头烂额盔甲无存。
　　　　多感得好军师派子龙救应，
　　　　刘玄德遇厄运重病缠身。
　　　　白帝城写遗诏托孤重任，
　　孤朝夕盼孔明——
　　（唱【二流】）
　　　　如盼甘霖。
　　【太监扶刘备坐，备昏睡。孔明上。

孔　明　（唱）君命诏不辞劳兼程而进，
　　　　星夜赶赴白帝城。
　　　　万岁爷染重疾实属天命，
　　　　托孤事迫眉梢面见圣君。（小圆台）

太　监　参见丞相。

孔　明　起去。万岁现在何处？

太　监　永安宫养神。

孔　明　吾在宫外候命，少时万岁醒来，望速告知。

太　监　万岁早有口谕，丞相到时，即刻进见。

孔　明　如此，带路。（入）

太　监　禀万岁，丞相到！

刘　备　（唱【倒板】）
　　　　适才间梦见了二弟三弟容影，

(唱【二流】)

　　　　好贤弟请孤王同游天庭。

　　　　耳畔内闻人声渐渐苏醒……

太　监　禀万岁,丞相到。

刘　备　啊!(惊起,激动地唱)

　　　　却原是来了孤辅国重臣。

孔　明　老臣奉诏来迟,乞请万岁恕罪。

刘　备　爱卿何罪之有。旅途辛劳,绣凳赐座。

孔　明　谢。

【太监为孔明设椅。

孔　明　参军马谡随臣探望,万岁可容他一见否?

刘　备　马谡……就是那马幼常?

孔　明　正是。

刘　备　马谡言过其实,先生今后用之须慎。

孔　明　老臣牢记。

刘　备　孤与丞相有要事相商,改日召见好了。

孔　明　是。万岁龙体如何?

刘　备　唉!孤不听丞相忠言,率师伐吴,今遭
　　　　大败,又患重疾,恐时日不多矣!

(唱【幺板】)

　　　　见丞相禁不住珠泪滚滚,

　　　　刘玄德忆往事心潮难平。

(唱【阴调】)

　　　　汉运衰黄巾乱山河破损,

　　　　结桃园举义师大破黄巾。

　　　　虎牢关战吕布三英联阵,

　　　　诛董卓多感得貂蝉钗裙。

　　　　董卓死出曹操乱世奸佞,

　　　　射白鹿贼挟天子应群臣。

青梅酒论英雄贼设陷阱，
孤闻雷假失箸取信贼心。
拐曹兵出许都实属侥幸，
东西闯南北奔无处立根。
徐元直荐先生令人堪敬，
下南阳冒风雪三请先生。
自先生入汉营军威大振，
博望坡烧曹兵首战功成。
赤壁战孙与刘以少取胜，
据荆州暂栖身不遂吾心。
张永年献地图才把川进，
坐蜀川应先生鼎足三分。
万不料为荆州桃园失损，
孤不听先生劝一意孤行。
到而今遭惨败身染重病，
白帝城怕是孤葬身的坟茔。
叫内侍将丞相绣凳移近，
（太监为孔明移椅）
君臣们面对面促膝谈心。
从袖内（离位，孔明亦离座）
取遗诏（黄色绢）丞相受命
（孔明跪接）……
孤的丞相，（携诸葛起）
汉基业赖丞相大力支撑……
孤的爱卿。（在"过门"中，太监搀刘归位，孔明亦坐）

孤死后辅阿斗（即后主刘禅）

　　　　　执掌朝政，
　　　　　只可惜阿斗儿少才缺能。
　　　　　望丞相念在孤三顾情分，
　　　　　望丞相念我们创业艰辛。
　　　　　望丞相如既往忠心耿耿，
　　　　　望丞相施仁政富国强民。
　　　　　望丞相将阿斗当亲生多多教训，
　　　　　你和他内是父子外君臣。
　　　　　阿斗为子若不孝顺，
　　　　　家法严惩不容情。
　　　　　阿斗为君若乱朝政，
　　　　　你废却他无道的小昏君。
　　　　　刘玄德肺腑言绝非虚论，
　　　（唱【二流】）
　　　　　望丞相为国家为黎民不徇私情。
孔　明　万岁托孤重任，我亮义不容辞。扶保幼主，
　　　　亮自当鞠躬尽瘁，死而后已。
刘　备　（惊喜于心）丞相，你再怎说？
孔　明　鞠躬尽瘁，死而后已。
刘　备　得先生此言，孤无虑矣。请升受孤一拜。
　　　　（顶蟒离身，跪）
孔　明　折煞老臣矣！（跪）
刘　备　（唱【三板】）
　　　　　听丞相一席话孤心放稳，
　　　　　鞠躬尽瘁、死而后已
　　　　　一字字千钧。
　　　　　刘玄德到此时无虑无恨
　　　　【太监、孔明扶刘备起。】
刘　备　（唱）孤长眠九泉下——亦发笑声……

哈哈哈……呃(定睛、含笑、气绝)

孔　明　万岁……(跪)

　　　(太监扶刘坐椅,随即跪,吹……)

2.夏庭光项目实践剧目《马房放奎》

<h3 style="text-align:center">马房放奎(胡琴·二黄)</h3>

演员:夏庭光饰陈容,易传林饰奎荣

乐队:司鼓:苟骥

　　　司琴:刘枫

　　　击乐:曹从振　陆峰　邓峰　邓小军

　　　弦乐:李萍　杨阳　宋婷婷　任小龙

演出时间:2016年11月26日

文字稿整理人:罗敏

剧情简介:奎荣避祸陈府,陈文古见奎家传至宝瑞霓罗帐而邪念顿生,囚奎于马房,遣老仆陈容杀之。容经绣楼遇陈翡桃小姐盘问,吐露实情。翡桃恶父作为,求容放奎。容至马房,奎苦苦求饶,容不忍加害,放奎逃命,为免复命受责,遂自刎而死。

人物:陈　容(老生)

　　　奎　荣(文生)

【空场。

奎　荣　(下场上唱【二流】)

　　　　陈文古见宝设圈套,

　　　　不念与父是故交。

　　　　囚马房生死实难料,

　　　　苦无双翅出笼牢。(隐下)

陈　容　(上场出唱【三板】)

　　　　明亮亮灯光往前照……(更鼓声)

呵!

(唱【二流】)

　　耳听谯楼三鼓敲。

(叹息)哎……

　　家爷见宝心坏了,

　　只怕人饶天不饶。

　　赐我短刀再三告,

　　马房去杀小儿曹。

　　黄犬不住汪汪叫……(风吹灭油纸捻)

呵吙!晚风吹来灭灯梢。

(唱小【三板】)

　　黑沉沉摸行马房道……(摸行小圆场,足下一滑)

　　脚软险些跌一跤。

　　这搭儿才知年纪老,

　　一步低来一步高,

　　手拍马房低声叫,

二相公!二相公!吓……

　　连呼不应事蹊跷。

　　何人把消息泄漏了,

　　莫非奎生已脱逃。

陈容便说,想我奉家爷之命,来至马房杀奎二相公。不知何人走漏风声,他竟逃走。罢了罢了,他既逃走,我复命去……

奎　荣　(内)好苦呀……

陈　容　嗨咦!未行三五步,耳听叫苦声。哎……二相公哇二相公……(取钥匙开锁)这就怪不得老汉了(推门)二相公!老汉杀你来了!

【陈取匕首颤抖举刀……奎荣上,闻言惊:"吓!"——躲避……

奎　荣　老伯饶命呀!(跪)

(跪唱【三板】)

　　陈文古囚生为夺宝,

　　老伯你何故举起杀人刀。

　　求老伯将生释放了,

　　你的恩德比天高。

陈　容　(唱)二相公跪尘埃苦苦哀告,

　　口口声声求恕饶。

　　不如将他释放了……

　　家爷岂肯把我饶。

　　执短刀将他来杀了……

　　他他他无辜人怎受这一刀。

　　杀他好还是放他妙——把人难、难、难难难坏了……

　　想起小姐陈翡桃。

　　陈容便说:我奉家爷之命,到马房杀奎二相公。往绣楼经过,被小姐瞧见,彼时小姐叫道一声:陈容哪老哥哥! 你偌大年纪,深更半夜要向何处而去? 老汉谎言答道:奉家爷之命在屋前屋后、屋左屋右巡查防盗。小姐说:哪里是巡查防盗,明明是我那不顾奎陈两家旧谊的狠心肠的爹参,为谋奎家祖传的瑞霓罗帐,命你去杀奎生,是也不是? 问得老汉哑口无言。小姐赠我纹银一锭,又谆谆嘱咐:见了二相公杀也在你,不杀也凭在于你。言罢之后,眼含珠泪,返绣楼而去。常言道:有恩须当报,无仇不结怨。二相公,老汉不杀你,逃命去吧!

奎　荣　多谢老伯!(起身出门,去而复返)哎呀老伯! 府庭犹如铜墙铁壁,如何逃生呀!?

陈　容　呵!……后花园有半堵残墙,老汉送你往花园而逃。

奎　荣　好苦呀!

陈　容　(急掩奎嘴)你要低声些呀!

(唱【阴二黄】)

　　　　二相公休得心悲痛,
　　　　切莫高声你要从容。
　　　　老汉违命将你纵,
　　　　是小姐的良言启愚蒙。
　　　　翡桃小姐恩义重,
　　　　你得人点水当报九重。
　　　　老汉今夜把你送,
　　　　叮咛之言你要记心中。
　　(唱二黄【三板】)
　　　　花园残墙转瞬拢,
　　　　快走!
奎　荣　(唱)谢老伯放生出牢笼。(施礼急行)
陈　容　转来!
奎　荣　(返回)老伯莫非……
陈　容　身旁可有路资?
奎　荣　分文皆无。
陈　容　纹银一锭,你且收下。
奎　荣　老伯厚恩,受生一拜。
陈　荣　且慢!此银乃小姐所赐。要拜,照着绣楼红灯多拜几拜。她……才是救你的大恩人呀!
奎　荣　明白了!
　　(唱)向着绣楼躬身拜,(跪)
　　　　千拜万拜理应该。
　　　　倘生后来有冠戴,
　　　　结草衔环报裙钗。(起身行,略停即返)
　　　　哎呀老伯!你今放生逃走,如何向陈文古老儿复命哪?
陈　容　这这这……(思)是呀!放走奎生,必遭杖责,饱受皮肉之苦……(思索)也罢!
　　(唱)家爷做事心肠歹,

228

　　　　　　放走奎荣难交差。
　　　　　　常言人死无大碍，
　　　　　　不如自刎赴泉台。(自杀)
奎　荣　哎呀老伯!(跪)
　　　　(唱)老伯放生你遭害，
　　　　　　鲜血淋淋染尘埃。
　　　　　　大恩大德深似海，
　　　　　　奎荣永世记心怀。(拜后起身急下)

3.夏庭光项目实践剧目《范生赠银》

范生赠银(高腔)

演员: 夏庭光饰老叟,易传林(夏庭光徒弟)饰范生,谭小红(夏庭光学生)饰孝女

乐队: 司鼓:刘爽
　　　　领腔:杨坤钰
　　　　击乐:张建英　邓峰　李兵　陆峰
　　　　合腔:李冰琪

演出时间: 2016年10月15日

文字稿整理人: 罗敏

剧情简介: 范生送友返,经长街,见一孝女头插草标,询其情由,方知卖身葬母,范生赠银相助。

人物: 孝　女(闺门旦)
　　　　老　叟(老末角)
　　　　范　生(文生)

◎老叟面刷淡红,红鼻子,捆蓝(黄)绫帕,戴白抓子,嘴上挂麻二满满胡须,鱼肚白粗布衣,捆绦,下着泥巴色裤、长筒袜、夫子鞋,持竹杖。孝女,俊扮色淡,捆孝帕(拖于身后),孝衣系麻,白裤白鞋,头插草标。范生俊扮戴花二生巾,飘带系于帽上,穿玉色褶,下玉蓝色裤、白袜青朝鞋,持浅色马鞭。

【空场。老叟内呼:"女儿咧,走快点嘛!"孝女应:"来啦!"父女从下马门出。

老　叟　(唱【红衲袄·二流】)
　　　　　叹愚老自幼儿本地长大,
孝　女　(唱)老爸爸(唱"达"音)走南北贩过罗纱。
老　叟　(唱)谁知道行霉运生意做垮,
孝　女　(唱)一家人守薄田做点庄稼。
老　叟　(唱)得罪了火神爷家遭焚化,
孝　女　(唱)最痛心又死了疼儿的妈妈。
老　叟　(唱)棺柴板莫一副咋个把葬下,
孝　女　(唱)插草标愿卖身……
帮　腔　(帮)安葬白发。
老　叟　女儿咧,跪倒嘛!

【孝女跪于台左,老叟立女右侧,拭泪。范生乘马由上马门出。

范　生　(唱)从早间送朋友……
帮　腔　(帮)扬鞭走马,
范　生　(唱)归来时日当午急速返家。
　　　　　见孝女跪长街为的是啥……(干鼓垫眼:打打打……略思)
　　　　嗯!(下马)老伯!(施礼)
帮　腔　(帮)小大姐因何故草标头插。
老　叟　这个嘛……
范　生　请问老伯……
老　叟　我是乡巴佬,问路找不到。
范　生　学生不是问路。小大姐头插草标,是人卖草还是草卖人?
老　叟　相公,人卖草一挑,草卖人一标。(以哭声念)
范　生　老伯言及此事,眼含珠泪。不知何故如此呀?
老　叟　相公哇!老汉经商折本,又家遭火焚,更不幸是我老伴去了丰都……

范　　生　丰都……

老　　叟　死啦! 家无分文,才让女儿头插草标哇……(拭泪)

范　　生　哦……古人曰,男不入内,女不向外。小大姐抛头露面于世,令生实实难忍……(思)老伯,这里有纹银十两,安葬亡人后,还可暂度时日。

老　　叟　这这这……

范　　生　老伯不用推辞,(交银)学生去也。(牵马下)

老　　叟　女儿起来。(取草标丢地)那位相公赠纹银十两,回家安葬儿的母亲。所剩之银,为父再做个小小生意,可供父女糊口了。

孝　　女　爸爸,赠银相公家住哪里、姓甚名谁,日后也好报答。

老　　叟　哎呀,老子忘了问。

孝　　女　那就快请那位相公转来噻!

老　　叟　走远啦!

孝　　女　快喊嘛!

老　　叟　(望)走了半条街啦!

孝　　女　爸爸,快喊快喊……

老　　叟　好好好……(向内)张相公,李相公,赠银的相公请转啰!

范　　生　去远了!

孝　　女　闻声不远!

老　　叟　对对对,听得到声气,不算远啥!

范　　生　(内)来了!(上,拴马)老伯,叫生转来何事?

老　　叟　请问……

孝　　女　相公呀!

　　　　　(唱【一字】)

　　　　　　　请相公稍留步——

帮　　腔　(帮)民女启问,

孝　　女　(唱)问相公家何方尊姓高名。

老　　叟　(唱)问相公家何方尊姓高名。

范　　生　(唱)家住在本城地地名卉井,

老　叟　我们还是老乡嘛！

　　　　（唱）家住在本城地地名卉井，

范　生　（唱）贱姓范……

老　叟　哎呀，你跟我——外婆的外婆的外公同姓噻！

　　　　（唱）贱姓范——他姓范……

范　生　（唱）单名生……

老　叟　嗨！我两个的名字挨边啰——我叫熟！

　　　　（唱）单名生……

范　生　（唱）表字德承。

老　叟　我远房有个亲戚也会裱字画。

　　　　（唱）表字德承。

　　　　　　问完啦！

孝　女　（唱）儿问他……

老　叟　还要问哪？

孝　女　（唱）二爹妈……

老　叟　（唱）儿问他——我儿问你二爹妈……

范　生　（唱）早归仙境，

老　叟　哦……早到丰都啦！

孝　女　哎呀爸爸，他好可怜啊……

老　叟　（唱）再可怜怎比儿插标卖身。

孝　女　（唱）问相公几兄弟排行怎论，

老　叟　（唱）问相公几兄弟排行怎论，

范　生　（唱）上无兄下无弟只生一人。

老　叟　是根独苗苗！

　　　　（唱）上无兄下无弟只生——只他一人。

孝　女　（唱）问相公读诗书……

老　叟　（唱）问相公读诗书……

范　生　（唱）勤学发奋，

老　叟　（唱）勤学发奋，

范　　生　（唱）只可——惜……

老　　叟　（唱）只可——惜……

范　　生　（唱）赴京考榜上无名。

老　　叟　呵吙！

　　　　　（唱）赴京考榜上无名。

孝　　女　（唱）问相公……

老　　叟　（唱）问相公……

范　　生　（唱）老伯要问甚？

老　　叟　（唱）老伯——女儿要问甚？

孝　　女　（唱）儿问他呀哈吓哈吓……

老　　叟　（唱）儿问他——你呀哈吓哈吓……

范　　生　（唱）哈吓哈吓——是啥事因。

老　　叟　（唱）哈吓哈吓是啥事因。

孝　　女　（唱）心想问嗯……

老　　叟　（唱）心想问嗯……

范　　生　（唱）老伯请明问！

老　　叟　（唱）老伯请明问！

　　　　　把老汉都弄颠东啰！你究就要问啥嘛？

孝　　女　（唱）哎呀呀羞答答……

老　　叟　（唱）哎呀呀羞答答……

帮　　腔　（帮）难以出唇。

范　　生　老伯无话可问。时已不早，学生告辞了。（牵马原路下）

老　　叟　相公慢走！你呀你呀！老子晓得你要问啥！幸好过路的大嫂帮了一腔，不然，老子都下不倒台。

孝　　女　爸爸……

老　　叟　好了好了。赶快去买棺柴，请几个吹"雾嘟嘟"的，送你妈上山。

【吹【莫词哥】。

老　　叟　嗨！有现成的呀！（携女下）

233

4.周继培学生熊平安表演剧目《伯牙碎琴》(周继培传授、指导)

伯牙碎琴(胡琴)

《伯牙碎琴》是周继培老师传承给学生熊平安的。熊平安根据周继培的表演风格,把川剧的胡琴声腔和二黄音调以及扬琴的腔有机结合在一起。因扬琴跟川剧是兄弟剧种,四川扬琴跟川剧在唱腔、音乐等方面有共通之处,所以能相互借鉴和吸收。同时,青年作曲家刘枫在唱腔中做了一些加工处理,结合川剧的音调、胡琴、二黄并加以渗透和融合,最终形成川剧版《伯牙碎琴》。

演员:熊平安(周继培学生)饰俞伯牙,王涛饰钟老,廖敬饰童儿
乐队:司鼓:苟骥
    司琴:刘枫
    击乐:张建英　杨梓瑞　袁心皓　陈诚
    弦乐:陈蜀水　杨阳　宋婷婷　任小龙　候秋松　乔亮　回书瑶
    　　　贾建军

演出时间:2016年12月24日

文字稿整理人:罗敏

剧情简介:春秋时期晋国大夫俞伯牙与青年樵夫钟子期相遇相交的故事。俞伯牙善于演奏,钟子期善于欣赏。后钟子期因病亡故,俞伯牙悲痛万分,伯牙同子期之父去坟台祭拜,将所携之瑶琴摔碎,以谢知己。后终生不再弹琴。

人物:俞伯牙(简称"俞")
    钟　老(简称"钟")
    童　儿(简称"童")

俞:(唱)俞伯牙吩咐童儿忙带路,
　　　　后跟着楚国人晋国大夫。

想去岁与子期相逢琴作诱，

丝桐本是钓鱼钩。

韶光如梭一年有，

冬去春来夏又末。

为良朋难把心猿锁，

顾不得千里奔驰践旧约。

正行时突见得两条山路，

不由人低下头暗地踌躇。

童：老爷停步不走，这是为何？

俞：童儿，你来看，此地山分南北，路列东西，不知哪条路径是往集贤村去的？

童：老爷，常言讲得却好，要知山境路，须问过来人。主仆在此，不免稍坐片刻，倘有过踊跃路之人，问明路径再走不迟。

俞：童儿言得及时。吓，童儿你来看。

童：看什么？

俞：你来看百步之外，断桥湾处，有一衰年老者，往这里来了。

老丈，学生见礼了。

钟：请问官人，此礼何为？

俞：学生请问老丈，此间两条路径，不知哪条路径是往集贤村去的？

钟：官人不知，此间两路径，左手上集贤，右手下集贤，东去十五里，西去十五里，谷中适当其中。不知官人是往哪座集贤村去的？

俞：哎呀！贤弟呀贤弟，你乃聪明伶俐之人，然何如此糊涂，既有两座集贤村，何不对兄言明，此刻叫兄在何处访你？

钟：官人为何背地沉吟，想是前途指路之人未曾说明上下，这也无妨。想老汉在此历居三世，俗语云：住居三十载，无有不亲人。况这两座集贤村，不过三十余庄户，大都是洁身高蹈之流，不是老汉至亲，便是老汉的好友，官人何不将他姓字说出，老汉便知。

俞：这就好极了，学生是往钟家庄去的。

钟：吓，钟家庄访哪一位？

俞：钟子期先生,老丈可能识认

钟：什什什么?

俞：钟子期钟先生。

钟：敢莫是钟徽?

俞：正是。

钟：喂呀,官人儿呀!

  (唱)闻听官人访子期,

    不由老泪洒淋漓。

    断肠人怎闻得断肠语,

    薄命汉怕问的薄命的。

    人访儿儿究竟在何地?

  官人,

  (唱)别的人都不访端访子期?

俞：请问老丈同,钟先生是老丈的什么样人?

钟：(唱)他是我五旬时添生之子,

俞：钟先生或是在家,或是出外?

钟：官人。

  (唱)万不想临老来断绝宗支。

俞：吓,钟先生死了?

钟：死了。

俞：哎哎呀! 老丈我问的钟子期,钟先生哪?

钟：大人是我的儿哪!

俞：他! 他! 他! 他究竟得什么病死的。

钟：官人要问请听。

  (唱)想去岁中秋夜岩下避雨,

    辨瑶琴结一位生死相知,

    那大夫仕晋国姓俞名瑞

    他本是奇男子赏鉴不虚

　　　　爱亡儿在舟中结为兄弟
　　　　临行时又赠他黄金朱提
　　　　因此上归家来衣食颇裕
　　　　不采樵不奔走昼夜读书
　　　　痛冤孽为赶功心血耗费
　　　　数月间竟酿成大病难医
　　　　自五月初六日奄然而逝
　　　　到今朝屈指算亡儿百期
　　　　你教我热腾腾怎能抛去
　　　　我只想到坟台哭死不归
　　　　尊官人休笑我老来焦尾
　　　　我该是龙钟汉死填沟渠。
俞：（唱）俞伯牙急忙忙双膝下跪
　　　　尊伯父休将儿客礼相推
　　　　儿本是仕晋国姓俞名瑞
　　　　遇令郎曾结为生死相知
　　　　为令郎我不顾千里到此
　　　　万不想联群雁折翅先飞
　　　　老天爷不留我知心兄弟
　　　　我只想到坟台哭祭一回。
　　　　伯父升上，受侄儿一拜。
钟：原来就是俞大人，折杀老汉了。
俞：请问伯父，令郎在时，可曾思念俞瑞否？
钟：大人，想亡儿在时，朝也思念他的俞仁兄，暮也思念他的俞仁兄，想他病在垂危，将老汉同拙荆，请至榻前，他叫道一声爹妈：孩儿生不能养，死不能葬，葬不能祭，不孝之罪，通于天也。倘孩儿亡故，父母休得过悲，将儿尸骨葬在马鞍山足下，此地乃俞兄泊舟之处，我们约定今年中秋之时在此相会。孩儿生不能尽全交之情，死亦聊爽约之罪。今朝刚刚亡儿百期，俞大人你果然来了。

俞：哎,死不负义的贤弟。请问伯父,想令郎坟茔离此不远,侄儿欲到
　　坟台一祭,未知伯父尊意如何?
钟：大人要去,待老汉来领道。
俞：童儿,搀扶钟翁前行。
　　(唱)同行谷口转桥湾,
　　　　树木零落草迷漫,
　　　　秋峰瘠瘦秋水浅,
　　　　秋露如珠秋气寒,
　　　　到处秋光照秋涧,
　　　　一轮秋日满秋山,
　　　　俞伯牙正悲秋色惨。
钟：(唱)老钟翁遥指坟墓泪渍渍。
　　　　大人这就是亡儿的坟茔了。
俞：伯父请在土台稍坐片刻,待侄儿祭奠一番。童儿,将钟翁祭仪摆开,
　　爷的瑶琴端正,待爷祭奠你钟二老爷。吓,钟子期,钟徽!贤弟。
钟：儿呀,你的好朋友来看你来了。
俞：(唱)一见荒台泪长倾,
　　　　天涯何处访斯人,
　　　　蝴蝶梦残冢万里,
　　　　杜鹃枝上月三更。
　　　　兄为你不远千里走风尘。
　　　　兄兴说相逢同餐寝,
　　　　荆花一树永不分,
　　　　我满腔心血无处喷,
　　　　意中人竟做梦中人。
　　兄好悔耶!
　　(唱)悔去岁兄不该把黄金赠,
　　　　致使你不劳筋力反劳心,

这是我爱你反成害你命,

　　九泉下兄弟相逢怎甘心,

兄替你好愁!

（唱）只愁你堂上椿萱谁定省?

　　看看衰年渐凋零,

　　可惜你青年发愤藏学问,

　　只留青冢向黄昏。

　　黄梅未附你青梅损,

　　白发人反关黑发人。

　　情好未终先殒命,你叫我何处访知音?

　　俞伯牙直哭得心血长喷,

　　但见那汉扬江畔起愁云,

　　手抚瑶琴挥玉轸,

　　讴歌一曲吊幽冥。

　　贤弟阴灵心放稳,

　　待寿双亲我担承。

　　俞伯牙只哭得泪难忍——我的好贤弟

钟:(唱)钟翁上前忙劝忍,

　　莫为亡儿损金身。

　　大人不心过悲,倘大人有失,愚父子更加罪过了。

俞:伯父,昔太上忘情,其次不及情,情之所钟,正在我辈。令郎一死,

　　万无有知音之人,叫侄儿怎的不悲?

钟:请问大人,适才所抚之曲,声音何其哀怨? 老汉不知,倒要领教。

俞:侄儿适才所抚,乃是我弟兄去岁江边相会喜,今朝分离之惨,伯父

　　不絮烦厌,待侄口诵一遍:

　　（歌）忆昔去年今,江边曾会君,

　　　　今日重来访,不见知音人。

　　　　眼见一抔土,惨然伤我心!

　　　　伤心复伤心,不觉泪纷纷。

　　　　来欢去何苦？江畔起愁云，
　　　　子期子期兮,你我千金义,
　　　　历尽天涯无足语,此琴终兮不复弹,
　　　　三尽瑶琴为君损。

　　也罢。

　　(唱)伯牙诵罢二眉攒,
　　　　子期不在对谁弹？
　　　　丝妙里曾磨炼,
　　　　要觅知音难上难！
　　　　不做雅人甘俗伴,
　　　　也免我睹物伤情五内酸,
　　　　用力一举坟台拌,
　　　　随讴一曲吊荒烟。

钟:大人为何劈碎瑶琴？
俞:伯父,天下抚琴者多,而知音者少。令郎一死,乃无知音之人,劈碎瑶琴,誓不手抚弄了。
钟:可惜了,可惜了！
俞:请问伯父,或是上集贤居住,或是下集贤居住？
钟:愚老在下集贤,第八家便是。
俞:童儿,看黄金二镒,伯父拿回家去,一半代令郎甘旨之奉；一半多买几亩祭田,为令郎春秋祭扫之资源；侄儿回至晋阳,辞官不做,迎接伯父伯母,以终天年。伯父休以外人相待,子期即吾,吾即子期,伯父升上,受侄儿一拜。
俞、钟:(唱)两下含悲痛别离,
　　　　离情眷恋为子期。
钟:(唱)老钟翁哭回村庄里,
俞:(唱)伯牙寻舟到水湄。
俞同:(唱)回晋阳辞官不做归桑梓,
钟同:(唱)俞大人品格高尚重情义。

俞同：(唱)迎接二老奉庭帏

钟同：留德美名后人提。

　　(大腔)此本是一夜之交千古义，

　　　　　流传后世表芳徽。

(五)传承教学片制作

传承教学片是经过蒙太奇手法，把多机位拍摄的画面按照教授的时间顺序剪接整理，体现传承人授徒、对徒弟具体实践指导、关键技艺演示等内容的影片。[①]可以通过一个故事、一出戏、一套舞蹈、一个作品的完整指导及学习实践过程体现。

传承教学片中体现的技艺绝活、专业术语等需加字幕或者题板说明，尽量完整、全面地体现传承人的传授过程。注意体现特殊传承关系，如祖孙等，也可以题板的方式标注。

一部好的传承教学片，应该把传承人身上承载的技艺和代表性作品尽可能完整地记录下来，传承下去。这对于川剧来说，是个挑战，因为一些传承人的代表性剧目较多，一个剧目几个小时，选择时必然要有所取舍，也要有所设计。可按采访、唱腔、表演、剧目等多种类型讲授说明，尽量充分反映传承人的教学方法和教学过程，尽量选择最有价值的内容，体现传承教学的丰富性、代表性。

下面以笔者整理的采访川剧国家级代表性传承人夏庭光的徒弟，文字稿为例：

采访夏庭光徒弟

采访时间：2016年5月16日下午

采　访　人：罗敏

受　访　人：夏庭光徒弟饶春、李润、易传林

采访地点：重庆市川剧院(人和)3楼排练厅外

文字稿整理人：罗敏

[①] 田苗：《非物质文化遗产影像保护初探》，《艺术评论》，2016年第7期，第108页。

(1)采访饶春

问:饶老师,请先自我介绍一下。

饶春:我叫饶春,是夏老师的徒弟,攻武生行。

问:饶老师请介绍一下夏老师表演的艺术特点?

饶春:他刻画人物细腻,还有他对挚爱的川剧事业兢兢业业,每次看他的戏得到的观后感是他对人物塑造比较丰满,对人物刻画入木三分。

问:饶老师请讲一下你是什么时候拜夏老师为师的?

饶春:很多年前,我们回团的时候就认识夏老师,拜师时间是去年5月份左右(注:2015年5月)。

问:夏老师教过你哪些戏?

饶春:教过《借赵云》《李肃说布》《夜探浮山》

问:他教你的第一个戏是什么?

饶春:《借赵云》。

问:你当时是怎样塑造人物形象的?

饶春:三国戏演起来很难,其实我塑造得都不是很好,我演的角色是赵云,赵云这个三国人物争议很大,而且人也年轻,演好这个人物特别不容易。老师在旁边跟我说这个故事情节,为什么要借赵云,将这个戏脉和戏路整体都一一给我讲解,我还是顺利把赵云演下来了,当然越演越好,慢慢去找人物的体会。

问:跟随夏老师这么多年,你学到什么表演技巧?

饶春:技巧我觉得不是学的,是从老师嘴巴里面,从老师一言一行中再加上不断地舞台经验积累去感受、积淀这个过程。老师一直强调的是(他有句话说得好,是师爷说过他的,他又说给我们的)"学他者生,像他者死",不知道你们能不能体会这句话。

问:夏老师教你的令你印象最深刻的戏是什么?

饶春:《李肃说布》

问:你演什么角色?

饶春:我演吕布,那个戏既要文又要唱又要舞,比较全面。

问:有没有什么心得体会?

饶春:反正我们这戏是学无止境,我的体会是够得学。

(2)采访李润

问:李老师,请先自我介绍一下。

李润:我叫李润,是夏庭光老师的徒弟,我学的是老生。

问:李老师,你可以介绍一下你了解的夏老师的表演艺术特点吗?

李润:夏老师他是武生出生,他的基本功非常的扎实,在舞台上塑造的人物非常的丰满,刻画人物非常的细腻,入木三分。每次演出不管是内行还是外行都要为他竖起大拇指,非常受观众的欢迎。

问:李老师你什么时候开始拜师学艺的?

李润:我是2016年4月份拜的夏庭光老师为师。

问:目前为止,夏老师教过你哪些戏?

李润:夏老师教过我的戏有《空城计》《举狮观画》《韩信问卜》,还有大幕戏《连环计》,印象最深的是夏老师的《空城计》。

问:你在剧中扮演什么形象?

李润:这个戏是三国戏,《空城计》主要演员是诸葛亮孔明,在这个戏中我得到夏老师从唱腔、表演上(指点),学到一些东西。自己感觉和以前比起来从唱腔和表演上都有些提高。

问:你在戏中演什么角色?

李润:演诸葛亮。

问:李老师,夏老师教你的第一个戏是什么?

李润:就是《空城计》。

问:那你在戏中怎样塑造人物形象的?

李润:人物是三国中的诸葛亮,他是刘备的军师,他是足智多谋的一个人,很有心计,上知天文下知地理,就像我们现在说的文化素养和各方面素质都很高,还是一个善于用兵、善于行兵布阵的一个人,而且很有城府。在舞台上既要表现出他的足智多谋,又要表现出他的沉着稳重,遇事冷静,所以这个人物很不好把握;但是这个戏我自己印象还是很深刻,通过老师的教诲使我有一定提高。

问:李老师,你主要从夏老师那里学了什么样的表演技巧?

243

李润：主要是口条功、扇子功、褶子功、靴子功等等。

问：在表演方面，你有什么样的心得体会？

李润：总的来说，夏老师是学武生的，武功很扎实，有武生的基础，又有老生的基础，所以他在舞台上的表现就很能感染观众，我自己也深深体会到，以后还要多向老师学习，争取在川剧事业道路上越走越远。

（3）采访易传林

易传林：我是1964年9月20日出生，1978年考到四川省川剧学校，1983年就分配到重庆市川剧一团，后面到川剧二团、川剧院，1984年底我就拜夏老师为师。

问：你演什么角色？

易传林：我演小生。

问：易老师，可以介绍一下你所了解的夏老师的表演艺术特点吗？

易传林：他的唱、做、念、打各方面都很精，他是大家都很敬重的一个老人，对事业确实是鞠躬尽瘁。

问：夏老师教过你哪些戏？

易传林：《水牢摸印》《花月亭》《放裴》等等，太多了。

问：你印象最深刻的戏是？

易传林：《水牢摸印》，唱、做、念、打。

问：你在戏中演什么角色？

易传林：演的是一个受冤枉的官，遭打入水牢后为了鸣冤，被一个丫鬟带出去。

问：夏老师教你的第一个戏是什么？

易传林：就是这个《水牢摸印》。

问：这些年中从夏老师那里学了什么样的表演技巧？

易传林：基本上是唱、做、念、打，涉及川剧的各方面。

问：夏老师教你怎样塑造人物形象的？

易传林：比如一个剧本拿下来，老师就要讲这个是什么剧情，该怎么表演，是什么人物，具体背景是什么，年代是什么，他要给你叙述。听老师阐述后我在心目中就有个框架了，就能表演出来。

(六)综述片制作

综述片是对所拍摄的口述片、传承教学片、项目实践片以及收集素材等内容经归纳、精选、艺术化处理,运用蒙太奇手法剪接形成的,综合性地体现以传承人为核心的技艺、表演、传习活动等独特魅力的影片。综述片是在三个文献片的基础上,选取不同景别、不同拍摄方式中最具美感、最有代表性的镜头,内容包括所处的文化空间、周围环境、传承人口述访谈、技艺、绝活、师承等,是对传承人及其项目的特色展示。综述片可进行调光、调色、配音、配乐、特效、解说等艺术化处理。剪辑上应适当插入能反映项目的空间及个人生活空间的空镜、生活场景。综述片还应有基本的包装,片头片尾、字幕标准及成片生成格式(参见文献片要求)。综述片时长为0.5—1小时。

文献片与综述片之区别在于:文献片只做基本剪辑,加唱词字幕和提示性题板字幕,如时间、地点、人名、作品名、步骤名、服装头帽及其他重要信息。不配音乐、一般情况不做特效(除画面技术缺陷、隐私规避等特殊情况外),一般情况不配画外解说(某些特殊情况,可由专家进行配音解释);综述片用于传播,可进行艺术加工、处理。可配乐、配音、特效。有故事、线索,追求感染力。

需要注意的是,在撰写综述片文字稿前,我们应对传承人口述访谈、项目实践、传承教学、收集资料等素材了然于心。要清楚综述片内容,要反映出传承人的从艺经历、生活状态、艺术成就、传承业绩和对剧种发展的贡献。要查阅川剧文献资料和传承人的相关资料,最终形成高质量综述片文字稿。

下面以笔者撰写完成的川剧国家级代表性传承人夏庭光、周继培老师综述片的文字稿为例:

(1)夏庭光综述片文字稿

川剧系重庆市首批国家级非物质文化遗产代表性项目,重庆川剧历来以剧本的文学性,表演的精湛性,声腔的多样性,击乐的独特性,绝技的神奇性与大俗大雅的渝派风格,名传遐迩,声誉卓著。重庆川剧拥有许多杰出的表演艺术家,夏庭光便是其中的一位。他倾其毕生的心血和才华为我国的川剧事业做出了贡献,是中国川剧的领军人物之一。[可插入川剧院人和剧院外景等]

夏庭光的艺术生涯

夏庭光,1933年1月(农历正月初一)出生于重庆,原名夏明德,庭光乃业师张德成老先生为他起的艺名,祖籍四川岳池。重庆第二批国家级非物质文化遗产项目川剧代表性传承人,国家二级导演。中国戏剧家协会会员、重庆市川剧艺术学会副会长、重庆市川剧院艺术委员会主任,曾任重庆市川剧院副院长。他不仅主攻川剧文小生、武小生、还兼演武丑、小生丑、须生、靠把老生、小丑等行的戏兼任导演。

夏庭光在戏班上出生,戏班上成长,他的父亲是川剧名丑夏长清,得父亲朝夕熏陶,5岁就登台演出全本高腔戏《芙蓉画》中的主角之一苏生。父亲让他拜须生大师张德成为师,习文武小生。随着年龄增长,他广采博纳,又参师武生大王彭天喜、文武小生泰斗兼须生大家姜尚峰,转益多师。夏庭光的几位老师都是造诣极高的川剧顶尖人物,师高弟子强,也正是这些老师的栽培,铸就了他今天的成就。夏庭光嗓子好扮相好,又悟性高且勤奋好学,技艺与日俱增。抗日战争时期,为躲避日本飞机的狂轰滥炸,于1939年随父亲到贵州搭班唱戏,抗日战争胜利后,1946年又随父亲返回重庆,在得胜舞台演出。建国后,得胜舞台更名重庆胜利川剧团,后并入重庆市川剧院。夏庭光从此在重庆市川剧院当演员,能戏甚多,主要的代表剧目有《萧何追韩信》《周仁献嫂》《借赵云》《活捉子都》《断桥》《李陵碑》《盗书打盖》《徐策观阵》等。1952年起兼任导演至今,1959年参加中国戏曲学院导演进修班深造。导有《赤道战鼓》《五台会兄》《白面虎肖方》《赵氏孤儿》《枫叶红了的时候》《八珍汤》等剧目200余出。并回忆撰写了前辈艺术家诸多鲜为人知的表演技艺实例,形成了《川剧传统导演手法选例》《川剧品微》《川剧品微续集》等专著,在全国报刊发表导、表演类文章600多篇,论文30余篇。

倾其一生传承不辍

夏庭光从艺的80年里,演过的大戏、小戏200多出,深受川剧戏迷的喜爱。在其舞台生涯中,他博采众长,千锤百炼,形成了自己的特色,而且艺高德昭,"桃李满天下",先后培养了熊宪刚、彭欣綦、张建平、易传林、封世海、饶春、李润等徒弟40余人,传授剧目100多折,使川剧艺术传承下去。[这里可插入夏庭光教授学生的视频(教张严威《柳毅遇美》,教封四海《李陵碑》,教易传林《活捉李甲》)以及采访3位徒弟饶春(武生)、李润(老生)、易传林(小生)的视频]

夏老师在他退出舞台一线之后并没有安享度日,仍坚持导演他最挚爱的川剧,将自己的毕生所学传授给徒弟和后辈演员。他艺高德昭,"桃李满天下",先后培养了朱启云、王声刚、张建平、熊宪刚、彭欣綦、孙群等徒弟40余人,传授剧目100多折,使川剧艺术传承下去。他传授的最大特点就是以川剧传统手法为基础,灵活运用川剧传统手法为戏和人物塑造服务。[这里插入传承篇徒弟演出剧目片段:化妆片段,《李陵碑》封四海(徒弟)饰杨继业;《活捉李甲》易传林(徒弟)饰李甲,王蓓饰杜十娘;《李肃说布》饶春(徒弟)饰吕布,车小佩饰李肃]

夏庭光腹笥丰、造诣深。他拥有80多年的表演艺术实践经历,对戏曲舞台传统艺术相当熟悉,在创造人物方面有诸多可贵的经验,后又系统学习了斯坦尼斯拉夫斯基的和布莱希特等导演理论,具有丰富的导演文化积淀和较高的理论艺术修养。从1952年至今,夏老师导演的剧目300多出,题材、风格多样且多有精品。他竭尽全力导演、改编川剧,在分析剧本、艺术构思和表演艺术程式运用中有许多创新,为川剧与时俱进发展做出了重要贡献。川剧导演艺术是一门实践性、科学性很强的艺术学科,要求导演的思想、艺术修养是多方面的、高标准的。夏老师在导演一系列剧目中逐渐形成自己的导演风格,产生了很好的艺术效果。他导演的剧目中,《白面虎肖方》堪称是对川剧传统戏改编的典范作品。《白面虎肖方》根据川剧传统戏《打红台》和《聊斋志异 庚娘》改编而成,夏庭光担纲导演。《白面虎肖方》老戏新编,既保留了传统高腔不用管弦伴奏等手法,同时又做了一定的创新发展。[这里可插入排练《白面虎肖方》时夏庭光教授学生(徐超、易传林等)的视频以及《白面虎肖方》排练视频片段]

夏庭光表演艺术特点及人物塑造

　　夏庭光在八十年的舞台实践中,逐渐形成了他独特的表演艺术风格,更有许多的拿手绝活,为艺界名人及广大川剧观众所称道。他继承传统却不拘泥于传统,大胆革新却不脱离行当,在不同剧目的表演中做到人无我有,人有我新。他塑造的角色千变万化,带来了川剧表演的全新体验。以巧出戏,以艺塑人,以情动人,是夏庭光表演艺术的一大特色。他十分重视对剧中人物的分析理解,并在此基础上探索、创新,塑造出鲜明生动而又不落窠臼、别开生面的人物形象,带给人们美的享受和心理慰藉。如《范生赠银》中老叟的表演,《白帝城托孤》中的刘备唱腔和表演的运用,《马房放奎》中陈容等均为人称道,赢得满堂喝彩。[这里插入夏庭光实践篇化妆片段,《范生赠银》(高腔)(夏庭光饰老叟,易传林饰范生,谭小红饰孝女),《白帝城托孤》(胡琴)(夏庭光饰刘备,陈诚饰孔明,张帆饰太监),《马房放奎》(胡琴)(夏庭光饰陈容,易传林饰奎生)]

　　夏庭光戏路宽能戏多,生旦净末丑,样样精通,他文武兼备,既能演以唱为主的戏,又能演以武为主的戏,他熟谙五种声腔,昆高胡弹灯无所不知。他娴熟于戏曲程式又不拘泥于戏曲程式,敢于借鉴,勇于创新,塑造了众多生动鲜活的艺术形象,享誉艺坛。

　　"为川剧鞠躬尽瘁,死而后已",这是夏庭光的座右铭,作为一位川剧国家级代表性传承人,夏老师是实实在在扎根川剧,守住了川剧的传统。他塑造、导演了一个个既鲜活又灵动、既丰满又突显的人物形象,收到了震撼人心的艺术效果,为中国川剧史谱写了极其华丽而又丰富的篇章。

　　(2)周继培综述片文字稿

　　川剧,是重庆地区最具地域特色和民族特色的传统戏剧文化。重庆川剧荟萃前辈大师名家名角,周继培是一大批川剧表演艺术家中的佼佼者。[可插入川剧院人和剧院外景等]

　　著名川剧表演艺术家周继培先生,在川剧的生角行当里,是一位承上启下、继往开来的人物。他是川剧生角泰斗贾培之先生的"入室弟子",是"贾"派的传承人,为生角舞台艺术的流派纷呈、争奇斗艳开了先河,铺设了道路;他融川剧"贾"派和四川扬琴演唱为一体,继承发扬了"贾"派的舞台表演艺术;他是川剧、扬琴两门报的"唱口先生",对研究生角的声腔、念白、完善生角的表演方面做出了重大贡献;他以伯乐的慧眼,发现人才,培养人才,因材施教,诲人不倦,为川剧事业造就了一批人才!七十余年间,周继培先生倾其毕生的心血和才华为我国的川剧事业做出了贡献,是中国川剧的领军人物之一。

周继培艺术生涯

周继培,1928年2月出生于四川达县(今达州)城关,原名周华德,后其师傅贾培之将其名改为周继培,第三批国家级非物质文化遗产项目川剧代表性传承人,国家二级演员,行当正生、老生。他创造性地在唱腔上吸收扬琴腔和京戏曲牌、昆腔等,丰富和发扬了川剧声腔艺术。代表剧目有《马房放奎》《空城计》《古城会》《挑袍》《长生殿》《伯牙碎琴》《沉船夺斧》《渡芦》等。

周继培从小家境贫寒,他还有一个哥哥。4岁时父亲去世,母亲改嫁谭家。他先由外婆扶养,到8岁时才回到母亲身边。继父谭某在大南街开了一家修理铺,修理钟表、自行车、留声机等,特别喜欢唱川戏"玩友"。

周继培从小家里有一台早些年的留声机,并有川剧杰出名家贾培之、张德成、天籁、肖楷成、竞华以及谭(鑫培)派、言(菊朋)派的珍贵唱片。他常闻的是川戏锣鼓、川戏唱腔,常见的是"打铜街"(川剧击乐)的师傅和"玩友"帮的川戏迷。从小耳濡目染,喜爱上了川戏,加之他天生一副好嗓子,对声腔的悟性特好,一听就会,过耳不忘,经常清唱,逐渐成了一名小玩友。

1938年,小继培刚满10岁便随继父到宣汉县城唱"玩友",尽管茶园高朋满座,他一点儿都不怯场,还受到众多"玩友"的诸多夸奖。有一位达县的张潜武先生,寄居成都,爱好川剧,偶然听到小继培的清唱,认为他若得名师指点,必然成就非凡。1941年,张先生有意把他推荐到老生行泰斗贾培之门下学艺。贾培之先是拒绝的,当听到周继培高亢明亮,精神饱满的演唱,加上知晓周继培贫寒的身世,以及长途步行数百余里投师的一片赤诚之心,贾培之老师为之所动,答应收下他为入室弟子。拜师后,周继培向贾培之学艺,从此步入梨园行。

贾培之当时名震全川,深受四川人民敬仰,对学生要求很严。他擅长正生、老生、花脸。老师收徒后,将周华德改为周继培(继承贾培之),由此说明,贾培之老师已将周继培作为自己的传承人来培养,犹如己出。不到一年,他就教其表演《马房放奎》,并在成都、温江、广汉等地演出。周继培不久登台演出,颇得观众好评,乃师亦大为赏识,其间一直在三庆会(成都市悦来大戏院)和周边习艺演戏。

贾培之老师对继培爱护备至。贾培之不仅有真才实学,而且能够根据继培天生的条件、气质和基础,为他选择适合他演唱的剧目,帮助他创造适合于自己演唱的唱腔,教给他不同风格的表演。《柴市节》是贾培之的拿手好戏之一,周继培经常给老师配演老仆,每次演出都使观众感动得掉泪,观众称赞说:"不仅贾培之先生把文天祥演活了,而且配戏的周继培也演得动人。"老师经常对周继培说:"演员在台上不能有半点儿马虎,不能在演出中走神。"就是在平时的私下排练,老师也要求周继培要全神贯注。[插入周继培谈师傅贾培之视频和贾培之怎么教导的视频]

同所有进科班从事学艺的学员一样,周继培也是从最根本的基本功学起:磕腿、拿顶、下腰、上道板、走台步、推衫子、打把子、吊嗓子……日复一日,日积月累,术有专攻。经过名师几年的严格教导,周继培继承了"贾"派老生擅演表现悲剧人物、表达人物激昂情绪的代表剧目《柴市节》《马房放奎》《古城会》《刀笔误》《挑袍》《空城计》《三击掌》《天雷报》《别宫出征》《渡芦》等诸多唱功佳剧。周继培除师承贾培之专习正生外,还向川剧前辈艺术家张德成、天籁、萧楷臣学艺,博采众家之长,唱腔功力倍增。[插入周继培谈向张德成、天籁、萧楷臣学艺的视频]

1950年成立大众剧院后,周继培开始唱大幕戏,20岁开始唱主角。周慕莲大师到成都接他和喻培武、陈桂贤、王成康到重庆市实验川剧院担任演员工作。随后常跟周慕莲、贾培之老师到北京中南海和吉祥剧场演出,后到全国各地演出。

1953年周继培赴朝慰问表演(以队长身份带队到朝鲜)。后参加赴北京、上海、南京等地演出。他的《马房放奎》《空城计》《古城会》《挑袍》《长生殿》等剧目获得赞扬。川剧和扬琴录制成唱片的有七、八十个曲目,川剧唱片有《马房放奎》《古城会》《挑袍》等。录制成曲艺、扬琴唱片有《沉船夺斧》

《渡芦》等。[插入表演的老照片]

1956、1957年周继培开始带川剧训练班。1958年他被调到一个汽车兵团,参加劳动锻炼,随后回来。1959年,剧院要求学习扬琴,后来组织了扬琴大会在山城曲艺场演出,看演出的人很多,他唱得较多的是《楚道还姬》,随后他被借调到文化局工作,档案在川剧院。

1979年,周继培担任四川省川剧学校重庆班教师,培育新人。

1985年,周继培退休,但他并没有居家乐享清福,一腔心血仍用在传承川剧唱腔中。

唱腔艺术特点

周继培被誉为扬琴、川剧"双栖演员"。他善于将扬琴唱腔糅合于川剧【胡琴·二黄】唱法之中,令其水乳交融,丰富了【二黄】的唱腔,亦增添了【二黄】声腔,更好地来刻画剧中人物。如《马房放奎》老家院护送奎荣脱险的一段【二黄阴二流】:"二相公免虑休悲痛,老汉言语你记心中。翡桃小姐是禽中凤,得人点水要报九重……"不仅巧妙地揉入了扬琴戏腔,而且吸收了小生的唱法,采用大小嗓、宽炸音并用的表现形式,使得人物的唱、念铿锵有力,富于音乐性和节奏感,形象地表现出老家院的嘱咐之情。一句半句或一点点扬琴腔渗透其间使腔多些变化,使嘱咐之情更浓。[插入谈川剧声腔和扬琴糅合视频以及《马房放奎》演唱视频]

周继培有一副好嗓子!戏曲艺术讲究唱、念、做、打四功,唱是第一功。有一副好嗓子,再加上其他的条件,这是周继培所以能成为贾派传人,成为观众喜爱的艺术家的重要原因。周继培演唱艺术旳特点是腔调质朴、酣畅、遒劲,唱来响遏行云,亢奋刚烈。周继培认为,对于传统艺术,要既尊重它、学习它而又不拘泥于它,让它把人框死,只有在继承传统的基础上进行创造革新,才能有前途。他不拘一格、博采众长、兼收并蓄,从传统的扬琴戏中吸取营养,丰富自己。在学习和继承的前提下,结合自己的条件和特点,大胆地进行探索和创造,从而形成了他自己的艺术特色。[插入谈唱腔的相关视频和演唱视频]

周继培遵循川剧前辈和业师贾培之的谆谆教导,尤讲究"字正腔圆"和"曲情"。"字正腔圆"是每个演员学唱的必备条件;"曲情",是演唱艺术最高的审美境界,也是每个演唱者所悉心追求的目标。川剧艺决"依腔就字,字不见劲,腔必减色。腔出字,字出味。腔准于情而生于字,字正而后腔圆"。唱功是川剧表演中最重要的表现手法,演唱最基本的要求是字正腔圆,节奏准确,以字生腔,以情带腔,从而表达剧中人物的情感。周继培在学习贾培之老师用腔的基础上,掌握了传统的曲调、唱腔,并根据自己嗓音的特长,做出了一些新的艺术处理,收到了很好的效果。[插入谈字正腔圆的相关视频和演唱视频]

倾其一生传承不辍

传承川剧技艺,培养川剧继承人。从1979年起,周继培担任四川省川剧学校重庆班的教师,他以伯乐的慧眼,发现人才,培养人才,因材施教,因势利导,循循善诱,诲人不倦,为川剧、扬琴事业造就了一批人才。周继培教授熊焕文、刘卯钊、官光莉、沈铁梅、曾桢、钟斌、李秋萍、王娅、熊宪刚、何玲、陈小红等演员,不仅是选剧目、编唱腔、排场子、编舞蹈、改本子、安俏头等方面,更重要的是,周继培传授给学生勇于创新的精神及善于创新的经验和技巧。[插入谈教学员的相关视频、教授学生李贤文和熊平安视频以及熊平安舞台表演剧目《伯牙碎琴》视频]

他的教学主张是:一、量体裁衣,人尽其才;二、要教好戏,要学好戏;三、学不取巧,教不藏私;四、要有心戏,演谁是谁;五、不主张机械模仿,标榜派别。这五条教学主张,既有对教师的要求,又有对学生的要求;既有演唱艺术标准,又有对角色的认识和理解。周继培采用了这些符合艺术规律的、科学的教育方法,加上他对前辈艺术家创作特长的继承和发展,为川剧的教育事业做出了贡献。

[插入谈教学主张]

(七)工作卷宗

工作卷宗,指从抢救性记录工作开始到结束形成的全部工作内容记录文本和收集的文献、精选照片、口述文字稿等经过整理、加工的文献资料。包括以下内容:传承人基本信息登记表、工作方案及预算表、抢救性记录工作小组成员表、工作人员保密协议、搜集资料清单、资料搜集与使用授权书、伦理声明、著作权授权书、资源采集收藏与使用协议、拍摄日志、场记单、采集及整理资料清单、口述文字稿、精选照片等。

若工作内容记录文本为纸质版，需扫描成电子版，放入工作卷宗下的附件文件夹。

（八）文献的命名与保存

1.文献命名

各类文献及其所在文件夹的命名方法和层级关系如图10所示：

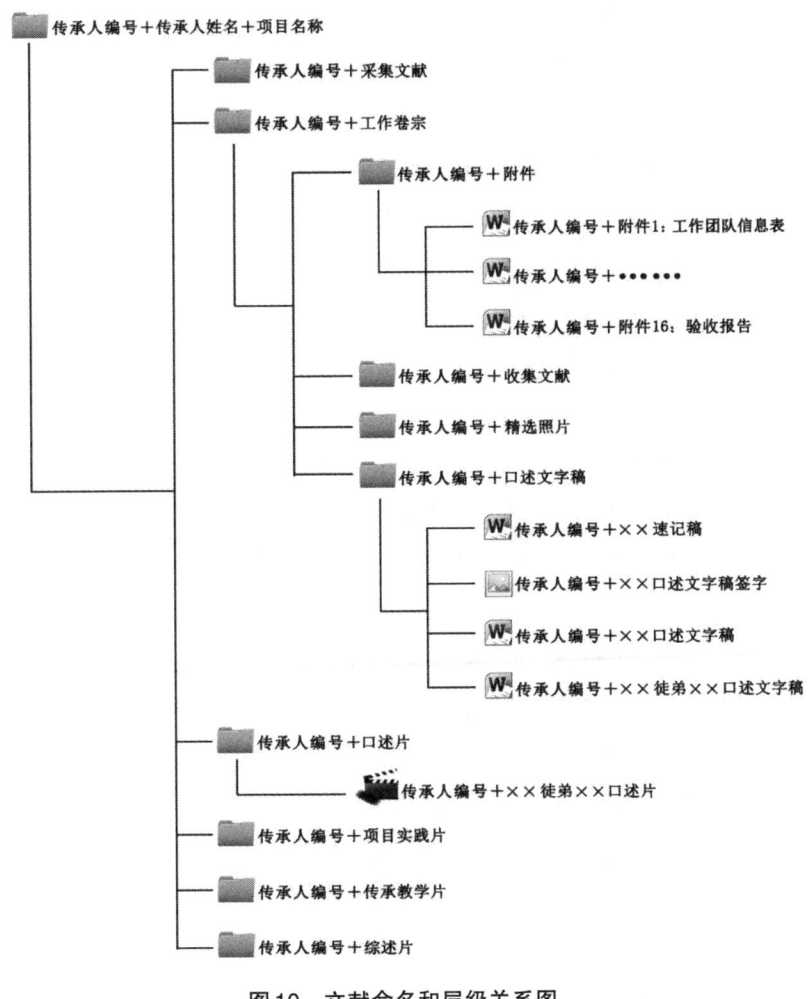

- 📁 传承人编号＋传承人姓名＋项目名称
  - 📁 传承人编号＋采集文献
  - 📁 传承人编号＋工作卷宗
    - 📁 传承人编号＋附件
      - 📄 传承人编号＋附件1：工作团队信息表
      - 📄 传承人编号＋……
      - 📄 传承人编号＋附件16：验收报告
    - 📁 传承人编号＋收集文献
    - 📁 传承人编号＋精选照片
    - 📁 传承人编号＋口述文字稿
      - 📄 传承人编号＋××速记稿
      - 📄 传承人编号＋××口述文字稿签字
      - 📄 传承人编号＋××口述文字稿
      - 📄 传承人编号＋××徒弟××口述文字稿
  - 📁 传承人编号＋口述片
    - 🎬 传承人编号＋××徒弟××口述片
  - 📁 传承人编号＋项目实践片
  - 📁 传承人编号＋传承教学片
  - 📁 传承人编号＋综述片

图10 文献命名和层级关系图

2.元数据编目

为保证信息管理及文献查询的有效性,需对文献片、综述片、精选照片进行简单编目。元数据主要包括以下信息:

题名:填写对应文件名,如02-0452××口述片01。

传承人:填写传承人姓名。

文献类型:填写口述片/项目实践片/传承教学片/综述片/精选照片。

项目类别:填写传统戏剧(非遗十大类别)。填写实施单位名称。

项目实施单位:填写具体拍摄者,以职务+姓名的方式填写,如项目负责人××,具体内容同片尾滚屏字幕。

拍摄者:填写具体拍摄者,以职务+姓名的方式填写,如项目负责人××,具体内容同片尾滚屏字幕。

拍摄时间:填写拍摄持续时间,格式如2016.3.9—2016.12.9。

拍摄地点:填写所有拍摄地点,以场记单的顺序填写,不同地点以逗号间隔。在农村的,名称从县名写到村落;在市区的,名称从市名写到街区。

内容描述:概括影片、照片的内容。

格式:填文件格式,如MPEG。

语种:填写片中语种。

3.复制保存

文献编辑整理后整体进行复制,至少一式两份。一份永久保存,除特殊情况外不可使用。另一份作为素材母盘,只做读取和后期资料查询等使用。如果有条件,应用不同的存储介质保存,且异地备份。

同时,还需配备抢救性记录资料的档案库房,对库房进行严格的温湿度控制,库房的温湿度应以光盘、硬盘档案存放标准为准(即温度为4℃—20℃,相对湿度为20%—50%);配备除尘、防火、防紫外线、防高度磁场和电场的设施,配备自动监控设备等,并定期检查。

第三节
影视人类学视野下的非遗抢救性记录实践

一、影视人类学与影像民族志方法

(一)影视人类学简介

1.影视人类学

影视人类学是以影像与影视手段表现人类学原理,记录、展示和诠释一个族群的文化或尝试建立跨文化比较的学问[①]。它包括人类学的各个方面,但中心是人类学影片的摄制以及建构关于人类学影片的方法论。影视人类学的路径是以"人物"为中心,侧重"生活世界",侧重于"点",以"点"带"面"。

2.人类学影片

人类学影片是在人类学理论指导下,综合运用人类学研究的科学方法和影视学的表现手段,对人类文化进行观察和研究,所取得成果的形象化表述[②]。人类学影片可分为两种,一种是作为学术论文的影片——影像民族志(狭义),一种是作为人类学研究素材的影片——呈现社会文化模式(广义)。人类学的路径是以"人群"为中心,侧重"社会""文化",侧重于"面"。

3.人类学影片(狭义)与文化纪录片的区别

其一,影片依托的知识体系和认知方法(民族学、人类学、社会学等)

其二,人类学影片以理解和阐释人类文化意义为诉求,人文纪录片以描述和传递人类文化现象为目的。

其三,民族志影片是向属于一种文化的人们解释属于另一种文化的人

[①] 庄孔韶:《文化与性灵——新知片语》,湖北教育出版社,2001年,第113页。
[②] 张江华等:《影视人类学概论》,社会科学文献出版社,2000年,第25页。

们的行为[①],而文化纪录片主要是一个社会的文化模式的"呈现者"。

其四,人类学影片一般以解释性叙事结构作为理解和阐释文化内涵的方式。

(二)影像民族志方法

1. 知识体系——民族志影片的结构基础

民族志影片的结构是作者对摄录对象进行研究、理解、解释和知识传递、传播的过程,它依托自己的知识体系,有目的地建构某种表达结构,选择适合的表达形式来表现自己对艺术文化的深刻理解,这就是搭建影像志结构的过程。

2. 理论体系——从古典进化理论到文化解释理论

从文化进化论到文化相对论,当代影像民族志对文化的态度开始逐渐抛弃传统的一元化知识观和科学观,从寻求规律的实验性科学,转向探求意义的解释性科学,影视人类学和影像民族志也经历着围绕"他者"的认识论形成过程。影像民族志由于其独有的不同于文本的表达方式,它的知识观和方法论需要从寻求普遍意义的一般性原则的科学主义方式转向具体细微的田野个案考察"地方性知识",从追求规律的理论阐述,转到寻求各种可能性的意义解释,以"文化深描"的方法关注和揭示行为与文化之间的关系,由此来解释行动的意义。同时"文化深描"也使影像作品具备从资料性发展出思想性和学术性的可能。

3. 影像民族志通过建构解释性结构来进行文化"深描"

解释性结构是基于学术目的的叙事建构过程,应包含以下过程:

以参与观察的田野工作方法了解"地方性知识";

以文化整体性和相对性视野对"他者"进行深度影像描写;

以主位和客位方法作为解释性结构的认知方法;

作者化的表达使影片形成关于"人观"的影像"写作"。

其一,影像民族志需要发展出自己的叙事方法

(1)常规叙事方式是以故事、人物、事件、仪式过程等推动的叙事进程的方式。

---

①[意]保罗·基奥齐:《民族志电影的起源》,知塞译,《民族译丛》1991年第1期,第41页。

其二,学术化叙事方式主要是以学理推动型和学理解构型等推动叙事过程的方式。

其三,作者化的学术作品是从非虚构影像"写作"到学者电影(如喜马拉雅山地民族影像志)。

二、影视人类学方法在非遗纪录片实践中的应用

(一)"跨文化比较"是民族学的传统研究方法,也可以是开展非遗记录工作的基本语境

"跨文化"是立场、观念和方法。因为"文化"是一个"相对存在"概念而不是一个绝对概念,Fredric jameson认为,文化源自至少两个群体以上的关系,任何一个群体都不可能独自拥有一种文化:文化是一个群体接触并观察另一个群体时所发现的氛围[①]在非遗纪录影片的实践中,或具体到对每个文化事项的影像描写中,关照文化的相对性,而不单单孤立地描写行为过程,将会有效地进行跨文化呈现和传播。而建立这种相对的关系在影片中,往往是作者代表的主流文化的"自我"与观察描述的"他者"之间的关系。

(二)"文化的整体观"是非遗研究纪录的重要立场,是基于文化相对性的观察角度

传统的影像志由于专注于具体的文化事项描写或特定的问题化表达,以及影像的具象化表达特点,使表达对象抽离了其存在的整体文化情景,这在文化持有者来说并没太大问题,因为他们也是其文化的部分,一般具备相关的背景知识。而对于其他观众,甚至是本群体内经历了文化变迁的后代来说,孤立或碎片化的影像描写是无法帮助人们对具体文化事项进行关联式理解,只能变成猎奇的观影过程。整体观有利于在影像表达上建立更为广泛的比较关系,在此基础上形成整体式影像呈现。换句话说,在非遗记录工作中我们不能孤立地记录文化事项,而应在展现一个群体文化背景的基础上,多层次、多角度地深入描写文化事项的过程和逻辑。

[①] 弗雷德里克·詹姆逊:《快感:文化与政治》,王逢振等译,中国社会科学出版社,1998年,第420页。

（三）"文化深描"是挖掘非遗社会文化意义的重要方法——描写行为背后的意义

多层次、多角度地深入描写文化事项的过程和逻辑，是向属于另一个文化的人们传递和解释这个群体的人们的文化印象和意义的方法，也是格尔茨"文化深描"理论的方法，这也是我们非遗研究记录工作的实质意义所在。我们非遗记录不是展现大量孤立让人费解的"文化碎片"，而是展示这些文化事项对本群体的现实生活意义，对其他群体有参照作用，帮助其理解其自身文化意义和生活逻辑的作用。"文化深描"是影片建构叙事结构的指导思想。方法上运用"主位—客位"法，在影像上重视对"当地人观点、局内人观点、文化事项相关人观点等"的描写。

（四）非遗抢救性记录实践中常见问题和处理技巧

1.孤立地机械描写文化事项，是脱离其族群文化整体性的表达，观者无从知晓影片中记录的是谁，是谁的文化和行为，它为什么存在于那些人群的生活中，在现实生活中还有没有实际意义等等问题（例如在史诗影片中只描写颂唱，在非遗片中只纪录生产过程）。

2.记录非遗文化事项过程中忽略对"人"的表达，忽略对文化及其持有者的伴生关系的表达，使影片不能完成使命，这里说的"人"不是仪式活动中到处晃动的"人影"，而是活生生的人，能开口说话，在文化事项过程里有观点、有态度、有诉求的"活的人"。（仪式过程、生产性过程等）

3.猎奇式叙事方式，缺乏文化尊重。作者没有试图跨越自己文化的立场去理解他人文化的立场，是文化中心主义的表现。（婚姻习俗、酗酒等）

4.做好非遗影像志的几点建议：（1）尊重文化差异，避免伤害个人隐私、民族情感；（2）对文化事项进行全面、整体、生动、细致的描写（整体观和深描）；（3）让所有文化相关者张嘴说话（主位视角，当地人观点）不要让影片成为"默片"。

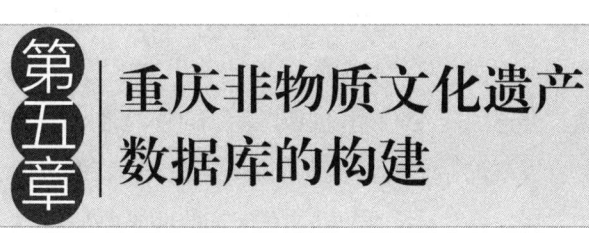

第五章 重庆非物质文化遗产数据库的构建

抢救性记录工作不仅要将非遗项目、传承人等信息全面、系统、真实地记录保存下来，最为关键地还应充分挖掘其后续利用价值。应综合利用多媒体、非遗数据库、数字化、AR与VR、大数据、区块链、5G等先进技术手段，打造一个集保存、浏览、检索、下载、研究、发布、共享、互动等功能的非遗代表性项目和非遗代表性传承人信息资源数据库管理平台。便于公众学习、交流和互动，促进非遗的保护、传承与弘扬，为后期非遗资源信息传播利用做好铺垫。

利用非物质文化遗产数据库深入挖掘地域优秀文化，提升文化资源价值，有利于重庆文化数字工程建设，有利于推动传统文化传播，有利于改善我国非物质文化遗产濒危现状，有利于文化复兴战略，也是落实国家部署、实现非遗创造性转换和创新性发展的重要路径，这对我国文化建设和经济社会发展均具有重要而深远的现实意义。我们应该利用非物质文化遗产数据库加强对重庆非物质文化遗产传播的力度，增强人们对传统文化的认同感，保证在市场经济浪潮之下传统文化的"生命力"，使其得到更好保护、发展与传承，实现社会效益和经济效益的双赢，让文化遗产在新时代熠熠生辉。

第一节　重庆非物质文化遗产数据库基础设施建设

一、重庆非物质文化遗产数据库建设的重大意义

2017年10月18日召开的"党的十九大"明确提出，要"坚定文化自信，推动社会主义文化繁荣兴盛"，"推动中华优秀传统文化创造性转化和创新

性发展"。能够看出国家已经开始用具体的举措表现对文化创新的重视,政策的有力支持给非遗数据库研究注入了生机勃发的推动力。可见,全面推进非遗数据库建设,符合新时代的需求,顺应新时代的发展。故本章笔者就重庆非遗数据库建设展开深入研究,以期能使该项建设受到更广泛的关注和足够的重视,使优秀传统文化基因与当代文化发展相适应、与现代社会相协调,提升文化资源价值转化创新,促进重庆地区的经济、社会、文化、生态的可持续发展,建设和谐小康社会。

非物质文化遗产数据库的资源是在非遗传承、保护活动中形成的具有保存价值的文件材料,是体现非物质文化遗产价值的重要载体,直接反映非遗项目的基本面貌和传承状况。做好非遗数据库建设彰显了重庆市全面贯彻落实"党的十九大"精神,结合新时代要求继承创新,坚定文化自信,让优秀传统文化展现出永久魅力和时代风采,从而推动重庆精神文明和物质文明协调发展。做好非遗数据库建设是重庆坚持"保护为主、抢救第一、合理利用、传承发展"的方针,加强非物质文化遗产的挖掘和保护的最好方式之一[①]。做好非遗数据库建设是新时期开展好非遗保护工作的内在要求和重要内容,也是进一步推动非遗保护工作向纵深发展的重要保障。充分利用数据库这种现代化手段,让古老而独特的非物质文化遗产永久保存、延续,同时将重庆非物质文化遗产的精髓展现给世人,唤起人们对文化的抢救和保护意识,实现文化与时俱进,推动传统文化尤其是地方文化快速、蓬勃发展。这对于繁荣和发展具有中国特色的文化艺术事业,对于承续优秀的人类文化传统,进一步促进重庆文化强市建设,促进人类文化生态建设,都具有重要的作用和意义。

二、重庆非物质文化遗产资源概况

重庆非物质文化遗产资源丰富,项目较多。目前,全市38个区县已完成初期普查工作任务,普查进度名列全国31个省市第10位。据统计,全市普查共登记普查线索8896条,记录文字1598.5642万字,搜集照片32400

[①] 王文章:《非物质文化遗产概论》,教育科学出版社,2013年第5期,第122-123页。

张,整理录音1740.6小时,录制摄像977.9小时,征集资料实物2937件,登记记录的实物3100件。全市属于保护范围的民间文学、传统音乐、传统舞蹈、传统美术、传统戏剧、曲艺、传统技艺等非物质文化遗产共计17个门类、4110项。摸清了非遗资源家底,为非遗数据库建设打下了良好基础。

全市现有国家级非物质文化遗产代表性名录53项,市级非物质文化遗产代表性名录707项,区县级非物质文化遗产代表性名录3428项,建立和完善了国家、省市、区县三级保护体系;国家级非遗代表性传承人60人,市级非遗代表性传承人699人;有国家级文化生态保护区1个、国家级非遗生产性保护示范基地1个、市级非遗生产性保护示范基地87个;命名为市级非遗传承教育基地109个;开展了前三批国家级非遗代表性传承人抢救性记录工作,共整理口述文字稿308.043万字,采集音频693.56小时,采集视频849.23小时,采集图片32101张;2014年,重庆市被文化部列为全国非物质文化遗产数据库试点城市,上报了走马镇民间故事和重庆漆器髹饰技艺两个试点项目包括文字、图片、音视频等资料共6368和2118条资源。

三、非物质文化遗产数据库建设硬件条件

数据库建设硬件配置,包括HP(惠普)DL580服务器3台、路由器、交换机、防火墙以及72TB在线云存储集群云速科技TiCloud TiStor 206。(见表1)

表1 非物质文化遗产数据库硬件配置

序号	项目	用途	配置	数量	参考品牌及型号
1	网络交换机	内部网络交换设备	48个以太网10/100/1000端口和4个SFP上行链路	1	CISCO WS-C3560X-48T-S
2	路由器	互联网接入路由器	集成多业务路由器,带交流电源,2FE,1 NME,4 HWIC	1	CISCO2911-SEC/K9
3	防火墙	接入安全防护设备	全面支持QoS、高可用性(HA)、日志审计等功能,4个10/100Base-Tx以上接口	1	CISCOA-SA5515-K8

续表

序号	项目	用途	配置	数量	参考品牌及型号
4	服务器	数据库、web服务器	系统硬盘：480GB SSD×2；硬盘：2TB SATA×10；内存：128GB；处理器：4颗Intel Xeon E7-4807 CPU；集成Raid0/1/5；网卡：万兆网口；独立iLO3管理口。通过平台管理软件变更工作负荷提高利用率	3	HP（惠普）DL580
5	高性能集群存储	云存储设备	集群存储单元配置如下（72TB）：处理器：高性能至强CPU、内存：128GB内存、主机接口：4个千兆以太网口	1	TiCloud TiStor 206
6	Ups电源	不间断电源	山特3C15KS，蓄电池12V100AH共32只，电池箱华源BT-16共2个	1	山特
7	机柜	服务器机柜	具有温度监控、风扇转速监控和系统说明等	1	机柜eVIAS-Cabinet
8	键鼠切换器	四合一控制台	四合一USB&PS/2控制台，带KVMP功能，可操作8台电脑。	1	ATEN CL-5708MA
9	操作系统	服务器操作系统软件	windows操作系统服务器版本(server 2012)配5个客户端	3	微软

四、重庆非物质文化遗产数据库机房改造

市非遗中心原有机房2个，1个中心机房，1个辅助机房，共不足10㎡，且未按照机房标准建设，为了加强非物质文化遗产数据库数据安全，我们实施了中心机房改造工程，将其建设成为一个具有一定水平的智能化信息数据处理中心，设计过程中遵循安全性、可靠性、灵活性、扩展性、国际标准性及开放性、通信容量需求控制、美观舒适、经济合理等原则，改造后中心机房面积约为15㎡。该工程包括机房建筑装修(门窗、天花、地面)、机房配电电气设备、机房防雷设备、机房监控设备(配电监控、UPS监控、温湿度监控、消防监控、UPS稳压续航系统)、机房消防报警设备、机房网络以及综合布线系统等建设或改造。具体设备见表2。

表2 中心机房改造设备清单

序号	工程项目	单位	数量	品牌	备注
机房面积15m²					
一、机房装修工程					
地面工程					
1	无边防静电活动地板（600*600毫米）	M²	15	沈飞	
2	抗静电地板安装辅板	M²	15	沈飞	
3	精密空调水管铺设	M	30	得亿	
天花及照明工程					
1	微孔铝扣板天花	M²	15	新景	
2	3*40W高级无眩光灯盘（飞利浦灯管）	盏	4	引球	
3	消防疏散指示灯	个	1	雷士	
地面及墙面防尘工程					
1	地面	M²	15	国产	
2	顶面	M²	15	国产	
3	墙面	M²	60	国产	
门窗工程					
1	原有门拆除	M²	2.6		
2	新防盗防火门	扇	1	美心	
二、机房电气					
1	机房UPS专用配电箱	套	1	国产	
2	100A/3P空气开关	个	1	ABB	
3	16A/1P空气开关	个	4	ABB	
4	电源工业连接器	个	4	国产	
7	BVR6平方毫米电源线	米	100	鸽派	
8	BV4平方毫米电源线	米	100	鸽派	
9	BV2.5平方毫米电源线	米	100	鸽派	
10	BV1.5平方毫米电源线	米	100	鸽派	
11	其他辅助材料(PVC管、线鼻、线耳等)	项	1	国产	
三、机房设备切割所需材料					
1	超五类网线	箱	1	康普	
2	超五类RJ45头子	盒	1	康普	

续表

序号	工程项目	单位	数量	品牌	备注
四、机房改造施工费用					
1	电源系统割接费用	批	1	国产	
2	网络系统割接费用	批	1	国产	
3	机房整改项目清洁费(含原设备保护材料费用)	次	1	国产	
4	机房改造建筑垃圾搬运费(搬运在该小区内所指定的垃圾堆放点)	项	1	国产	
五、精密空调及新风系统					
新风系统					
1	风机	套	2	科叶	
2	风口组件	套	6	科叶	
3	外排	套	2	科叶	
4	管道	M	50	国产	
5	辅材	套	2	国产	
6	运费及人工	套	1	国产	
精密空调					
1	精密空调	套	1	艾默生	
六、动环监控					
市电供电子系统(1路市电)					
1	电量检测仪	套	1	深圳计通	
2	计通JITON-AMS计算机集中监控软件V5.01	套	1	深圳计通	
UPS监测系统(1台UPS)					
1	通信转换模块	套	1	深圳计通	
2	计通JITON-AMS计算机集中监控软件V5.01	套	1	深圳计通	
精密空调系统监测(1台)					
1	通信转换模块	套	2	深圳计通	
2	计通JITON-AMS计算机集中监控软件V5.01	套	1	深圳计通	
温湿度监测系统(2个点)					
1	温湿度一体化传感器(带液晶显示)	套	2	深圳计通	
2	计通JITON-AMS计算机集中监控软件V5.01	套	1	深圳计通	

续表

序号	工程项目	单位	数量	品牌	备注
漏水检测系统(监测空调及周边漏水情况)					
1	接点式漏水控制器(含10米漏水绳)	台	1	祥为	
2	开关状态采集模块	个	1	祥为	
3	计通JITON-AMS计算机集中监控软件V5.01	套	1	祥为	
图像监控系统(网络高清)					
1	130万像素高清红外半球网络摄像机	个	1	海康/浙江	
2	4路NVR网络硬盘录像机	台	1	海康/杭州	
3	硬盘2T	块	1	希捷	
4	计通JITON-AMS计算机集中监控软件V5.01	套	1	计通/深圳	
现场工作站系统配置					
1	监控工控主机(820/双核/2G/500G)(含显示器)	套	1	研祥/深圳	
2	8串口服务器	套	1	中舰博海/北京	
3	多媒体声音报警(含音响)	套	1	深圳计通	
4	短信模块	套	1	厦门四信	
5	计通JITON-AMS计算机集中监控软件V5.01	套	1	深圳计通	
6	计通JITON-AMS计算机集中监控软件V5.01	套	1	深圳计通	
7	计通JITON-AMS计算机集中监控软件V5.01	套	1	深圳计通	
8	计通JITON-AMS计算机集中监控软件V5.01	套	1	深圳计通	
9	工业电源	台	2	衡孚电源	
10	模块柜	只	2	深圳计通	
11	安装线材、辅材	批	1	国产	
七、消防系统					
灭火装置					
1	气溶胶(10KG)	个	1	国产	
报警装置					
1	烟感器	个	2	国产	
2	温度感应器	个	2	国产	
3	声光报警器	个	1	国产	

续表

序号	工程项目	单位	数量	品牌	备注
4	紧急启停按钮	个	1	国产	
5	气体释放灯	个	1	国产	
6	气体喷洒模块	个	1	国产	
7	输入模块	个	1	国产	
8	壁式挂气体控制主机(1个区)	个	1	国产	
八、防雷系统					
防雷器材					
1	楼层配电箱第二级电源防雷 DK-80KA(80KA)	套	1	国产	
2	机房UPS前第三级电源防雷 DK-40KA(40KA)	套	1	国产	
机房等电位器材及辅助器材清单					
1	等电位反击箱	个	1	国产	
2	机房设备接地支线6mm2	米	40	国产	
3	汇流铜排30*3(机房15平方米)	米	28	国产	
4	接地支线25mm^2	米	45	国产	
5	接地支线6mm^2	米	30	国产	
6	绝缘支柱(陶瓷套+金属螺丝杆帽)	套	84	国产	
7	剔打水泥钢筋接地(焊接扁钢)	项	2	国产	
8	铜鼻子、PVC等辅材	项	1	国产	

为有效管理机房,我们采用了计通JITON-AMS监控系统。该监控系统是包括动力监控、环境监控、安防监控、IT监控、能耗管理、3D仿真、运维管理于一体的综合管理平台。能通过TCP/IP网络、RS232/RS485总线等媒介实现对中心机房、分散于不同地域的机房等场地内的动力环境设备进行有效的集中监控。它解决了目前普遍存在的机房设备数量多、设备分布散、专业人才不足等问题,大大缩短了故障定位、排障时间,达到了快速定位设备报警位置,第一时间给出报警原因和解决方法,为IT系统稳定运行提供了全面保障,并为用户提供了最专业的设备维护管理功能,帮助用户建立全面的设备维护管理系统,减轻维护人员负担的同时,也实现了集中

实时的监控、全面统一的管理,有效保障数据中心高效、节能、安全、可靠的运行。

监控系统监控设备内容包括:机房动力系统(主要配电设备检测、UPS等),机房环境系统(空调、温湿度、漏水等)。系统对所监控设备具有完善的检测功能,监测设备的重要运行参数和状态等,对监测数据进行有效分析和存储;检查设备的运行状态,当检测到设备的故障时,对设备故障情况进行记录;结合机房的管理措施,对发生的各种故障情况给出处理信息,报警提示,支持多种快速有效的报警方式:实时用多媒体语音、屏幕报警、短信报警、声光报警等,帮助机房管理和维护人员及时地了解设备的情况。并提供报警记录存储、查询、打印功能,方便事后进行故障分析、诊断及责任人员分析。多样化的控制功能,提供报警联动控制,可以让发生故障设备自动停止运行;定时控制功能,可以辅助用户根据时间段调整设备的运行状态。[1]

机房JITON-AMS计算机集中监控管理系统应用结构如图1:

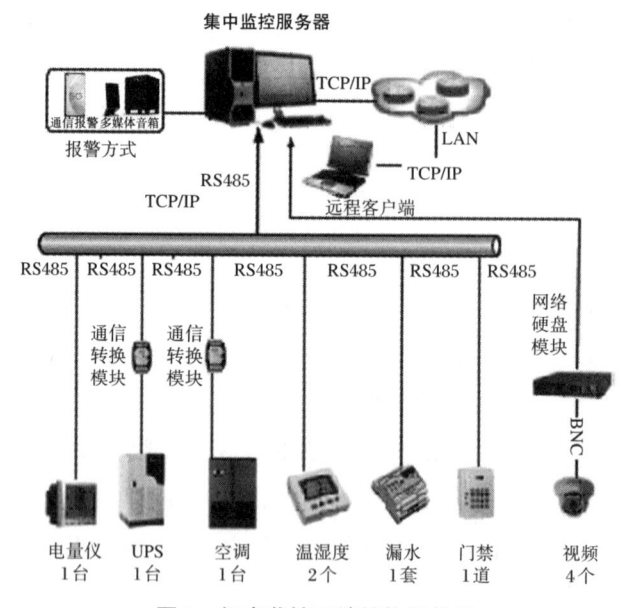

图1 机房监控系统结构拓扑图

---

[1] 李志刚:《网络中心机房动力环境监控系统的建设》,《南京广播电视大学学报》2009年第4期,第91页。

第二节
重庆非物质文化遗产数据库建设

重庆非物质文化遗产数据库是一个立足重庆,面向全国的非遗多媒体影音信息管理平台。该平台具备优秀的兼容性与安全稳定性,是基于先进的现代信息检索、传输技术,以影音数据集成、检索引擎建设为基础,完成多媒体内容集成、编辑、分发的平台。

一、非物质文化遗产数据库总体设计

为全面提升重庆市非遗数据库整体水平,重庆市非物质文化遗产保护中心于2014年启动此项工作,并于2014年8月开展了非遗档案、数据库建设专题培训,同时启动了全市非物质文化遗产档案摸底调查,为进一步推进重庆市非物质文化遗产数据库工作的规范化、标准化、制度化建设打下了良好基础。2015年,重庆市文化委下发《关于加强我市非物质文化档案和数据库建设的通知》(渝文委发〔2015〕413号)。2017年重庆市非物质文化遗产保护中心完成非遗数据库建设工作,将与各区县的非物质文化遗产数据库系统实现互联互通,共享资源,集中化管理,同时借用媒体和网络进行传播。

重庆市非物质文化遗产数据库管理系统(以下简称非遗数据库管理系统)是一个立足重庆,面向全国的非物质文化遗产多媒体影音信息管理平台。该平台具备优秀的兼容性与安全稳定性,是基于先进的现代信息检索、传输技术,以影音数据集成、检索引擎建设为基础,完成多媒体内容集成、编辑、分发的平台。在内容建设上非遗数据库管理系统在广泛遵循中国艺术研究院编制的《非物质文化遗产数字化保护 数字资源采集实施规范》《非物质文化遗产数字化保护 数字资源采集方案编制规范》的基础上

结合创意性增值开发的原则,以多方式、多媒体、多形态为手段,展示重庆非物质文化遗产保护和传承发展工作。

(一)数据库总体框架设计

该数据库以数字资源管理为核心,主要用于实现非遗代表性项目、非遗代表性传承人等数字资源的数据管理、统计、检索、浏览、下载、互动等操作,并通过对资源的不断更新和跟踪,为非物质文化遗产保护工作的科学管理与决策提供数据依据。

该数据库采用B/S结构(基于WEB应用),综合使用先进的J2EE技术三层架构(门户、应用中间层、数据库)和Hive技术,分布式部署(国家、市、区县),基于主流的标准的关系型数据库(mysql)模式。系统根据非物质文化遗产的十大分类,按照数字化标准规范体系,对非遗代表性传承人和项目文字、音视频、图片文件进行合理分类,便于非遗数据库系统功能的扩展,核心功能及元数据存储平台采用Docker虚拟化技术,在不改变核心平台配置功能,不影响核心平台正常运行的情况下可实现新增功能模块的安装部署。检索系统支持项目、传承人、批次、地区、类型、全文、类别、关键字、组合查询等多种检索方式,提供浏览服务。对非遗资源的检索提供方便、快捷的检索方式,可以通过各种匹配检索、全文检索查到所需资料。

数据库分为底层、中层和应用层,总体框架如图2所示:

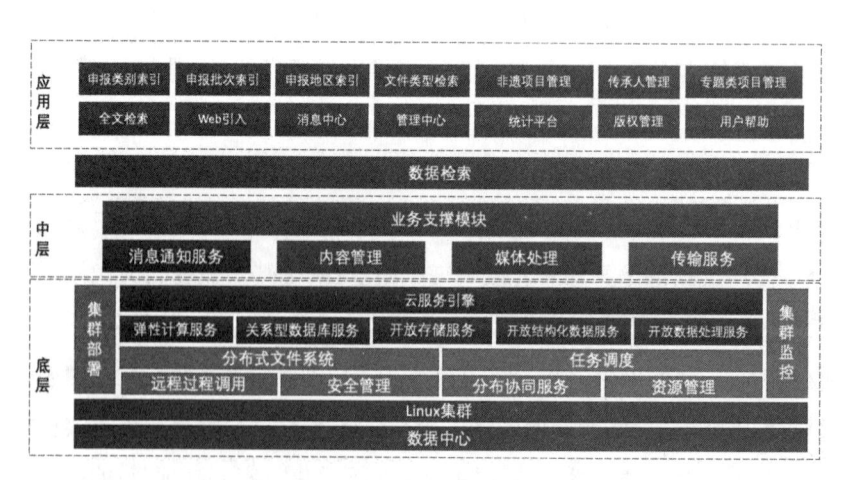

图2 数据库总体框架设计

该数据库主要特色：

第一，专题项目管理板块。专题项目主要指抢救性记录和生产性保护示范基地、传承教育基地等项目所有资料。

第二，提供简单适用的分类方式。对非遗代表性传承人和非遗代表性项目按照三种方式分类：申报批次、申报类别和申报地区。方便公众根据需求组合筛选或者按照一种分类方式筛选。

第三，提供灵活高效的检索方式。检索系统支持非遗项目、传承人、批次、地区、类型、全文、关键字、组合查询等多种检索方式。

（二）系统设计

①系统根据非物质文化遗产的十种分类规范对非遗文字、音视频、图片文件进行合理分类，每个分类规范均要有其独立的元数据定义规范和格式，以适应非物质文化遗产复杂而繁多的类别和特性描述。

②系统软件的核心业务功能全部采用B/S结构实现，通过浏览器即可实现非遗项目的管理、以"纪录片视角"翔实记录、立体化呈现非遗成果，为非遗传播、传承提供非遗资源的内容支撑，为非遗保护提供辅助决策数字资源导入、编目、管理、检索、导出等操作。

③系统中所有的应用及模块集成在一个基于Web的多窗口用户界面框架中，支持HTML5格式的浏览器无须安装插件即可直接运行。提供一站式的用户界面，支持多任务窗口，提高用户体验和工作效率，降低系统维护难度和成本。

④为确保非遗数据库核心系统的安全性，技术架构上"非遗数据库系统核心服务器"平台采用Windows Server 2012 R2 64位+Linux操作系统（媒体处理和媒体文件存储可以采用Windows平台），并具有扩展为分布式数据平台架构的能力。

⑤为便于非遗数据库系统功能的扩展，核心功能及元数据存储平台采用Docker虚拟化技术，在不改变核心平台配置功能，不影响核心平台正常运行的情况下可实现新增功能模块的安装部署。

⑥视音频资源的代理码率采用H.264格式，数字化主存储格式为MXF格式，同时支持按照资源文件源格式存储的模式，实现视音频可变码率、多格式混合存储。

⑦根据非物质文化遗产管理特点,以"非遗纪录片"视角翔实、系统地记录非遗,对非遗项目从开展普查、申报立项、保护传播、传承发展等非遗保护过程中各阶段产生的音视频、图片文档等各类数字化资源进行统一存储、管理。实现非遗项目的过程管控、流程管理、信息资源统一管理;实现非遗传承人的档案化管理,提供非遗传承人、非遗项目的一体化管理,为非遗传承人提供量化考评依据。

⑧系统直观展现和提供所有资源数量、资源调用、资料入库的统计情况,统计信息可直接导出为表格。

⑨支持各区县数据库系统配备客户端,可自行浏览、上传、下载市级非遗数据库系统的资源。

⑩传输服务器端授权,支持不限用户数的非遗采集Agent客户端远程上传和下载文件,支持TCP/UDP传输,支持断点续传。

(三)功能设计

1.非遗资源上载

系统支持如下两种上载方式:Web页面上载;独立非线性编辑软件上载。

Web页面上载可直接在浏览器上载页面选中待上载素材,即可实现素材上载入库,并填写对应元数据信息。在独立非线性编辑软件上载中除了可以对上载的素材进行编辑剪切、校色调整之外,还可以进行部分元数据著录,著录的元数据信息在入库后可以被非遗数据库系统识别和继承。上载完毕的非遗素材文件需要保存在非编素材库内的独立位置上,并可被非遗数据库系统所识别,并实现素材自动入库。①

2.非遗资源下载

支持用户将检索查询到的素材进行下载,既可进行单条素材下载也可批量下载。下载无需其他软件支持,只需要通过B/S浏览器自带的下载功能即可将素材下载下来。

可将检索查询到的素材推送到预先指定的目录或系统内,实现非遗数据库素材传输交换的自动化和流程化。可实现对检索素材的打点标记,只

---

① 黄永林,谈国新:《中国非物质文化遗产数字化保护与开发研究》,华中师范大学学报(人文社会科学版),2012年第2期,第52页。

推送标记的部分,无须推送整段素材。推送的素材可指定格式,系统自动实现格式转换。①

3.多格式转码

实现非遗项目数字资源的高性能转码,使非遗数字资源在管理端更方便浏览、查询、定位、下载、详细编目。支持单节点多任务并发转码处理;支持多种音视频、图片、文档格式的识别和转换。

4.非遗资源编目

非物质文化遗产的有效保护要建立在深入调查和科学规划的基础上,通过详细的编目,形成准确翔实的资料(包括文字、录音、录像等),系统中的编目规则将参考中国非物质文化遗产普查手册中的分类规范,对非物质文化遗产影音资料做出了合理的分类,并赋予分类代码。可实时在线对各种资源进行编目,支持快速编目和按流程编目的模式定义;支持对资源的批量编目要求,以提升编目效率;支持用户自定义编目字段、编目结构、编目对象、编目界面等,满足用户对不同资源编目自定义的要求;支持编目审核流程,可通过后台控制是否开启审核;支持编目字段模板、分类导出,用于其他分支机构系统导入。

5.非遗资源管理

支持数字资源自定义资料集管理,资料集不同于一般文件夹,资料集本身具备元数据信息管理,可对资料进行分类管理。支持资源的ACL精密授权;支持针对图片文档的内嵌水印技术,水印清晰度可设置;对于有水印的资源,正常下载使用时,必须满足合法下载使用资源需要自动去掉内嵌水印;对视音频资源,可进行故事版编辑保存,形成新的素材资料,同时能直接合并下载故事版。

6.非遗资源检索

检索系统支持非遗项目、传承人、批次、地区、类型、全文、类别、关键字、组合查询等多种方便、快捷的检索方式,可通过各种匹配检索查到所需资料,并提供浏览服务。

---

①彭冬梅,潘鲁生,孙守迁:《数字化保护——非物质文化遗产保护的新手段》,《美术研究》,2006年第1期,第48—50页。

二、数据库二级目录设计

针对非遗数字资源的不同类型,梳理和沿用国内外现有成熟的专门类型元数据,在应用层"非遗项目管理"中建立DC核心元数据之下的二级元数据集,形成数据库元数据体系,就可保证各类非遗资源在数据库中的标准化描述与存储,从而更好为非遗数据库服务。

按照《中国非物质文化遗产法》分类和非遗名录申报"十分法",把非物质文化遗产划分为十大类别:民间文学类,传统音乐类,传统舞蹈类,传统戏剧类,曲艺类,传统体育、游艺与杂技类,传统美术类,传统技艺类,传统医药类,民俗类。根据十大类别各自的特点设计非遗数据库元数据二级目录。如表2、表3。

表2 数据库二级目录表(前5类)

门类序号	民间文学	传统音乐	传统舞蹈	传统戏剧	曲艺
1	非遗项目基本信息	非遗项目基本信息	非遗项目基本信息	非遗项目基本信息	非遗项目基本信息
2	作品	代表曲目	动作及套路	代表剧目	代表节目
3	演述	歌唱音乐	队形图案	音乐	表演形态
4	相关实物	传统器乐	代表性节目	表演	曲本文学
5	习俗	传统乐器	人物、角色	舞台美术	音乐形态
6	传承	表演空间美术	音乐	人物	舞台美术
7	文物古迹	流派传承	服饰化妆	组织机构	代表人物
8	文献资料	表演团体	道具	习俗	组织机构
9	组织机构	参与人物	表演团体	演出场所	相关习俗
10	保护情况	习俗仪式	民俗活动	文物古迹	演出场所
11		观演场所	传承	文献资料	文物古迹
12		文物古迹	文物古迹	保护情况	文献资料
13		文献资料	相关传说		行话术语
14		保护情况	文献资料		谚语口诀
15			保护情况		轶闻传说
16					保护情况

表3　数据库二级目录表(后5类)

门类 序号	传统体育、游艺与杂技		传统美术	传统技艺		传统医药		民俗	
1	通用	非遗项目基本信息	非遗项目基本信息	通用(含传统手工艺、传统手工制茶、传统烹饪技艺、传统食品制作技艺及传统酿造技艺五个专项)	非遗项目基本信息	通用	非遗项目基本信息	通用	非遗项目基本信息
2		习俗	相关习俗		习俗		习俗		名称
3		场地	艺术特色		材料		传承		族属
4		器械(具)	制作技艺		工具		相关器具		时间
5		身体训练理论与方法	传承		工艺流程		组织机构		场所
6		组织机构	生产与流通		技艺特色		文物古迹		社区
7		传承	代表作品		风格流派		文献资料		传承
8		文物古迹	文献资料		传承		保护情况		文物古迹
9		文献资料	保护情况		典型作品或产品	传统医药文化专项	生命与疾病的认知		文献资料
10		保护情况			生产与流通		中药老字号		保护情况
11	传统体育(武术部分)专项	代表拳种			文献资料	传统养生专项	生命与疾病的认知	节庆习俗专项	表现形式
12		代表器械			保护情况		养生理论(动态类)		社团和组织
13		传统比试			非遗项目基本信息		养生方法(动态类)		民众
14		武术名胜地			营造理念		养生理论(静态类)		实物
15	传统体育(其他部分)专项	非遗项目内容		营造技艺专项	建筑形制与形态		养生方法(静态类)	民间信俗专项	祭拜对象
16	游艺专项	非遗项目内容			营造技艺		生命与疾病的认知		祭拜类型
17	杂技专项	代表作品			习俗	传统诊疗方法专项	诊法理论		表现形式
18					传承		代表性传承人诊法展示		社团和组织
19					文献资料		疗法理论		民众
20					保护情况		代表性传承人疗法展示		实物
21				传统医药制作技艺专项		生命与疾病的认知		人生礼俗专项	表现形式
22						制剂			饮食
23				传统医药炮制技术专项		生命与疾病的认知			亲友
24						炮制原理			实物
25						炮制原料		生产生活习俗专项	表现形式
26						炮制方法			社团和组织
27						炮制仪式			民众
28									实物

三、非物质文化遗产数据库系统元数据管理

重庆非遗数据库管理系统的元数据结构根据中国艺术研究院《非物质文化遗产数字化保护 数字资源采集方案编制规范》建立,二级分类信息作为项目的元数据项添加在选填列表中,对含专项的分类以专项包的形式展现;也可以在元数据中选择所属专项,再针对专项的属性对应填写信息。

(一)元数据管理

针对元数据管理,如图3、图4所示。

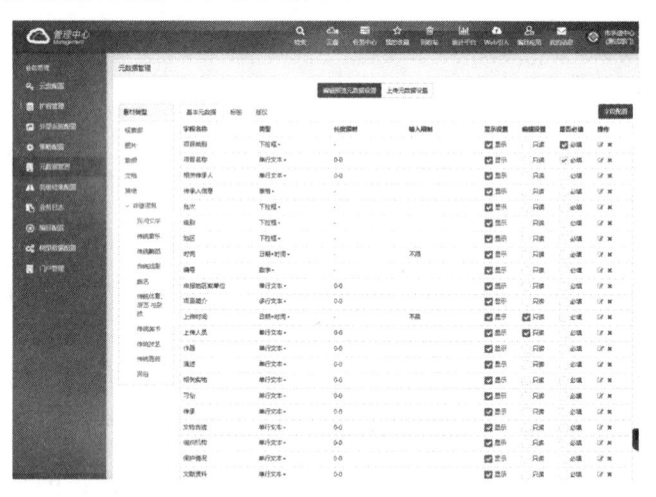

图3　元数据图(民间文学类)

图4　元数据图(传统医药类)

（二）十大分类元数据结构

十大分类元数据结构，如图5—图14所示。

图5　民间文学类元数据结构

图6　传统音乐类元数据结构

图7 传统舞蹈类元数据结构

图8 传统戏剧类元数据结构

图9 曲艺类元数据结构

图10 传统体育、游艺与杂技类元数据结构

图 11 传统美术类元数据结构

图 12 传统技艺类元数据结构

图13 传统医药类元数据结构

图14 民俗类元数据结构

(三)十大分类下拉菜单选择

十大分类下拉菜单如图15。

图15 下拉菜单表

(四)项目类别过滤

项目类别过滤如图16。

图16 项目类别过滤表

四、非遗数据库云存储系统

重庆非遗数据库为更好实现非遗资源的科学归类与管理,结合云存储系统,达到合理利用、传承发展非物质文化遗产的目的。重庆的非遗资源丰富多彩,为更专业的管理和存储,选择高性能集群云存储 TiCloud TiStor 206,提供72TB的在线云存储集群,2台 TiStor 206集群存储单元(36T)、1台 TiStor 206网络加速器、1套 TiStor 管理软件 TiStor 206,保证非遗资源的高性能、高可靠性存储,为后期扩容提供灵活的可伸缩性,也为非遗资源的管理、发布、展示、检索、利用等提供保障。

第六章 传播与利用

在新时期、新时代下,我们需合理利用抢救性记录这种有效手段,将现存的非物质文化遗产资源优势转化为文化竞争优势,充分发掘其后续利用价值,以点带面,拓展非遗传播交流平台,提高非遗的可见度、美誉度和影响力,提升全社会的文化传承保护意识,使得非遗等传统文化的抢救保护和主动传承升级为一种全民意识与自觉行为。

第一节
非物质文化遗产传播的可行性分析

一、抢救性记录成果传播的可行性

联合国教科文组织颁发的《保护非物质文化遗产公约》规定,非遗的保护措施包括确认、立档、研究、保存、保护、宣传、弘扬、传承和振兴。非遗代表性传承人抢救性记录是把传承人对文化传统的深刻理解与传承人自身掌握的精湛技艺通过数字化手段全面、真实、系统地记录和保存,为后人传承、研究、宣传、利用非遗留下宝贵资料。可见,抢救性记录贯穿了非遗项目自立档至振兴的全过程,它是当前非遗传承保护不可或缺的重要方式,是为适应数字化时代人们生活方式应运而生的一种重要保护手段。

抢救性记录所生成的数字资源的价值不仅能保存记忆资源,为非遗文创产品的开发和利用提供丰富的素材,推动"文化力"向"市场力"转变,还可使遗产实现虚拟环境的广泛传播。近年来,《我在故宫修文物》《国家宝藏》《非凡匠心》《传承者》等文化类节目掀起收视热潮,受到社会广泛赞誉,形成了一股文化热。足见受众对优秀传统文化的需求颇高。因此,我们可利用抢救性记录的数字资源广泛传播,全方位加大宣传力度,全面扩大我市非遗社会影响力,通过电视节目、新媒体、短视频、直播、抖音、快手、微博等传播渠道为非遗赋能,展示传承人精美的工艺品和精妙的传统艺术表演,宣传非遗传承人匠人精神,放大了非遗保护的声音,提升全社会的文化自觉和文化自信,提高公众对非遗的整体认知和关注,使得非物质文化遗产等传统文化的抢救保护和主动传承升格为一种全民意识与自觉行为。

二、非遗传播的重要性

(一)唤醒大众参与非遗

什么是非遗?为什么要保护非遗?非遗与人民的生活有什么关系?当今社会,有很多人对非遗存在陌生感,许多群众对非遗的认识还是非常浅显的,甚至存在很多偏差和误解。非遗保护的核心是大众参与。唤起大众参与,是非遗保护工作者的职责使命。作为非遗保护工作者,我们有责任为社会厘清非遗的概念,明确它和生活的关系,深化人们保护传承的理念,营造良好的舆论氛围。

(二)非遗传播是文化传承的重要途径

习近平总书记强调,要让收藏在博物馆里面的文物、陈列在广阔大地上的遗产、书写在古籍里的文字都活起来。总书记还指出,中华文化源远流长积淀着中华民族最深层的精神追求,代表着中华民族独特的精神标识,传承中华文化,要以古人之规矩开自己之生面,重点做好创造性转化和创新性发展。总书记的这些重要论述为非遗的保护、传承与传播提出了要求,指明了方向。

怎么理解让文化遗产活起来?如何以古人之规矩开自己之生面?如何创造性地转化和创新性发展?答案是非遗需要传承和保护,但也需要活态的传承,需要与时俱进、不断创新。只有做好创造性转化和创新性发展的工作,才能让古老的非遗焕发出时代光芒,才能更好地传递给子孙后代。一方面非遗是遥远的,它凝聚着贤明的智慧,传承着民族文化的根脉,更为我们民族大家庭的成员提供持续认同感。另一方面它又是鲜活的,它是文化传统在今天生活中的体现,既反映了世代相传的价值观和审美观,又在时代变迁和自身的传承中不断丰富。可以说,非遗就在我们身边,非遗的传承和保护需要全民参与,非遗的传播也需要全民参与。全民参与就包括各级政府、文化主管部门、公共文化服务机构、文化表演团体、学校、媒体等,都应参与非遗的传播。其中,媒体,特别是党的媒体,由于其传播力度大、覆盖面广、说服力强,无疑成为宣传、普及非遗知识的一个重要途径。

第二节
重庆非物质文化遗产的传播和利用

一、高科技手段的利用

表达非遗、传播非遗、保护非遗要站在社会与时代发展的角度,既要保留非遗的本质又要充分利用当今飞速发展的科技手段。科技传播的最主要特征就是数字化,它的传播功能主要体现在以下两个方面。

（一）助力表现、表达与生产

如今我国开始试行5G通信,有很多人仅仅把它理解为通信速度的加快。其实它对改变整个社会面貌、产业面貌具有重大颠覆性的意义。5G速度提升之后,基于客户端的所有的硬件、软件产业都有可能归零,因为所有的应用软件都可以从云端调用,而不需要去客户端购买。5G技术的发展也催生了VR产业的发展,这一产业对于非遗的传播分享有重要意义,它可以提供让人身临其境的体验,并且能够实现多重的连接,进行情景分享,让非遗能够"听得见""带得走""学得来",从而使之成为触手可及的生活方式。例如,在首届"数字中国"建设峰会数字非遗板块中,公众通过扫描AR卡片、AR电子书就能在手机上观看立体化的年画、剪纸等非遗项目;只需要戴上VR眼镜,便可置身于传承人工作室中一同学习烙画、漆画等非遗技艺。目前,虽然这一产业尚未发展成熟,但这是一个吸引年轻群体的重要契机,需要予以重视。

(二)大数据挖掘与分析

今天的传播环境是非常复杂、多样和碎片化的,用数据引导用户显得尤为重要。非遗的传播如果没有数据进行引导,它可能会是无效的。数据的作用在于让有关非遗的信息在信息海洋之中脱颖而出以便更容易被找到。除此之外,在用户方面,也可以运用大数据进行用户分析,根据用户的浏览习惯生成特定的用户画像,以便将信息传达到真正对非遗感兴趣的人手中。然而,重庆有关非遗的研究机构所掌握的数据库资源非常有限,政府可以适当向研究机构开放部分数据资源,以便提升其研究能力。

二、借力社会发展趋势

在今天喧嚣的传播背景之下,任何单一的信息传播,其声音都是弱小的。因此,信息传播都需要有一种整合意识和接力意识,单靠一类媒体的传播难以获得预期的效果。而在接力传播、整合传播当中,借助社会的发展趋势最能形成自己的传播影响力。非物质文化遗产是重要的传统文化,但有些非遗项目与大众的日常生活有距离,无法进入大众的视觉中心。若想让非遗从大众关注的视野边缘走向中心,就像荀子在《劝学篇》当中说到的"君子生非异也,善假于物也"。因此,我们要充分发挥借力意识促进非遗传播,才能得到社会群体的广泛关注。要不断更新非遗的表现形式和内涵,实现创造性转化和创新性发展。要努力打造一批特色鲜明、内涵丰富的非遗特色项目,助推重庆非遗成为世界人民了解中华文化的一扇窗口,成为世界文化交流共享的"中国特色"。

三、新媒体的信息整合与多层次利用

我们还要学会充分整合媒介资源,借助新媒体来扩大影响力。智能时代算法型内容分发和社交链传播占据信息传播途径的80%。非遗的传播若想扩大传播范围也应进入这个相对陌生的传播领域。它的传播原理其实较简单,只要突出非遗自身的某些特征,将其标签化,这些带有标签的信息就会被分发到许多信息平台。如我们可通过运用算法机制实现非遗内容的有效分发,通过利用重庆卫视、腾讯、大渝网、华龙网等各大新闻媒体,抖音、快手、直播、微博、微信、广播电台等新媒体推播方式,在社交平台制造话题、加强互动的方式加深公众对非遗的认知和了解,借助社交力量不断拓宽非遗传播半径。

四、实施非遗教育,弘扬传统文化

非遗传播与中华民族的美育和人文素质培养、审美和文化鉴赏水平提升具有直接关联。普及非遗应从娃娃抓起,应将非物质文化遗产中的经典故事、道理、思想等融入日常课堂教学。为此,一要大力普及非遗,让新生代对非遗等中华优秀传统文化有系统、感性的认识,将非遗课程纳入国民教育体系,使之成为每个孩子的必修课。二要重点培养,在学校、社区中建立非遗传习体验场所,聘请非遗传承人开设专门课程,形成各类兴趣社团,让各个年龄段的学生在亲身学习传统非遗技艺中,加深对非遗的认知和了解。

五、打造"非遗符号",提升重庆形象

经过历代传承与发展,非遗已经成为城市人文精神的重要标识。作为具有浓郁地方特色的文化资源,非遗在提升城市形象方面理应发挥重要作用。为此,一要将非遗的文化传播作为提升城市形象的重要抓手,充分借助新媒体和社交平台展示当地非遗资源;二要为非遗的传承发展营造良好的重庆城市文化生态,让其在文化空间中保持多样性特征,不受过多商业化因素的侵袭;三要通过开展非遗实践活动、塑造重庆公共非遗空间等方式打造"非遗符号",让非遗成为提升城市形象的重要文化标识,并让公众对其产生价值认同和情感共鸣。

六、顺应"后真相时代"传播特点

"后真相时代"传播的最大特点在于:事实本身在形成社会认知、社会认同中已经不是最重要的因素,在事实背后的关系因素、情感因素成了传

播认同与传播接触最重要的驱动因素。这也意味着只有当非遗形成一种跟人们的生活息息相关的联系时,它的传播才能够真正走进千家万户,占据人们内心的一席之地。

总之,非遗传播有它的独到之处,在非遗的保护和传承之间,在非遗保护的工作者、研究者、媒体从业者和社会大众之间,在不同的社区和群体之间,非遗传播都发挥着超级链接的作用。做好非遗传播工作,不仅是非遗保护的必要手段之一,更会为非遗的确认、立档、研究、保存、弘扬等各个环节赋能,进而为非遗传承赓续,保持活力,可持续发展提供动力。

第七章 具体对策与措施

近年来，我市非遗工作虽然取得了显著成绩，但是，对照党的十九大提出的文化建设要求，对照建设长江上游经济中心的目标，对照广大人民群众日益增长的文化需求，仍然存在着许多尚未解决的突出问题和矛盾。当前，国际形势错综复杂，各种文化相互激荡，相互渗透，如何更好保护、传承和弘扬民族优秀文化，在全面建成小康社会中，充分发挥非遗的巨大引领作用，是我们必须思考和解决的重大问题。

第一节
抢救性记录路径探析

一、科学实施非遗记录工程

科学实施的基本要求是学术、专业、规范、连续、致用。

学术：要有学术支撑，记录过程和成果有学术水准。

专业：要有一支专业、懂行的队伍。

规范：明确记录边界和记录标准，杜绝随意性，记必须记的，不能把记录变成人物传记，把访谈变成漫谈。

连续：尊重历史，尊重社会劳动，承前启后，继往开来，充分衔接社会各界已有记录成果，完善记录资源。

致用：尽其所用，记录成果不仅要保存，还要便于后续转化利用。

（一）口述访谈方面

传承人口述访谈记录是做好抢救性记录工作的前提和重点。采访人要成为记录的代表性传承人的朋友，尽量摆脱我问你答的尴尬局面。努力将"他者"和"我者""客位"与"主位"的关系处理妥当。

访谈中要善于引导话题,注意听从传承人的个人意愿、不涉及个人隐私;要引导叙述围绕主题,简明扼要,同时又注意关键性细节。详细记录事实过程,同时也注意传承人的情感因素;事先一定要"做好功课":要对项目和传承人已有的材料充分熟悉和掌握,拟好访谈提纲,在实际访谈后,及时整理取得的资料,建立科学档案。

(二)学术专员方面

学术专员的作用应该贯穿记录工作的始终。包括访谈,传承教学内容的选择,综述片的结构、文稿的审查,字幕校对,文献资料整理、记录工作等。记录工程的影像质量靠影像团队,记录工程的学术质量取决于学术专员的能力、责任心和在其中发挥的作用。学术专员对该项目和传承人应该事先有知识储备,而不是临时抱佛脚,或者顾而不问。

学术专员要善于沟通,和制作团队沟通,更要和拍摄对象沟通,取得共识,寻找最佳方案。学术专员的选定、权责以及相应的时间、经费保障应该有基本指标。

学术专员需要注意:

一是,学术专员对项目有着非常深厚的专业修养,在摄制时学术专员会在专业上提供支持和帮助,摄制人员必须与学术专员密切配合,才能做好记录工作。

二是,学术专员是很好的采访人,由于他(她)具有丰富的专业知识,可与传承人进行良好的互动、沟通。

三是,如果传承人拍摄时紧张,话很少的话,建议架好机器设备后,学术专员先与传承人进行一些轻松话题的沟通,缓解他的紧张情绪。

(三)传承人方面

传承人年事已高,或者不具备传承能力的,首先做好口述史、综述片和文献收集。教学片和实践片尽力而为。如果传承人自己口述都有困难,那就做好相关人的访谈,如传承人的徒弟、学生、家人、同事、朋友等。如果传承人确实无法进行实践、教学,甚至也无学生可以实践、教学,应该及时与主管部门、相关领导沟通汇报,调整方案。必要时召开专家论证会,讨论出合理的调整方案。

对于不同的传承人(演员、组织者、作曲、伴奏),要设计不同的拍摄方案,找到有针对性的拍摄内容。

①传承人由于年龄或身体状况,已无法进行完整表演或技艺展示。鉴于这种情况,可选择师徒实践的方式,让徒弟实践,传承人进行指导。可请传承人选择一位技艺最精湛、传承人最认可的徒弟代为实践。传承人可根据身体情况参与部分实践,最后请传承人和徒弟互相交流心得,传承人可对徒弟的技艺进行点评、解说等;

②由于有些传承人文化程度不高,或不会普通话,难以独立填写调查表,在这种情况下,要由采集人员通过访谈代传承人填写;

③对传承人叙述中的重要细节详细记录,尤其是表演艺术中的绝活儿或制作工艺以及具有规律性的东西;对具有发现性的、填补艺术和文化空白作用的内容要尽可能详细记述;

④通过传承人的调研,进一步整理出传承人谱系,建立起传承人档案,了解传承人的业态;

⑤对于不同于现代公共话语的原生态知识体系(如方言),应该记录其原始信息(原语言、原表述方式、原匠谚口诀、原尺度等),同时为了让公众识读,要将原始信息转化为公共信息(如将方言翻译为普通话)。对于特定名词、术语、概念,要做出注释和说明;

⑥对涉及传承人隐私的问题,要征求传承人的意见后决定是否纳入采集信息中;对涉及对他人名誉和信誉的问题,尤其是传承人同行的评价的问题要做到客观、公正,不介入作者个人的恩怨和主观认识;

⑦实地采集尽可能地将采集环境放在自然的、原有的状态,尽量避免采访过程中对传承人的打断和打扰。

(四)文献收集整理方面

文献整理方面需注意:

1.当天搜集当天整理

由搜集者将调查资料整理出来:尽量按照原貌逐字逐句进行实录,改正错字,方言土语和专门术语,除用国际音标注明发音外,还应该加上注释。并标明资料的来源、日期、调查地点、调查人的姓名、被调查人的姓名、年龄、性别、职业等等。

2.调查工作结束以后的整理

根据不同的目的和用途,又可以对采集的资料有不同整理方法。

①用于研究:忠实记录;

②通俗读物:慎重整理;

③再创作整理。

3.注意事项

文献的收集应以年谱为线索并贯彻整体性原则。应以传承人年谱为核心,以年月为经纬,将一切有关活动做纵向梳理。对于目前抢救性记录工作的文献收集来源方面,除保证采集资料的真实性、科学性和专业性外,还应该注意:

(1)加强对于地方史料文献的收集力度

例如《地方志》和有文献价值的非正式出版物。随着乡土社会的变迁,风土人情也发生了改变,对于《地方志》的深度挖掘可以为访谈提供强有力的佐证。该社区特殊的历史、经济、人文和自然条件都会对传承人所承载的非遗的展现方式、传承手段和传播渠道构成深刻影响。因此,不了解项目的历史、地理、文化状况,就不能深入地了解生活于其中的传播者和接受者;不了解传承人的日常生活,就不能真实地了解传承人,更无从认识非遗项目的发生机制,也就无从探讨非遗项目在具体时空中生成和传衍的生命情态。

(2)增加学术类研究资料的收集强度,丰富文献的种类

分布于社会的各个阶层的非遗也会形成各类阶段性的成果,这类学术性文献也应纳入收集范围。以走马镇民间故事为例,除收录了《走马镇民间故事集》、走马镇民间故事校本教材外,还大量地收集了多所高校师生的硕博士论文,极大地从内容上丰富了文献的种类,拓宽了抢救性记录工作的价值外延。

二、抢救性记录实施路径分析

(一)分类记录,因人制宜

在抢救性记录工作中,不同类别的记录应遵循项目本身相应的特征和重点。如民间文学、传统医药中,传承人口述的部分更为突出;传统音乐、传统舞蹈、传统戏剧、曲艺、民俗等侧重于表演艺术类别,传承人的表演实践、传承教学活动所占比重较大;而传统美术、传统技艺类的项目,则可能更侧重于技艺实践的过程等。而即使是同一类别的项目,因传承人自身条件、人生和工作经历以及特色不同,记录所侧重和表现的方式也会有所差异。以重庆市曲艺国家级代表性传承人徐勍的记录工作为例。我们自2015年12月对徐勍老师的抢救性记录工作开展以来,徐勍老师的身体状况一直不太稳定,曾多次入院治疗,三次下了病危通知书,其身体和精神状况都难以进行口述访谈工作。我们多次与徐勍家人沟通和协调后,最终确定于2016年1月底进行拍摄,拍摄组一直充分尊重徐老师家属的意愿,根据徐老师身体的实际情况来安排拍摄计划,每次拍摄时间不超过2个小时,中途根据传承人的状况安排短暂的休息,再加上徐勍老师年事已高,记忆力衰退,在某些历史事件或者传承状况方面的回忆存在不确定性。断续地完成了口述访谈的拍摄。2017年1月,徐勍老师病重去世。鉴于这种情况,我们将亲属、师徒、同事、朋友及曲艺团等构建出一个以传承人为核心的环形图,根据亲疏远近的关系,横向地进行采录。这是一种点对点式的采录,会在采录过程中不间断地发现新的发散点,建立起交往的网络,最终确定对10位相关人士进行访谈。而对这些访谈对象进行过初步的访谈调研后,从新的口述资料中又获取了新的知情人线索,进一步扩充受访人范围。通过这些人际关系脉络的梳理,初步确认传承人不同阶段的经历由不同的访谈对象进行口述,力图尽可能全面地展示徐勍老师的生平、从艺经历以及艺术成就。记录工作有固定的规程,而具体到每一位传承人,则应该根据执行团队对传承人的了解,制定工作大纲。随后,我们拍摄了其徒弟传承师傅的技艺,作为传承教学片。组织了一场徐老师学生的专场演出,完成了实践片的拍摄,最终完成了徐老师记录工作。

(二)加强专业人才队伍建设

抢救性记录工作需要综合运用非遗学、影像人类学、口述史学、文献学、电影学等多个学科的理论、方法,还需要运用数字多媒体、数据库等数字化技术,其涉及面广、内容繁多、知识体系复杂,急需建立一支在各专业各门类业务精、作风硬的高素质人才队伍。非遗事业的繁荣发展,归根到底有赖于非遗工作者的积极性、创造性的发挥。因此,要重点加强各门类各专业人才、文化科技人才的培养和使用,建立合理的人才队伍结构。同时,加强工作人员在非遗各领域、口述访谈方法、数字化方法、摄影摄像录音技能、后期制作、文字转录、文献收集等方面的专业培训,提高工作人员的能力素质和专业技能。还可以考虑和重庆的高校、传媒公司等签订合作协议,让高校师生和传媒公司发挥专业优势,参与抢救性记录,壮大人才队伍。这将对我市非遗保护队伍建设,构建非遗保护人才网络起到积极的带动作用。

(三)全方位加强宣传传播

随着网络技术的飞速发展,我们日常生活已进入了数字化时代。而抢救性记录是以数字化为主要表现形式,其贯穿了非遗项目保护自立档至振兴的全过程,是为适应数字化时代人们生活方式应运而生的一种非遗重要保护手段。抢救性记录的数字化成果不仅可以保存历史记忆,还可为非遗文创产品、衍生产品的开发和利用提供丰富的资源,也可通过多种渠道和平台向公众展示和宣传,推动"文化力"向"市场力"转变。利用抢救性记录数字资源,根据非遗项目和传承人自身特色,结合市场需求,进行时尚设计,将传统与现代结合,开发特色旅游文创产品,凸显文化附加值,推动文旅融合,全方位构建非遗产业链,开启经济效益和社会效益的双赢模式;还可利用抢救性记录的数字资源广泛传播,全方位加大宣传力度,全面扩大我市非遗社会影响力,通过电视节目、新媒体、短视频、直播、抖音、快手、微博等传播渠道为非遗赋能,展示传承人精美的工艺品和精妙的传统艺术表演,宣传非遗传承人匠人精神,放大了非遗保护的声音,提升全社会的文化自觉和文化自信,提高公众对非遗的整体认知和关注,使得非物质文化遗产等传统文化的抢救保护和主动传承升格为一种全民意识与自觉行为。

三、对现阶段抢救性记录工作的思考

(一)经验知识如何标准化

非物质文化遗产的"非物质性"决定了很多非遗项目核心内涵的"只可意会,不可言传",在记录工作中,抢救性记录所应用的数字化技术本身的特性决定了对于客观、标准化知识的呈现较为容易,而对经验性的、精神性的、个体化的特征呈现则是技术的难点。同时,非遗项目的"活态性"意味着非遗的流变性、个体性,邱春林提道:"即使是同一个传承人,在其不同的年龄阶段、不同的心态和心境下,其能力、技艺水平也有很大差别。"[1]可谓每一个项目都仍需根据传承人的不同状况而策划更具体的记录目标和内容。如何将"无形"化"有形",在这个转化过程中又如何确保记录不仅呈现出项目的文化形态,还能将非遗内在的文化结构和精神体现出来,是我们面临的最重要的难点。

(二)记录并不完全等同于非遗项目的本体保护

抢救性记录本身是非遗保护的重要手段,然而值得注意的是,记录过程和成果所产生的最重要的价值,是对非遗项目和传承人相关信息进行保存,这一价值对于非遗项目生命力的维持并不是全面而直接的。这实际上也是非遗数字资源和实体资源的关系问题:"非遗数字资源来源于非遗资源,但无法替代非遗资源。没有实体资源作为基础,数字资源将沦为空中楼阁;数字资源包含的信息不等同于实体资源所包含的信息,特别是无法把非遗资源的许多无形的特征完全保存下来"。[2]在抢救性记录的目标设置和过程执行中,切忌为了记录而记录,而应该明确项目保护的最终目的。抢救性记录的最终指向,仍然是实体资源的最优化保存与呈现。

(三)记录成果传播和其他应用

抢救性记录工程持续至今,全国各省已完成数量相当可观的抢救性记录成果。而这些成果的传播、应用却还未得到充分探索。我们在抢救性记录过程中,对部分非遗项目的传承困境有了一定的了解,而我们的记录过

---

[1] 邱春林:《实施抢救性记录应遵循的原则》,2016年9月11日,中国民俗学网 https://www.chinesefolklore.org.cn/web/index.php? NewsID=14759,访问日期:2021年5月27日。

[2] 杨红:《非物质文化遗产数字化的冷思考》,《中国文化报》2016年7月8日第007版。

程和成果怎样反映这些困境,怎样嫁接到网络或其他互动平台来解决这些困境,都是极为值得探讨的议题。

总之,抢救性记录的最终指向应该是公众。非遗的来源是民间普通大众的日常生活,"抢救性"记录,其潜在含义喻示着这些文化事项的消亡,而保持非遗活态传承的根本措施只有一个,就是让非遗回归日常生活。"动态的表述、动态的保护,才符合文化自身的力量",抢救性工作的成果并不意味着这项工作的完结,探索如何将这些记录成果最大程度开放给公众,如何将这些记录成果转化、放大,持续影响和传播给公众,如何创造出新时代的非遗价值,更广泛地参与和影响人们的日常生活,将是未来非遗抢救性保护工作的重要方向。

第二节
重庆非物质文化遗产保护对策与措施

重庆拥有丰富的非物质文化遗产资源和良好的前期工作基础,为在新形势下探索非物质文化遗产保护传承的新模式、新机制提供了有利条件。近年来,重庆市委、市政府高度重视文化遗产建设,把文化遗产上升到战略高度去打造。基于此,为深入开展我市非遗保护工作,将非遗战略细化为可操作、能见效的"战术",笔者有如下建议:

一、提高认识,更新观念

联合国教科文组织通过的《保护非物质文化遗产公约》认为:"保护非物质文化遗产是对文化多样性和对人类创造力的尊重。"非物质文化遗产担负着保持民族文化独特性和维护世界文化多样性的双重职责,它是一种无形的、不可重复的文化现象,是我们民族的血脉。抢救保护非遗就是保持民族个性、民族特征,守护我们的精神家园,找到回家的路。从文化层面看,文化不仅是推动经济社会发展的重要手段,更是社会文明进步的重要内容和重要目标。GDP的增长、物质财富的增加,并不是人类的唯一目标、终极目标。联合国教科文组织提出:"发展最终应以文化概念来定义,文化的繁荣是发展的最高目标。"人民群众进入小康后,解决文化饥渴问题日益迫切。改善民生,文化是一个重要组成部分;讲公平正义,文化是一个重要体现;讲幸福指数,文化是一个重要的衡量尺度;讲生活质量,文化是一个显著标志。抢救保护非遗,延续精神命脉,满足人民群众基本文化权益和多样化文化需求,是文化自觉、文化自信的体现。提高文化软实力,是提高综合竞争力,实现经济社会全面、协调、可持续发展的必然选择。对重庆而言,应坚持把习近平总书记关于文化建设系列重要讲话作为推动文化发展的总遵循,坚定文化自信,保护和弘扬优秀传统文化,注重改革创新,推动文化强市建设迈出新步伐,开创文化繁荣发展新局面。各级领导形成共识,营造全社会良好氛围,这是解决好各种问题和困难的基本前提。

二、完善规划,加强非遗名录体系建设

第一,非物质文化遗产保护是一项长期的规模浩大的系统工程,按照"价值优先,濒危优先"原则,分清轻重缓急,全面制定我市非遗保护规划,指导各区县制定工作规划。在编辑规划的同时,制定具体的实施细则。可根据非物质文化遗产代表性项目名录具体项目的自身规律,制定包括立档、保存、研究、宣传、弘扬、传承和振兴等具体工作内容的保护计划。以期建立比较完备的非遗保护机制,形成比较完善的非遗保护体系,使我市非遗保护工作进入科学化、规范化、法治化轨道。

第二,加强非物质文化遗产名录体系建设。在现有名录体系基础上,做到认真申报,严格评审,科学保护,继续加强建设科学严谨的国家级、市级、区县级非物质文化遗产名录体系,以促进非物质文化遗产保护工作的开展。一是开展非物质文化遗产资源深度调查,掌握当前全市的非物质文化遗产资源现状。二是管理好53个国家级非物质文化遗产代表性项目,积极组织各区县申报国家级非物质文化遗产代表性项目,并组织专家评审委

员会筛选推荐出优秀项目推送给文化和旅游部,力争国级非物质文化遗产代表性名录项目实现总量有新的突破。三是积极组织申报、评审和公布重庆市非物质文化遗产代表性名录项目,力争市级非物质文化遗产代表性名录项目实现总量有新的突破。四是积极指导各区县评选和公布区县级非物质文化遗产代表性名录项目,力争区县级非物质文化遗产代表性名录项目实现总量有新的突破。

三、完善法律法规,加大资金投入

第一,以《保护非物质文化遗产公约》《中华人民共和国非物质文化遗产法》等一系列文件为依据,进一步完善《重庆市非物质文化遗产条例》,加快制定出台《重庆市〈非物质文化遗产法〉实施细则》《重庆市非物质文化遗产保护条例》《重庆市非物质文化遗产生产性项目保护暂行办法》《重庆市文化生态保护区管理暂行办法》等地方性法律法规,使重庆非物质文化遗产的保护与传承不断走向法治化、规范化、标准化的运行轨道。

第二,完善非物质文化遗产相邻法律保护传承体系。进一步明确非物质文化遗产的知识产权保护原则和制度,包括非物质文化遗产知识产权的保护范围、非物质文化遗产著作权使用制度等。在现有的法律框架下,创造性地利用现有的一切资源建立一套切实可行的法律保护机制做好具体的保护工作。

第三,加强全民法律保护的意识。要广泛地宣传非物质文化遗产的珍贵价值,树立全民的保护意识。在大力宣传非物质文化遗产的珍贵价值,普及非物质文化遗产科学常识的同时,更要运用法律手段对其进行保护。只有全民的保护意识提高了,丰富多彩的非物质文化遗产才能长久地生根发芽,最终枝繁叶茂,长成参天大树,成为普通民众的福祉。

第四,充分利用知识产权法保护非物质文化遗产。重庆可采用著作权法、商标法和专利法三位一体相结合的保护方式,对非物质文化遗产进行全方位的保护。著作权法,商标法和专利法有各自不同的调整对象,针对保护对象的性质及特征制定与之相适应的法律法规。这样既能克服单一方式保护的片面性，又能针对不同种类的非物质文化遗产，制定具有针对性更强，操作更方便的法律法规。

第五，加强非物质文化存续与传承的人文环境保护和文化空间保护。这是各级政府的义务和责任，尤其是对传统文化的抢救保护，必须得到政府的大力扶持。建议市财政按照市级项目逐年增多的情况，每年增加必要的投入。进一步落实市、区县、乡镇的分级投入。建立非遗保护专项基金，用于重大项目保护、珍贵资料与实物征集、代表性传承人培养、文化生态区建设、贫困地区补贴、人才培养、学术交流等专项保障。用好用活现有优惠政策，积极研究制定符合实际的新的政策措施，调动社会团体、企业和个人的积极性，多渠道筹集社会资金，吸纳民间资本投入非遗保护。

四、加强领导，健全机构

第一，重庆非物质文化遗产资源丰富，仅靠应急性的工作，对本市的非物质文化遗产根本不能做到很好的保护与传承。因此，应在全市范围内建立起非物质文化遗产保护工作专职管理机构，配备专门的、懂业务、懂专业的非遗工作人员。市非物质文化遗产保护中心增加非遗专职人员，各区县建立独立的非物质文化遗产保护中心，配备专职非物质文化遗产保护工作人员。强化非遗处、市非遗保护中心、区县非遗保护中心的职能作用，充实工作力量。成立重庆市非遗研究会，充分调动各方积极性，聚集人才，整合智力资源。重庆市文化和旅游发展委员会加强业务指导和工作督查，各区县非遗中心、文化馆、有关文化机构、大专院校、企事业单位、社会团体等各单位充分发挥作用，形成工作合力。保证全市非物质文化遗产保护工作的健康发展和顺利推进。

第二，把非遗保护工作作为推动文化繁荣发展的重要工程。应建立非物质文化遗产保护经费的投入机制，使非物质文化遗产保护经费列入同级财政预算并随经济增长不断提高。将非遗保护与脱贫攻坚和乡村振兴结合起来，纳入全市经济社会统筹发展规划，纳入市政府民心工程，纳入各级政府文化工作考核的重要内容之一，纳入各级党校学习培训内容。强化政府在非物质文化遗产保护工作中的主导作用，强化行政管理职能，提高指导协调力度,形成上下一致、高效有力的管理体制。加强保护工作队伍建设,整体提升工作人员的专业和文化素质,推动非物质文化遗产保护工作全面协调可持续发展。

五、加强人才队伍建设,重视传承人的保护

第一,抓紧培养非遗专业人才,造就高素质的专兼职工作队伍,举行工作人员培训班,提高工作队伍的业务素质。在专家学者、非物质文化遗产传承人、非物质文化遗产保护工作者等专业人才中,组建一批知晓非物质文化遗产传承规律和需求、懂专业、善管理、实干敬业、结构合理的高素质非物质文化遗产保护工作团队,全面参与非遗保护工作,促进非物质文化遗产保护利用和传承发展。

第二,普及非物质文化遗产知识教育,提高全民保护意识。鼓励中小学因地制宜编撰乡土教材、文化读本,纳入创建市级、区(县)级非物质文化遗产传承教育基地范畴。同时,与教育部门合作,把各区县有特色的非遗项目纳入中小学校教学内容,强化青少年对非遗的认知认同,使学校成为非遗传承的重要基地。

第三,加强非物质文化遗产项目代表性传承人的保护。新培育国家级代表性传承人、市级代表性传承人,明确代表性传承人的权利和义务。进一步提高传承人的经济和社会地位,为代表性传承人提供开展传习活动的必要场所,支持社会传承,鼓励补贴老艺人带徒授艺,兑现经济待遇和社会荣誉;建立检查约束制度,明确传承任务和责任,实现外出表演与内部传承互动共赢。除落实国家级和市级代表性传承人每年额定补贴外,建议将50岁以上无固定生活来源的国家级代表性传承人纳入社保或低保范围,解决养老、医疗和工伤"三险",并享受最低生活保障;将50岁以下无固定生活来源的国家级代表性传承人特聘进当地乡镇文化站或区县文化馆等相关单位;对传承活动或经营行为,给予相关扶持政策;对市、区县级传承人也应给予一定的经济及相关政策支持;支持和鼓励职业院校根据专业建设和发展需求,聘请非物质文化遗产传承人担任职业院校兼职教师、专业带头人、学校顾问,优化专业教师队伍结构。依托重庆文化艺术职业学院、重庆文

理学院和四川美术学院等高校,开展非物质文化遗产传承人群培训班培训传承人,提升传承人的技艺水平。

六、完善重庆非物质文化遗产数据库管理系统

第一,重庆在非物质文化遗产数据库建设方面虽然做了一定的尝试,但建设很不完善,可供发展的空间很大。为了使重庆的非物质文化遗产得到更好的保护传承,并使其造福人民,就必须积极组织力量,研究、开发、应用数字图书馆的原理和技术方法、网络技术、多媒体技术、AR与VR、大数据技术、区块链技术、5G等先进手段,以非物质文化遗产资源保护、传承和开发利用为主要内容,针对不同类别的非物质文化遗产,根据其特性进行深入的数字化技术研究。通过对原生的各类非物质文化遗产档案的数字化转换工作,构建起多种载体形式的"人类记忆",建立健全国家级、市级、县(区)三级非物质文化遗产数据库体系。打造一个集保存、浏览、检索、下载、研究、发布、共享、互动等功能的非遗代表性项目和非遗代表性传承人信息资源数据库管理平台。便于公众学习、交流和互动,促进非遗的保护、传承与弘扬。

第二,在重庆非遗数据库基础上,研发"PC网站+手机网站+微信网站+App三站合一"四站一体网站。三站合一是集PC网站、手机网站和微信网站为一体的一套建站管理系统,共用非遗数据库管理系统,一个虚拟主机,录入一次数据,三站数据自动同步,可以有效节约空间投资,降低人力维护工作量,同时拓宽宣传渠道。在PC网站中,我们主要以"图片+文字+音视频"展示描述,将收集整理的非遗资源整理分类,然后设计制作成交互网站。手机网站覆盖PC网站所有内容,同时还具备二维码生成、一键分享、一键咨询、终端适配等功能。由于微信已成为人们使用频繁的交流软件,我们可以用微信平台建立微网站。微网站不仅能全面展示PC网站的内容,还兼具公众平台账号、微官网、首次关注、微菜单、关键字回复、智能客服等功能。三站合一建立完成后,我们可以通过开发手机App扩大宣传,让非遗更好地融入我们的生活和工作中。

七、加强阵地平台建设,整合社会资源

第一,加快重庆市非遗博物园项目的建设工作,将其纳入"十四五"的重大文化设施项目,使其成为传承、收藏、展示、销售、研究、教育、交流基地和文化旅游中心。支持各区县建立和完善非遗博物馆厅、传习场所,承担基本职能,完善基础设施,推进文化生态区建设。相关政府部门与各区县文化馆、图书馆、文管所等形成大协作;充分依靠高等院校、科研院所,进行基础性、应用性研究,指导基层非遗工作。充分利用广播、电视、报刊、互联网等各种媒体和传播平台,制作和展播我市的非遗项目,组织巡回演出、展示活动,提高广大群众对非遗的认知度和保护意识,使人民群众既是非遗的创造者、传承者,同时也是保护者、宣传者。

第二,加大文化生态保护区的建设力度。高质量建设国家级武陵山区(渝东南)土家族苗族文化生态保护实验区,保护实验区内的6区县按照总规尽快制定子规划,并严格按照总规划、子规划实施,探索非物质文化遗产保护传承促进重庆经济绿色发展的途径,确保地方经济社会发展与民族文化保护相协调,充分发挥实验区的示范带动作用。建立"长江三峡(重庆)文化生态保护区",并成功列入市级文化生态保护实验区,待条件成熟时申报国家级文化生态保护实验区。市级文化生态保护区参照国家级武陵山区(渝东南)土家族苗族文化生态保护实验区开展规划和建设工作。探索建立区(县)区域性或以单个项目为中心的文化生态保护区。

八、合理开发利用,分类传承保护

第一,对有较高利用价值的项目,开发非遗资源的经济价值。将有条件的非遗文化资源转化为文化生产力,打造一批非遗品牌,增强其自身造血功能,结合发展文化创意产业,支持民间艺人创新绝活,开拓文化产业市场。将重点非遗项目与旅游经济结合,如"秀山花灯与边城旅游""木洞山歌与桃花岛开发",使非遗项目走向市场。以保护带动开发,以开发促进保护,形成经济开发与传承保护的良性循环。

第二,保护原地原生态民俗活动,为非遗存续提供土壤。一是努力改变静态抢救、被动保护状况,开创活态传承、有效利用的新局面。根据其自

身规律,制定长远保护规划,适时做好项目资料收集建档工作,加强理论研究,以研究成果指导传承发展。二是抢救保护濒危、灭绝、失传的类别和项目。要继续进行民间文化资源普查,特别是对边远闭塞地区进行深入调查发掘,把握整体情况。对失去生养根基的项目,特别是对独特的、有鲜明地方和民族特色的项目,进行整理建档,建立保护名录,运用文字记录、影视资料、数字化、AR和VR等方式,保存原始资料进入博物馆厅,建立起一座有特色的非遗项目资料富矿,为研究、传承和利用,打下坚实基础。

九、打造非遗系列活动及品牌建设

第一,全力打造文化品牌。在尊重民间信仰和非物质文化遗产内涵的基础上,选择一批具有代表性的非遗民俗项目,扶植形成一批国际国内知名的重庆原生态民族节庆品牌。如"丰都庙会""大足宝顶香会""苗族踩山节"等国家级、市级非物质文化遗产,保护节日原真性,加大传播力度,形成特色文化品牌。

第二,打造好"重庆市民间文化艺术之星选拔赛"和"重庆市非遗博览会"品牌活动,形成有特色的非物质文化遗产展销活动品牌,将非物质文化遗产融入人民生活之中,以专业化、市场化、高端化的展演、展销品牌活动为联结,逐渐在社会树立起非物质文化遗产回归生活的保护理念。

十、开展非物质文化遗产广泛传播

(一)举办好以非遗为主题的宣传展示活动

一是精心策划和组织好一年一度的文化遗产日活动,积极配合好文化遗产宣传月的活动;二是依托国家法定节日,如春节、元宵节、端午节、中秋节等,积极策划和组织以相关节日为主题的非遗专题宣传展示、展演活动。

(二)积极参加国内外相关非遗主题活动

积极参加文旅部和重庆市举办的中国非物质文化遗产博览会、中国成都国际非遗节、长江非物质文化遗产大展、中国文化周、重庆文化周等活动。

(三)融合媒体新技术宣传传播

抓住"互联网+"行动计划的契机,推动非遗项目与媒体新技术的融合创新,拓宽宣传渠道。全面推进大数据、云计算、5G、AR、VR、区块链、新媒体、人工智能、物联网、高新视频、超高清电视等融合媒体新兴技术在非遗项目的应用。推广"互联网+非遗"新模式,研发智慧非遗APP和小程序等,通过辅助虚拟现实技术、互动娱乐技术、特种视效技术、三维图像技术等先进的视觉技术手段,丰富非遗的宣传传播方式,探索线上线下相结合的非遗传播模式。利用新技术、新平台挖掘展现重庆非物质文化遗产资源和传承人技艺,打造VR(虚拟现实)、AR(增强现实)、MR(混合现实)非遗展示馆。还可以充分整合媒介资源,借助新媒体来扩大影响力。如我们可通过运用算法机制实现非遗内容的有效分发,通过利用重庆卫视、腾讯、大渝网、华龙网等各大新闻媒体,抖音、快手、直播、微博、微信、广播电台等新媒体推播方式,在社交平台制造话题、加强互动的方式加深公众对非遗的认知和了解,借助社交力量不断拓宽非遗传播半径。

(四)加大非物质文化遗产宣传力度

摄制市级非物质文化遗产项目专题片,在重庆卫视和重庆科教频道进行播出宣传,在重庆广播电台增设重庆非物质文化遗产为主题的节目。在公共场所播放重庆非物质文化遗产传统音乐和包含传统音乐元素的作品。制作非物质文化遗产系列宣传短片和视频广告,在公交移动电视、出租车移动电视、户外大屏幕电视等数字网络平台滚动播放。开发制作具有巴渝非物质文化遗产元素、知识性和趣味性强的动漫及游戏作品。

十一、加强非物质文化遗产理论研究

第一,重庆拥有种类繁多的非物质文化遗产,对这些非物质文化遗产的历史与现状、文化艺术价值,以及对它们的传承发展和开发利用的规律要进行深入研究。综合发挥市非物质文化遗产保护中心、相关文化艺术研究等机构作用,加强重庆非物质文化遗产理论研究体系的建设,办好重庆市非物质文化遗产研究中心。完善以高等院校及科研机构为主、社会学术力量广泛参与的非物质文化遗产研究人才队伍。要突出研究特色,加强基础理论研究,深化多学科交叉研究,致力于学科体系构建。围绕重庆市经济社会发展的需要,就重庆非物质文化遗产的生产性保护、非物质文化遗产与区域文化软实力塑造、非物质文化遗产与文化创新等问题展开深入广泛的研究,使重庆传统文化能在当下中国乃至世界保持活力,成为促进重庆经济社会发展的重要力量。在教育传承研究领域,围绕非物质文化遗产教育传承的理念、目标、内容、方法、资源、机制、体制等问题,开展多角度全方位的研究,为培养"大学生+传承者"的培养目标提供理论依据与实践模式,并使重庆非物质文化遗产研究中心在这一独特领域的研究始终处于全市乃至全国的领先水平。同时,建立知识创新机制,产生重大研究成果,形成以基础理论研究为引导、教育传承研究及保护利用研究为两翼的完整研究体系。

第二,鼓励在各区县建立相应的研究机构,积极开展与非物质文化遗产有关的理论研究和政策研究。充分发挥研究机构和高等院校的作用,利用国内外学术研讨会、理论论坛、座谈会、交流会等方式,深入研究非物质文化遗产保护与传承发展中遇到的新情况、新问题,为重庆市非遗建设提供理论依据和决策参考。

第三,办好文化研究刊物的非物质文化遗产专栏。支持《重庆文化和旅游研究》《重庆文理学院学报》办成国内研究非物质文化遗产保护发展的重要阵地,刊发国内非物质文化遗产保护、传承与发展工作的研究成果,刊发地方族群传统工艺技能、知识、价值观念、宗教信仰等知识体系和地域性生态文明建设、生态系统修复等学术论文及田野调查报告,刊发重庆非物质文化遗产资源及本土文化。

总之,为使重庆的非物质文化遗产得到切实有效的保护、保存、延续、发展和弘扬,应坚定文化自信,坚持创造性转化和创新性发展,在保护和传承中发展,在发展中提高保护能力和水平,把促进社会主义精神文明建设和推动区域经济社会全面发展结合起来,推动非遗保护利用更好地服务于经济社会发展,满足人民日益增长的美好生活需要。应充分利用可操作、能见效的"战术",构建立体交叉的保护态势,唤起全社会的文化自觉意识,形成全体民众共同参与的保护体系,使非物质文化遗产走上良性发展的轨道。

附录

附1 重庆市国家级非物质文化遗产代表性项目名录

序号	编号	项目	类别	申报地区或单位	批次
1	Ⅰ—1	走马镇民间故事	民间文学	九龙坡区	第一批
2	Ⅰ-124	酉阳古歌	民间文学	酉阳县	第三批
3	Ⅰ-149	广阳镇民间故事	民间文学	南岸区	第四批
4	Ⅱ—1	石柱土家啰儿调	传统音乐	石柱县	第一批
5	Ⅱ—2	川江号子	传统音乐	重庆市文化和旅游研究院	第一批
6	Ⅱ—3	南溪号子	传统音乐	黔江区	第一批
7	Ⅱ—4	木洞山歌	传统音乐	巴南区	第一批
8	Ⅱ—5	唢呐艺术(永城吹打)	传统音乐	綦江区	第一批
9	Ⅱ—6	吹打(接龙吹打)	传统音乐	巴南区	第一批
10	Ⅱ—7	吹打(金桥吹打)	传统音乐	万盛经开区	第一批
11	Ⅱ—9	梁平癞子锣鼓	传统音乐	梁平区	第二批
12	Ⅱ—10	秀山民歌	传统音乐	秀山县	第二批
13	Ⅱ—12	酉阳民歌	传统音乐	酉阳县	第二批
14	Ⅱ—15	搬运号子(梁平抬儿调)	传统音乐	梁平区	第二批
15	Ⅱ—18	搬运号子(龙骨坡抬工号子)	传统音乐	巫山县	第二批
16	Ⅱ-123	苗族民歌	传统音乐	彭水县	第三批
17	Ⅱ-109	锣鼓艺术(小河锣鼓)	传统音乐	渝北区	第四批
18	Ⅲ—1	龙舞(铜梁龙舞)	传统舞蹈	铜梁区	第一批
19	Ⅲ—3	狮舞(高台狮舞)	传统舞蹈	彭水县	第二批
20	Ⅲ—5	土家族摆手舞(酉阳摆手舞)	传统舞蹈	酉阳县	第三批
21	Ⅲ-121	玩牛	传统舞蹈	石柱县	第四批

309

续表

序号	编号	项目	类别	申报地区或单位	批次
22	Ⅳ—1	川剧	传统戏剧	重庆市川剧院	第一批
23	Ⅳ—2	灯戏(梁山灯戏)	传统戏剧	梁平区	第一批
24	Ⅳ—157	阳戏(酉阳土家面具阳戏)	传统戏剧	酉阳县	第五批
25	Ⅴ—2	四川扬琴	曲艺	重庆市曲艺团有限责任公司	第二批
26	Ⅴ—3	四川竹琴	曲艺	万州区	第二批
27	Ⅴ—110	四川清音	曲艺	重庆市曲艺团有限责任公司	第三批
28	Ⅴ—75	车灯	曲艺	重庆市曲艺团有限责任公司	第三批
29	Ⅴ—77	金钱板	曲艺	万州区	第三批
30	Ⅴ—91	四川评书	曲艺	重庆市曲艺团有限责任公司	第三批
31	Ⅵ—109	蹬技(重庆蹬技)	传统体育、游艺与杂技	重庆杂技艺术团有限责任公司	第五批
32	Ⅶ—1	梁平木版年画	传统美术	梁平区	第一批
33	Ⅶ—2	蜀绣	传统美术	渝中区	第二批
34	Ⅶ—1	竹编(梁平竹帘)	传统美术	梁平区	第二批
35	Ⅶ—25	挑花(巫溪嫁花)	传统美术	巫溪县	第五批
36	Ⅶ—56	石雕(大足石雕)	传统美术	大足区	第五批
37	Ⅶ—58	木雕(奉节木雕)	传统美术	奉节县	第五批
38	Ⅶ—66	彩扎(铜梁龙灯彩扎)	传统美术	铜梁区	第五批
39	Ⅷ—2	制扇技艺(荣昌折扇)	传统技艺	荣昌区	第二批
40	Ⅷ—5	陶器烧制技艺(荣昌陶器制作技艺)	传统技艺	荣昌区	第二批
41	Ⅷ—6	夏布织造技艺	传统技艺	荣昌区	第二批
42	Ⅷ—7	漆器髹饰技艺(重庆漆器髹饰技艺)	传统技艺	重庆市文化和旅游研究院	第二批

续表

序号	编号	项目	类 别	申报地区或单位	批 次
43	Ⅷ—10	豆豉酿制技艺（永川豆豉酿制技艺）	传统技艺	永川区	第二批
44	Ⅷ-211	榨菜传统制作技艺（涪陵榨菜制作技艺）		涪陵区	第三批
45	Ⅷ-98	土家族吊脚楼营造技艺		石柱县	第三批
46	Ⅸ—1	中医传统制剂方法（桐君阁传统丸剂制作技艺）	传统医药	南岸区	第二批
47	Ⅸ-4	针灸(刘氏刺熨疗法)		渝中区	第三批
48	Ⅸ-5	针灸(赵氏雷火灸)		渝中区	第五批
49	Ⅸ-6	中医正骨疗法(燕青门正骨疗法)		江北区	第五批
50	Ⅹ—1	秀山花灯	民俗	秀山县	第一批
51	Ⅹ-84	庙会(宝顶架香庙会)		大足区	第四批
52	Ⅹ-84	庙会(丰都庙会)		丰都县	第四批
53	Ⅹ-163	秀山苗族羊马节		秀山县	第五批

附2　重庆市非物质文化遗产代表性项目名录

序号	编号	项目	类别	申报地区或单位	批次
1	Ⅰ-1	走马镇民间故事	民间文学	九龙坡区	第一批
2	Ⅰ-2	巴文化传说	民间文学	巴南区	第二批
3	Ⅰ-3	巴将军传说	民间文学	渝中区	第二批
4	Ⅰ-4	巫溪民间故事	民间文学	巫溪县	第二批
5	Ⅰ-5	男女石柱神话	民间文学	石柱县	第二批
6	Ⅰ-6	吴幺姑传说	民间文学	黔江区	第二批
7	Ⅰ-7	巫傩诗文	民间文学	酉阳县	第二批
8	Ⅰ-8	吴癞子的传说	民间文学	江北区	第三批
9	Ⅰ-9	广阳民间故事	民间文学	南岸区	第三批
10	Ⅰ-10	北碚民间故事	民间文学	北碚区	第三批
11	Ⅰ-11	善书	民间文学	合川区	第三批
12	Ⅰ-12	大足石刻传说	民间文学	大足县	第三批
13	Ⅰ-13	丰都县民间故事	民间文学	丰都县	第三批
14	Ⅰ-14	石柱酒令	民间文学	石柱县	第三批
15	Ⅰ-15	巫山神女传说	民间文学	巫山县	第三批
16	Ⅰ-16	望娘滩传说	民间文学	大足区	第四批
17	Ⅰ-17	石宝寨的传说	民间文学	忠县	第四批
18	Ⅰ-18	林贵福的故事	民间文学	开县	第四批
19	Ⅰ-19	钟云舫民间故事	民间文学	江津区	第五批
20	Ⅰ-20	巫山龙洞传说	民间文学	巫山县	第五批
21	Ⅰ-21	巫咸孝文	民间文学	巫溪县	第五批
22	Ⅰ-22	涪州风物传说	民间文学	涪陵区	第六批
23	Ⅰ-23	马桑溪民间故事	民间文学	大渡口区	第六批
24	Ⅰ-24	巴渝灯谜	民间文学	大渡口区、万盛经开区	第六批
25	Ⅰ-25	东溪故事	民间文学	綦江区	第六批
26	Ⅰ-26	刘天成故事	民间文学	大足区	第六批
27	Ⅰ-27	武隆民间故事	民间文学	武隆区	第六批
28	Ⅰ-28	咸说忠文化	民间文学	忠县	第六批

续表

序号	编号	项目	类别	申报地区或单位	批次
29	Ⅰ-29	夔州民间故事	民间文学	奉节县	第六批
30	Ⅰ-30	夔州竹枝词		奉节县	第六批
31	Ⅰ-31	巫溪吉令词		巫溪县	第六批
32	Ⅱ-1	川江号子	传统音乐	重庆市艺术研究所	第一批
33	Ⅱ-2	石柱土家啰儿调		石柱土家族自治县	第一批
34	Ⅱ-3	南溪号子		黔江区	第一批
35	Ⅱ-4	接龙吹打		巴南区	第一批
36	Ⅱ-5	金桥吹打		万盛区	第一批
37	Ⅱ-6	梁平癞子锣鼓		梁平县	第一批
38	Ⅱ-7	木洞山歌		巴南区	第一批
39	Ⅱ-8	鞍子苗歌		彭水苗族土家族自治县	第一批
40	Ⅱ-9	永城吹打		綦江县	第一批
41	Ⅱ-10	秀山民歌		秀山土家族苗族自治县	第一批
42	Ⅱ-11	蓱草锣鼓		秀山土家族苗族自治县	第一批
43	Ⅱ-12	酉阳民歌		酉阳土家族苗族自治县	第一批
44	Ⅱ-13	小河锣鼓		渝北区	第一批
45	Ⅱ-14	后坝山歌		黔江区	第一批
46	Ⅱ-15	梁平抬儿调		梁平县	第一批
47	Ⅱ-16	土家斗锣		石柱土家族自治县	第一批
48	Ⅱ-17	甘宁鼓乐		万州区	第一批
49	Ⅱ-18	龙骨坡抬工号子		巫山县	第一批
50	Ⅱ-19	五句子山歌		巫溪县	第一批
51	Ⅱ-20	跳蹬石工号子		大渡口区	第二批
52	Ⅱ-21	三江号子		合川区	第二批
53	Ⅱ-22	福果民间礼仪音乐		铜梁县	第二批
54	Ⅱ-23	西山神歌		大足县	第二批
55	Ⅱ-24	忠州石工号子		忠县	第二批
56	Ⅱ-25	忠州吹打乐		忠县	第二批
57	Ⅱ-26	巫音		巫山县	第二批

续表

序号	编号	项目	类别	申报地区或单位	批次
58	Ⅱ-27	涪陵御锣		涪陵区	第二批
59	Ⅱ-28	大有民歌		南川区	第二批
60	Ⅱ-29	诸佛盘歌		彭水县	第二批
61	Ⅱ-30	彭水耍锣鼓		彭水县	第二批
62	Ⅱ-31	彭水道场音乐		彭水县	第二批
63	Ⅱ-32	马喇号子		黔江区	第二批
64	Ⅱ-33	帅氏莽号		黔江区	第二批
65	Ⅱ-34	横山昆词		綦江县	第二批
66	Ⅱ-35	海棠唢呐		长寿区	第二批
67	Ⅱ-36	义和锣鼓		长寿区	第二批
68	Ⅱ-37	璧山薅秧歌		璧山县	第二批
69	Ⅱ-38	璧山吹打		璧山县	第二批
70	Ⅱ-39	龙潭八牌锣鼓		涪陵区	第三批
71	Ⅱ-40	偏岩耍锣鼓		北碚区	第三批
72	Ⅱ-41	华蓥高腔	传统音乐	渝北区	第三批
73	Ⅱ-42	跳石昆词		巴南区	第三批
74	Ⅱ-43	七子鼓		合川区	第三批
75	Ⅱ-44	金佛山打闹		南川区	第三批
76	Ⅱ-45	三角吹打		綦江县	第三批
77	Ⅱ-46	大足薅秧山歌		大足县	第三批
78	Ⅱ-47	大足陪歌		大足县	第三批
79	Ⅱ-48	三人锣鼓		城口县	第三批
80	Ⅱ-49	梁平孝歌		梁平县	第三批
81	Ⅱ-50	后坪山歌		武隆县	第三批
82	Ⅱ-51	鸭平吹打		武隆县	第三批
83	Ⅱ-52	仙女山耍锣鼓		武隆县	第三批
84	Ⅱ-53	邓家背二哥号子		巫山县	第三批
85	Ⅱ-54	巫山民歌		巫山县	第三批
86	Ⅱ-55	木叶吹奏		酉阳县	第三批

续表

序号	编号	项目	类别	申报地区或单位	批次
87	Ⅱ-56	三棒鼓		酉阳县	第三批
88	Ⅱ-57	梅子山歌		彭水县	第三批
89	Ⅱ-58	古琴		渝中区	第三批
90	Ⅱ-59	焦石民歌		涪陵区	第四批
91	Ⅱ-60	綦江民歌		綦江区	第四批
92	Ⅱ-61	石城情歌		黔江区	第四批
93	Ⅱ-62	长寿石工号子		长寿区	第四批
94	Ⅱ-63	梁平吹手		梁平县	第四批
95	Ⅱ-64	龙孔吹打		丰都县	第四批
96	Ⅱ-65	开山号子		垫江县	第四批
97	Ⅱ-66	石柱土家断头锣鼓		石柱县	第四批
98	Ⅱ-67	瞿塘峡船工号子		奉节县	第四批
99	Ⅱ-68	新津船工号子		云阳县	第四批
100	Ⅱ-69	薅草锣鼓		云阳县	第四批
101	Ⅱ-70	打夯号子	传统音乐	云阳县	第四批
102	Ⅱ-71	抬工号子		云阳县	第四批
103	Ⅱ-72	大溪穿扬号子		巫山县	第四批
104	Ⅱ-73	酉阳耍锣鼓		酉阳县	第四批
105	Ⅱ-74	苗山打闹		彭水县	第四批
106	Ⅱ-75	彭水太原民歌		彭水县	第四批
107	Ⅱ-76	三峡背二歌		万州区	第五批
108	Ⅱ-77	谢家锣鼓		黔江区	第五批
109	Ⅱ-78	黎水拗岩号子		黔江区	第五批
110	Ⅱ-79	薅草锣鼓		黔江区	第五批
111	Ⅱ-80	泛川派古琴艺术		大渡口区	第五批
112	Ⅱ-81	南山古琴艺术		南岸区	第五批
113	Ⅱ-82	翻叉号子		长寿区	第五批
114	Ⅱ-83	龙溪河拖滩号子		长寿区	第五批
115	Ⅱ-84	永兴吆喝		江津区	第五批

续表

序号	编号	项目	类别	申报地区或单位	批次
116	Ⅱ-85	薅草锣鼓	传统音乐	城口县	第五批
117	Ⅱ-86	梁山吹打		丰都县	第五批
118	Ⅱ-87	榨菜踩池号子		丰都县	第五批
119	Ⅱ-88	高峰薅秧歌		垫江县	第五批
120	Ⅱ-89	高安唢呐		垫江县	第五批
121	Ⅱ-90	石桥木叶吹奏		武隆县	第五批
122	Ⅱ-91	平桥薅秧号子		武隆县	第五批
123	Ⅱ-92	开州民歌		开县	第五批
124	Ⅱ-93	五句子歌		云阳县	第五批
125	Ⅱ-94	酉阳吹打		酉阳县	第五批
126	Ⅱ-95	咚咚喹		酉阳县	第五批
127	Ⅱ-96	长寿民歌		长寿区	第六批
128	Ⅱ-97	梁平剿猪调		梁平区	第六批
129	Ⅱ-98	乌江船工号子		武隆区	第六批
130	Ⅱ-99	情妹歌		城口县	第六批
131	Ⅱ-100	石工号子		丰都县	第六批
132	Ⅱ-101	竹台孝歌		云阳县	第六批
133	Ⅱ-102	夔州民间吹打		奉节县	第六批
134	Ⅱ-103	夔州民歌		奉节县	第六批
135	Ⅱ-104	轿夫号子		石柱县	第六批
136	Ⅱ-105	酉水船工号子		秀山县	第六批
137	Ⅲ-1	铜梁龙舞	传统舞蹈	铜梁县	第一批
138	Ⅲ-2	北泉板凳龙		北碚区	第一批
139	Ⅲ-3	酉阳摆手舞		酉阳土家族苗族自治县	第一批
140	Ⅲ-4	大傩舞		璧山县	第一批
141	Ⅲ-5	巫舞		开县	第一批
142	Ⅲ-6	狮舞		潼南县	第一批
143	Ⅲ-7	架香童子舞		合川区	第二批
144	Ⅲ-8	万古鲤鱼灯舞		大足县	第二批

续表

序号	编号	项目	类别	申报地区或单位	批次
145	Ⅲ-9	铜梁火龙		铜梁县	第二批
146	Ⅲ-10	钱棍舞		城口县	第二批
147	Ⅲ-11	夔州竹枝歌舞		奉节县	第二批
148	Ⅲ-12	普子铁炮火龙		彭水县	第二批
149	Ⅲ-13	高台狮舞		彭水县	第二批
150	Ⅲ-14	庙池甩手揖		彭水县	第二批
151	Ⅲ-15	石溪板凳龙舞		南川区	第二批
152	Ⅲ-16	玩牛		石柱县	第二批
153	Ⅲ-17	打绕棺		石柱县、酉阳县、秀山县	第二批
154	Ⅲ-18	车车灯		开县	第二批
155	Ⅲ-19	龙驹狮舞		万州区	第三批
156	Ⅲ-20	后坝狮舞		万盛区	第三批
157	Ⅲ-21	双桥狮舞		双桥区	第三批
158	Ⅲ-22	小彩龙舞		江津区	第三批
159	Ⅲ-23	大足狮舞	传统舞蹈	大足县	第三批
160	Ⅲ-24	中敖火龙		大足县	第三批
161	Ⅲ-25	忠州矮人舞		忠县	第三批
162	Ⅲ-26	瑞兽金狮		开县	第三批
163	Ⅲ-27	梁平狮舞		梁平县	第三批
164	Ⅲ-28	石柱板凳龙		石柱县	第三批
165	Ⅲ-29	太安茶连箫		万州区	第四批
166	Ⅲ-30	武陵板凳龙		万州区	第四批
167	Ⅲ-31	含谷火龙		九龙坡区	第四批
168	Ⅲ-32	北碚年箫		北碚区	第四批
169	Ⅲ-33	接龙小观梆鼓舞		巴南区	第四批
170	Ⅲ-34	铜梁彩灯舞		铜梁县	第四批
171	Ⅲ-35	河包肉龙		荣昌县	第四批
172	Ⅲ-36	龙孔戏牛舞		丰都县	第四批
173	Ⅲ-37	平桥耍龙		武隆县	第四批

续表

序号	编号	项目	类别	申报地区或单位	批次
174	Ⅲ-38	潼南县花岩女子狮舞	传统舞蹈	潼南县	第四批
175	Ⅲ-39	潼南县花岩彩龙舞		潼南县	第四批
176	Ⅲ-40	潼南县太安扯扯灯		潼南县	第四批
177	Ⅲ-41	高阳板凳龙		云阳县	第四批
178	Ⅲ-42	高台狮舞		酉阳县	第四批
179	Ⅲ-43	南岸狮舞		南岸区	第五批
180	Ⅲ-44	迎龙镇民间莲萧		南岸区	第五批
181	Ⅲ-45	双石小金龙		永川区	第五批
182	Ⅲ-46	双江莲萧		潼南区	第五批
183	Ⅲ-47	五节龙舞		潼南区	第五批
184	Ⅲ-48	新民春牛舞		垫江县	第五批
185	Ⅲ-49	左家坪高台狮舞		忠县	第五批
186	Ⅲ-50	大宁河巫舞		巫溪县	第五批
187	Ⅲ-51	鬼城神鼓舞		丰都县	第六批
188	Ⅲ-52	狮舞(丰都龙河高台狮舞、奉节高台狮舞、彭水高竿狮舞)		丰都县、奉节县、彭水县	第六批
189	Ⅲ-53	玩牛		彭水县	第六批
190	Ⅲ-54	更鼓红苗芦笙舞		万盛经开区	第六批
191	Ⅳ-1	川剧	传统戏剧	重庆市川剧院	第一批
192	Ⅳ-2	梁山灯戏		梁平县	第一批
193	Ⅳ-3	面具阳戏		酉阳土家族苗族自治县	第一批
194	Ⅳ-4	接龙傩戏		巴南区	第一批
195	Ⅳ-5	阳戏		秀山土家族苗族自治县	第一批
196	Ⅳ-6	余家傩戏		秀山土家族苗族自治县	第一批
197	Ⅳ-7	石壕杨戏		綦江县	第一批
198	Ⅳ-8	踩堂戏		巫山县	第一批
199	Ⅳ-9	巴渝木偶		渝中区	第二批
200	Ⅳ-10	厉家班京剧艺术		市京剧团	第二批
201	Ⅳ-11	三峡皮影		巫山县	第二批

318

续表

序号	编号	项目	类别	申报地区或单位	批次
202	Ⅳ-12	石柱土戏	传统戏剧	石柱县	第二批
203	Ⅳ-13	辰河戏	传统戏剧	秀山县	第二批
204	Ⅳ-14	保安灯儿戏	传统戏剧	秀山县	第二批
205	Ⅳ-15	木腊庄傩戏	传统戏剧	彭水县	第二批
206	Ⅳ-16	濯水后河戏	传统戏剧	黔江区	第二批
207	Ⅳ-17	梁平傩戏	传统戏剧	梁平县	第二批
208	Ⅳ-18	川剧与川剧音乐	传统戏剧	沙坪坝区	第二批
209	Ⅳ-19	川剧	传统戏剧	九龙坡区	第三批
210	Ⅳ-20	亚亚戏	传统戏剧	云阳县	第三批
211	Ⅳ-21	川剧	传统戏剧	渝北区	第四批
212	Ⅳ-22	川剧	传统戏剧	万盛经开区	第四批
213	Ⅳ-23	酉阳花灯	传统戏剧	酉阳县	第四批
214	Ⅳ-24	川剧	传统戏剧	万州区	第五批
215	Ⅳ-25	涪州川剧	传统戏剧	涪陵区	第五批
216	Ⅳ-26	苞谷灯戏	传统戏剧	酉阳县	第五批
217	Ⅳ-27	川剧	传统戏剧	大渡口区、江津区、綦江区、大足区	第六批
218	Ⅳ-28	秀山花灯戏	传统戏剧	秀山县	第六批
219	Ⅴ-1	四川评书(重庆)	曲艺	重庆市曲艺团	第一批
220	Ⅴ-2	车灯	曲艺	重庆市曲艺团	第一批
221	Ⅴ-3	四川竹琴	曲艺	万州区	第一批
222	Ⅴ-4	金钱板	曲艺	九龙坡区、万州区、铜梁县	第二批
223	Ⅴ-5	四川清音(重庆)	曲艺	市曲艺团	第二批
224	Ⅴ-6	四川扬琴(重庆)	曲艺	市曲艺团	第二批
225	Ⅴ-7	江北评书	曲艺	江北区	第二批
226	Ⅴ-8	花鼓	曲艺	万州区	第三批
227	Ⅴ-9	荷叶	曲艺	长寿区	第三批
228	Ⅴ-10	金钱板	曲艺	荣昌县	第三批

续表

序号	编号	项目	类别	申报地区或单位	批次
229	Ⅴ-11	花鼓子	曲艺	奉节县	第三批
230	Ⅴ-12	四川盘子		重庆市曲艺团	第三批
231	Ⅴ-13	麻柳荷叶		巴南区	第四批
232	Ⅴ-14	花鼓		长寿区	第五批
233	Ⅴ-15	谐剧		重庆演艺集团曲艺分公司	第五批
234	Ⅴ-16	相声		重庆演艺集团曲艺分公司	第五批
235	Ⅴ-17	金钱板		渝北区、江津区	第六批
236	Ⅴ-18	四川竹琴		梁平区、奉节县、巫山县	第六批
237	Ⅵ-1	中塘向氏武术	传统体育游艺与杂技	黔江区	第一批
238	Ⅵ-2	木洞龙舟		巴南区	第一批
239	Ⅵ-3	金六福字牌		秀山县	第二批
240	Ⅵ-4	荣昌缠丝拳		荣昌县	第二批
241	Ⅵ-5	清江黄氏杂技		荣昌县	第二批
242	Ⅵ-6	万州逃遁术		万州区	第三批
243	Ⅵ-7	牙齿顶板凳		万州区	第三批
244	Ⅵ-8	双桥杂技		双桥区	第三批
245	Ⅵ-9	渝北赵氏武术		渝北区	第三批
246	Ⅵ-10	江津况氏武术		江津区	第三批
247	Ⅵ-11	大足梅丝拳		大足县	第三批
248	Ⅵ-12	复兴贺家拳		北碚区	第四批
249	Ⅵ-13	昆仑太极拳		江津区	第四批
250	Ⅵ-14	蚕门武术		江津区	第四批
251	Ⅵ-15	小洪拳		荣昌县	第四批
252	Ⅵ-16	金家功		梁平县	第四批
253	Ⅵ-17	上刀山		酉阳县	第四批
254	Ⅵ-18	蹬技		市杂技团	第四批
255	Ⅵ-19	古典戏法		市杂技团	第四批

续表

序号	编号	项目	类别	申报地区或单位	批次
256	Ⅵ-20	八卦掌	传统体育游艺与杂技	九龙坡区	第五批
257	Ⅵ-21	石蟆百戏伎艺		江津区	第五批
258	Ⅵ-22	苏家拳		荣昌区	第五批
259	Ⅵ-23	万灵镇游艺系列		荣昌区	第五批
260	Ⅵ-24	夔龙术		奉节县	第五批
261	Ⅵ-25	意拳		九龙坡区	第六批
262	Ⅵ-26	传统太极微动桩拳		南岸区	第六批
263	Ⅵ-27	洪门拳		南岸区	第六批
264	Ⅵ-28	巴渝射德会传统射艺		南岸区	第六批
265	Ⅵ-29	白沙杂耍		江津区	第六批
266	Ⅵ-30	余家拳		铜梁区	第六批
267	Ⅵ-31	土家竹铃球		石柱县	第六批
268	Ⅵ-32	杨氏子能太极拳术		市体育局	第六批
269	Ⅵ-33	浩口仡佬族篾鸡蛋传统体育竞技		武隆区	第六批
270	Ⅶ-1	梁平木版年画	传统美术	梁平县	第一批
271	Ⅶ-2	蜀绣		渝中区	第一批
272	Ⅶ-3	大足石雕		大足县	第二批
273	Ⅶ-4	麦草艺画		大渡口区	第二批
274	Ⅶ-5	重庆糖画		重庆市文化艺术研究院	第二批
275	Ⅶ-6	万州石雕		万州区	第三批
276	Ⅶ-7	大渡口乱针绣		大渡口区	第三批
277	Ⅶ-8	堰兴剪纸		大渡口区	第三批
278	Ⅶ-9	九龙坡剪纸		九龙坡区	第三批
279	Ⅶ-10	江北蜀绣		江北区	第三批
280	Ⅶ-11	南山盆景技艺		南岸区	第三批
281	Ⅶ-12	北碚五谷粮食画		北碚区	第三批
282	Ⅶ-13	北碚复兴镇农村线描画		北碚区	第三批
283	Ⅶ-14	鱼洞乱针绣		巴南区	第三批

续表

序号	编号	项目	类别	申报地区或单位	批次
284	Ⅶ-15	綦江农民版画		綦江县	第三批
285	Ⅶ-16	荣昌民间道教绘画		荣昌县	第三批
286	Ⅶ-17	忠州朽木虫雕		忠 县	第三批
287	Ⅶ-18	梁平竹雕		梁平县	第三批
288	Ⅶ-19	大石竹编		垫江县	第三批
289	Ⅶ-20	大宁河刺绣		巫溪县	第三批
290	Ⅶ-21	三峡根雕		万州区	第四批
291	Ⅶ-22	烙画		渝中区	第四批
292	Ⅶ-23	竹壳雕刻技艺		江北区	第四批
293	Ⅶ-24	江北竹雕		江北区	第四批
294	Ⅶ-25	根雕技艺		南岸区	第四批
295	Ⅶ-26	北碚刺绣	传统美术	北碚区	第四批
296	Ⅶ-27	北碚印纽雕刻工艺		北碚区	第四批
297	Ⅶ-28	北碚木雕		北碚区	第四批
298	Ⅶ-29	北碚剪纸		北碚区	第四批
299	Ⅶ-30	大足剪纸		大足区	第四批
300	Ⅶ-31	葛兰石狮艺术		长寿区	第四批
301	Ⅶ-32	重庆面塑		市文研院	第四批
302	Ⅶ-33	罗氏剪纸		万州区	第五批
303	Ⅶ-34	巴渝民间泥塑（万州泥塑、合川泥塑、龙水泥塑、邱氏泥塑）		万州区、合川区、大足区、忠县	第五批
304	Ⅶ-35	渝州竹雕（万州竹雕、大足竹雕）		万州区、大足区	第五批
305	Ⅶ-36	叶脉画		渝中区	第五批
306	Ⅶ-37	葫芦烙画		渝中区	第五批
307	Ⅶ-38	关氏卵石雕刻技艺		大渡口区	第五批
308	Ⅶ-39	琼缘刺绣		沙坪坝区	第五批
309	Ⅶ-40	汉艺斋木竹雕刻技艺		沙坪坝区	第五批

续表

序号	编号	项目	类别	申报地区或单位	批次
310	Ⅶ-41	巴人漆艺		南岸区	第五批
311	Ⅶ-42	北碚布艺		北碚区	第五批
312	Ⅶ-43	合川根雕		合川区	第五批
313	Ⅶ-44	秀山金珠苗绣		秀山县	第五批
314	Ⅶ-45	彭水苗绣		彭水县	第五批
315	Ⅶ-46	蜀绣(万州三峡绣、九龙坡蜀绣、奉节夔州绣)		万州区、九龙坡区、奉节县	第六批
316	Ⅶ-47	巴渝棕编(白土棕编、青吉棕编、老黑山传统棕编)		黔江区、武隆区、万盛经开区	第六批
317	Ⅶ-48	传统书画装裱技艺(文润斋书画传统装裱修复技艺、廖记传统装裱技艺、淳辉阁苏裱技艺)	传统美术	涪陵区、江北区、重庆市美术有限责任公司	第六批
318	Ⅶ-49	渝派连环画		大渡口区	第六批
319	Ⅶ-50	沙磁乱针绣		沙坪坝区	第六批
320	Ⅶ-51	淑文斋木雕艺术		九龙坡区	第六批
321	Ⅶ-52	重庆剪纸(黄氏剪纸、渝北剪纸、艺香剪纸)		南岸区、渝北区、永川区	第六批
322	Ⅶ-53	长江赏石艺术		巴南区	第六批
323	Ⅶ-54	三峡蝶画		永川区	第六批
324	Ⅶ-55	开州糖画		开州区	第六批
325	Ⅶ-56	朱氏麦秆画		丰都县	第六批
326	Ⅶ-57	文峰木雕工艺		巫溪县	第六批
327	Ⅶ-58	马氏根艺		石柱县	第六批
328	Ⅶ-59	酉州苗绣		酉阳县	第六批
329	Ⅶ-60	三峡木雕		万州区	第六批
330	Ⅶ-61	玉溪石刻		潼南区	第六批

323

续表

序号	编号	项目	类别	申报地区或单位	批次
331	Ⅷ-1	梁平竹帘	传统技艺	梁平县	第一批
332	Ⅷ-2	重庆漆器髹饰技艺		重庆市艺术研究所	第一批
333	Ⅷ-3	龙灯彩扎工艺		铜梁县	第一批
334	Ⅷ-4	荣昌陶器		荣昌县	第一批
335	Ⅷ-5	荣昌折扇		荣昌县	第一批
336	Ⅷ-6	荣昌夏布		荣昌县	第一批
337	Ⅷ-7	涪陵榨菜传统手工制作技艺		涪陵区	第一批
338	Ⅷ-8	合川桃片		合川区	第一批
339	Ⅷ-9	合川峡砚		合川区	第一批
340	Ⅷ-10	永川豆豉酿制技艺		永川区	第一批
341	Ⅷ-11	艺庐微刻		永川区	第一批
342	Ⅷ-12	龙凤花烛		秀山土家族苗族自治县	第一批
343	Ⅷ-13	老腊肉制作工艺		城口县	第一批
344	Ⅷ-14	朗溪竹板桥造纸		彭水苗族土家族自治县	第一批
345	Ⅷ-15	纸竹工艺		武隆县	第一批
346	Ⅷ-17	重庆火锅		市火锅协会	第二批
347	Ⅷ-18	丘二馆炖鸡汤传统技艺		渝中区	第二批
348	Ⅷ-19	静观花木蟠扎技艺		北碚区	第二批
349	Ⅷ-20	重庆吊脚楼营造技艺		渝中区、石柱县	第二批
350	Ⅷ-21	北泉水磨手工面制作技艺		北碚区	第二批
351	Ⅷ-22	漆器髹饰技艺		沙坪坝区	第二批
352	Ⅷ-23	黄杨木雕刻工艺		沙坪坝区、市文化艺术研究院	第二批
353	Ⅷ-24	巴南茶叶制作技艺		巴南区	第二批
354	Ⅷ-25	大足冬菜酿制技艺		大足县	第二批
355	Ⅷ-26	龙水小五金锻打技艺		大足县	第二批
356	Ⅷ-27	谭木匠木梳传统制作技艺		重庆谭木匠工艺品有限公司	第二批
357	Ⅷ-28	松溉熊氏杆秤制作技艺		永川区	第二批

续表

序号	编号	项目	类别	申报地区或单位	批次
358	Ⅷ-29	松溉盐白菜制作技艺	传统技艺	永川区	第二批
359	Ⅷ-30	纸扎艺术		合川区	第二批
360	Ⅷ-31	鸡肉抄手制作技艺		合川区	第二批
361	Ⅷ-32	木匾工艺		铜梁县	第二批
362	Ⅷ-33	垫江角雕技艺		垫江县	第二批
363	Ⅷ-34	土法造纸技艺		忠县、城口县、梁平县	第二批
364	Ⅷ-35	石宝蒸豆腐制作技艺		忠县	第二批
365	Ⅷ-36	忠州豆腐乳制作技艺		忠县	第二批
366	Ⅷ-37	"瑞兰斋"桃片糕制作技艺		云阳县	第二批
367	Ⅷ-38	郁山鸡豆花制作技艺		彭水县	第二批
368	Ⅷ-39	郁山擀酥饼制作技艺		彭水县	第二批
369	Ⅷ-40	秀山竹编制作技艺		秀山县	第二批
370	Ⅷ-41	濯水绿豆粉制作技艺		黔江区	第二批
371	Ⅷ-42	蓝印花布制作技艺		梁平县	第二批
372	Ⅷ-43	三耳火锅底料酿造技艺		九龙坡区	第二批
373	Ⅷ-44	太安鱼烹饪技艺		潼南县	第二批
374	Ⅷ-45	北碚玻璃器皿成型刻花工艺		北碚区	第二批
375	Ⅷ-46	万县桐油手工压榨技艺		万州区	第三批
376	Ⅷ-47	涪陵油醪糟传统制作技艺		涪陵区	第三批
377	Ⅷ-48	吴抄手传统技艺		渝中区	第三批
378	Ⅷ-49	华生园传统糕点制作技艺		大渡口区	第三批
379	Ⅷ-50	熊鸭子传统制作技艺		江北区	第三批
380	Ⅷ-51	"白市驿板鸭"传统制作技艺		九龙坡区	第三批
381	Ⅷ-52	偏岩唐门彩扎工艺		北碚区	第三批
382	Ⅷ-53	静观镇竹麻编扎技艺		北碚区	第三批
383	Ⅷ-54	道竹芦笙传统制作技艺		万盛区	第三批
384	Ⅷ-55	金桥唢呐传统制作技艺		万盛区	第三批
385	Ⅷ-56	祝家山苗族服饰传统制作技艺		万盛区	第三批

续表

序号	编号	项目	类别	申报地区或单位	批次
386	Ⅷ-57	黔江珍珠兰茶罐窨手工制作技艺		黔江区	第三批
387	Ⅷ-58	黔江斑鸠蛋树叶绿豆腐制作技艺		黔江区	第三批
388	Ⅷ-59	长寿血豆腐制作工艺		长寿区	第三批
389	Ⅷ-60	江津酱油、醋酿造技艺		江津区	第三批
390	Ⅷ-61	江津烧酒酿造技艺		江津区	第三批
391	Ⅷ-62	江津米花糖制作技艺		江津区	第三批
392	Ⅷ-63	青草坝萝卜卷传统手工技艺		合川区	第三批
393	Ⅷ-64	东溪腐乳酿造技艺		綦江县	第三批
394	Ⅷ-65	荣昌卤白鹅制作技艺		荣昌县	第三批
395	Ⅷ-66	城口漆艺		城口县	第三批
396	Ⅷ-67	仙家豆腐乳传统制作技艺	传统技艺	丰都县	第三批
397	Ⅷ-68	包鸾竹席传统制作技艺		丰都县	第三批
398	Ⅷ-69	忠州传统制盐技艺		忠县	第三批
399	Ⅷ-70	开县"冰薄月饼"传统制作技艺		开县	第三批
400	Ⅷ-71	三合水竹凉席传统制作技艺		开县	第三批
401	Ⅷ-72	临江油纸扇传统制作技艺		开县	第三批
402	Ⅷ-73	云阳泥溪土法造纸技艺		云阳县	第三批
403	Ⅷ-74	梁平张鸭子传统制作技艺		梁平县	第三批
404	Ⅷ-75	梁平土陶技艺			第三批
405	Ⅷ-76	羊角豆腐干传统制作技艺		武隆县	第三批
406	Ⅷ-77	石柱黄连传统生产技艺		石柱县	第三批
407	Ⅷ-78	竹园盬子鸡传统制作技艺		奉节县	第三批
408	Ⅷ-79	夔梳传统制作技艺		奉节县	第三批
409	Ⅷ-80	奉节土火纸制作技艺		奉节县	第三批
410	Ⅷ-81	奉节阴沉木雕刻技艺		奉节县	第三批
411	Ⅷ-82	酉阳西兰卡普传统制作技艺		酉阳县	第三批

续表

序号	编号	项目	类别	申报地区或单位	批次
412	Ⅷ-83	宜居乡传统制茶技艺		酉阳县	第三批
413	Ⅷ-84	彭水青瓦烧制技艺		彭水县	第三批
414	Ⅷ-85	彭水灰豆腐制作技艺		彭水县	第三批
415	Ⅷ-86	彭水普子火药制作技艺		彭水县	第三批
416	Ⅷ-87	诗仙太白酒传统酿制技艺		万州区	第四批
417	Ⅷ-88	花丝镶嵌传统工艺		渝中区	第四批
418	Ⅷ-89	九园包子传统制作技艺		渝中区	第四批
419	Ⅷ-90	重庆陆稿荐卤菜传统制作技艺		渝中区	第四批
420	Ⅷ-91	王鸭子传统制作技艺		渝中区	第四批
421	Ⅷ-92	正东担担面传统制作技艺		渝中区	第四批
422	Ⅷ-93	德元酸梅汤传统制作技艺		渝中区	第四批
423	Ⅷ-94	重庆大漆制作技艺		大渡口区	第四批
424	Ⅷ-95	重庆饶氏桃核雕刻技艺		南岸区	第四批
425	Ⅷ-96	桥头火锅调料传统熬制技艺	传统技艺	南岸区	第四批
426	Ⅷ-97	贾氏桂花酒传统酿造技艺		南岸区	第四批
427	Ⅷ-98	北碚豆花传统制作技艺		北碚区	第四批
428	Ⅷ-99	大足铁山竹编		大足区	第四批
429	Ⅷ-100	邮亭鲫鱼传统制作技艺		大足区	第四批
430	Ⅷ-101	土沱麻饼传统制作技艺		渝北区	第四批
431	Ⅷ-102	渝北老窖酿造技艺		渝北区	第四批
432	Ⅷ-103	西兰卡普(土家织锦)制作技艺		黔江区	第四批
433	Ⅷ-104	长寿薄脆传统制作工艺		长寿区	第四批
434	Ⅷ-105	合川肉片传统制作技艺		合川区	第四批
435	Ⅷ-106	永川高氏烟火架制作技艺		永川区	第四批
436	Ⅷ-107	荣昌角雕		荣昌县	第四批
437	Ⅷ-108	璧山微刻工艺		璧山县	第四批
438	Ⅷ-109	传统牛皮鼓制造工艺		璧山县	第四批

续表

序号	编号	项目	类别	申报地区或单位	批次
439	Ⅷ-110	竹雕加工工艺		璧山县	第四批
440	Ⅷ-111	铜乐锻造技艺		梁平县	第四批
441	Ⅷ-112	袁驿豆干传统制作技艺		梁平县	第四批
442	Ⅷ-113	麻辣鸡块传统技艺		丰都县	第四批
443	Ⅷ-114	垫江酱瓜传统制作技艺		垫江县	第四批
444	Ⅷ-115	后坪木器制作工艺		武隆县	第四批
445	Ⅷ-116	羊角老醋传统制作技艺		武隆县	第四批
446	Ⅷ-117	乌杨白酒传统酿造技艺		忠县	第四批
447	Ⅷ-118	开州龙珠茶制作技艺		开县	第四批
448	Ⅷ-119	冉氏霉豆卷传统制作技艺		开县	第四批
449	Ⅷ-120	打犟拨正		奉节县	第四批
450	Ⅷ-121	巫溪传统手工制盐技艺		巫溪县	第四批
451	Ⅷ-122	万州炸酱面传统制作技艺		万州区	第五批
452	Ⅷ-123	濯水石鸡砣土陶制作技艺		黔江区	第五批
453	Ⅷ-124	鲊(渣)海椒传统制作技艺	传统技艺	黔江区	第五批
454	Ⅷ-125	黔江鸡杂传统制作技艺		黔江区	第五批
455	Ⅷ-126	黔江牛肉脯传统制作技艺		黔江区	第五批
456	Ⅷ-127	涪州腌腊肉传统制作技艺		涪陵区	第五批
457	Ⅷ-128	重庆周氏古船模型制作技艺		渝中区	第五批
458	Ⅷ-129	陈氏抄手传统技艺		渝中区	第五批
459	Ⅷ-130	谢氏烧烤传统制作技艺		大渡口区	第五批
460	Ⅷ-131	刘氏根雕书法技艺		沙坪坝区	第五批
461	Ⅷ-132	磁器口陈麻花传统制作技艺		沙坪坝区	第五批
462	Ⅷ-133	南泉豌豆面传统制作技艺		南岸区	第五批
463	Ⅷ-134	古佛徐氏手工面制作技艺		北碚区	第五批
464	Ⅷ-135	重庆泡菜传统制作技艺		北碚区	第五批
465	Ⅷ-136	飞泉鲜花椒油低温制作技艺		渝北区	第五批
466	Ⅷ-137	刘记永吉盐水鸭传统制作技艺		渝北区	第五批

续表

序号	编号	项目	类别	申报地区或单位	批次
467	Ⅷ-138	巴国阴米传统制作技艺	传统技艺	渝北区	第五批
468	Ⅷ-139	三不加酱油传统酿造技艺		南川区	第五批
469	Ⅷ-140	三不加食醋传统酿造技艺		南川区	第五批
470	Ⅷ-141	来凤鱼传统烹饪技艺		璧山区	第五批
471	Ⅷ-142	何氏制墨技艺		铜梁区	第五批
472	Ⅷ-143	书画传统装裱与修复技艺		荣昌区	第五批
473	Ⅷ-144	烧酒房传统酿造技艺		荣昌区	第五批
474	Ⅷ-145	黑山谷传统生态茶叶栽培与制作技艺		万盛经开区	第五批
475	Ⅷ-146	鸡鸣贡茶传统制作技艺		城口县	第五批
476	Ⅷ-147	永安梅哑酒传统酿造技艺		垫江县	第五批
477	Ⅷ-148	鸭江老咸菜传统制作技艺		武隆县	第五批
478	Ⅷ-149	火炉药膳羊肉传统制作技艺		武隆县	第五批
479	Ⅷ-150	白马天然蜂蜜传统酿制技艺		武隆县	第五批
480	Ⅷ-151	谢氏铁匠传统锻造技艺		忠县	第五批
481	Ⅷ-152	良玉汤圆粉传统制作技艺		忠县	第五批
482	Ⅷ-153	紫水豆腐传统制作技艺		开县	第五批
483	Ⅷ-154	南门红糖古法熬制技艺		开县	第五批
484	Ⅷ-155	陶器传统制作技艺		云阳县	第五批
485	Ⅷ-156	鱼泉酶豆渣传统制作技艺		云阳县	第五批
486	Ⅷ-157	斑鸠叶凉粉传统制作技艺		奉节县	第五批
487	Ⅷ-158	大昌雪枣传统制作技艺		巫山县	第五批
488	Ⅷ-159	老鹰茶传统制作技艺		巫溪县	第五批
489	Ⅷ-160	土家倒流水豆腐干传统手工制作技艺		石柱县	第五批
490	Ⅷ-161	辛家老店豆腐乳传统制作技艺		秀山县	第五批
491	Ⅷ-162	洪安腌菜鱼传统制作技艺		秀山县	第五批
492	Ⅷ-163	酉阳传统造纸技艺		酉阳县	第五批

续表

序号	编号	项目	类别	申报地区或单位	批次
493	Ⅷ-164	龙潭鸭子龙彩扎技艺		酉阳县	第五批
494	Ⅷ-165	柚子龟传统制作技艺		酉阳县	第五批
495	Ⅷ-166	龚滩镇绿豆粉传统制作技艺		酉阳县	第五批
496	Ⅷ-167	酉阳白酒传统酿造技艺		酉阳县	第五批
497	Ⅷ-168	土家油茶汤传统制作技艺		酉阳县	第五批
498	Ⅷ-169	麻旺醋传统酿造技艺		酉阳县	第五批
499	Ⅷ-170	藤茶传统制作技艺		酉阳县	第五批
500	Ⅷ-171	苗族银饰锻制技艺		彭水县	第五批
501	Ⅷ-172	郁山泼炉印灶制盐技艺		彭水县	第五批
502	Ⅷ-173	彭水米花传统制作技艺		彭水县	第五批
503	Ⅷ-174	冉师傅牛肉干传统制作技艺	传统技艺	万州区	第六批
504	Ⅷ-175	重庆烤鱼技艺（万州烤鱼、巫山烤鱼、巫溪烤鱼）		万州区、巫山县、巫溪县	第六批
505	Ⅷ-176	重庆小面制作技艺（万州程凉面制作技艺、左婆婆扁担面制作技艺、秦云老太婆摊摊面制作技艺、愚小面制作技艺、长寿湖鱼面制作技艺、白沙臊子面制作技艺、荣昌铺盖面制作技艺、奉节搭搭面制作技艺）		万州区、沙坪坝区、九龙坡区、渝北区、长寿区、江津区、荣昌区、奉节县	第六批
506	Ⅷ-177	土法制香		黔江区	第六批
507	Ⅷ-178	王氏灶台建造技艺		黔江区	第六批
508	Ⅷ-179	白土唢呐制作工艺		黔江区	第六批
509	Ⅷ-180	巴渝皮鼓传统制作技艺（黔江王氏牛皮鼓制作技艺、云阳皮鼓制作传统手工技艺）		黔江区、云阳县	第六批
510	Ⅷ-181	竹编（黔江传统竹编、江津四面山传统烘笼竹编、梁平竹编）		黔江区、江津区、梁平区	第六批

续表

序号	编号	项目	类别	申报地区或单位	批次
511	Ⅷ-182	宫村麻糖制作技艺		黔江区	第六批
512	Ⅷ-183	陆氏中药酒曲传统制作技艺		黔江区	第六批
513	Ⅷ-184	巴渝土陶传统制作技艺		涪陵区、江津区、奉节县	第六批
514	Ⅷ-185	涪陵胭脂萝卜泡菜传统制作技艺		涪陵区	第六批
515	Ⅷ-186	蔺市特醋传统酿造技艺		涪陵区	第六批
516	Ⅷ-187	涪陵榨菜酱油传统制作技艺		涪陵区	第六批
517	Ⅷ-188	巴渝羊肉传统制作技艺（涪陵同乐羊肉制作技艺、铜梁赵木二羊肉制作技艺、武隆碗碗羊肉制作技艺、石柱临溪刘记羊肉制作技艺）	传统技艺	涪陵区、铜梁区、武隆区、石柱县	第六批
518	Ⅷ-189	百花潞酒传统酿造技艺		涪陵区	第六批
519	Ⅷ-190	手工羽毛毽传统制作技艺		渝中区	第六批
520	Ⅷ-191	小洞天干烧江团传统制作技艺		渝中区	第六批
521	Ⅷ-192	余记山城小汤圆传统制作技艺		渝中区	第六批
522	Ⅷ-193	德元小汤圆制作技艺		渝中区	第六批
523	Ⅷ-194	重庆火锅传统制作技艺（巴将军火锅制作技艺、巴江水毛肚火锅制作技艺、陆派巴倒烫火锅制作技艺、朝天门火锅制作技艺）		渝中区、江北区、南岸区、市商务委	第六批
524	Ⅷ-195	应月斋二胡传统制作技艺		沙坪坝区	第六批
525	Ⅷ-196	重庆南派角弓制作技艺		九龙坡区	第六批
526	Ⅷ-197	黄花园酱油酿造技艺		九龙坡区	第六批
527	Ⅷ-198	唐氏古琴传统制作技艺		南岸区	第六批
528	Ⅷ-199	吉香园传统中式点心制作技艺		南岸区	第六批

续表

序号	编号	项目	类别	申报地区或单位	批次
529	Ⅷ-200	益泰祥段氏奇香炒货制作技艺	传统技艺	南岸区	第六批
530	Ⅷ-201	"蝶花牌"怪味胡豆传统制作技艺		北碚区	第六批
531	Ⅷ-202	旗美人旗袍手工制作工艺		渝北区	第六批
532	Ⅷ-203	吴滩无网弹棉制作技艺		江津区	第六批
533	Ⅷ-204	白沙风筝制作技艺		江津区	第六批
534	Ⅷ-205	合川肉片(念记)制作技艺		合川区	第六批
535	Ⅷ-206	"民利权"脂香型酱油酿造技艺		合川区	第六批
536	Ⅷ-207	李氏养生粥熬制技艺		合川区	第六批
537	Ⅷ-208	朱沱酸萝卜传统腌制技艺		永川区	第六批
538	Ⅷ-209	俏表嫂手撕大头菜制作技艺		永川区	第六批
539	Ⅷ-210	"小炉红"传统高粱红酒酿造技艺		永川区	第六批
540	Ⅷ-211	永川秀芽手工制作技艺		永川区	第六批
541	Ⅷ-212	合香漆塑		南川区	第六批
542	Ⅷ-213	刘氏烧鸡公制作技艺		南川区	第六批
543	Ⅷ-214	金佛山方竹笋宴制作工艺		南川区	第六批
544	Ⅷ-215	金佛山方竹笋传统加工工艺		南川区	第六批
545	Ⅷ-216	外婆家私房油茶传统制作技艺		南川区	第六批
546	Ⅷ-217	永新执事制作技艺		綦江区	第六批
547	Ⅷ-218	金角老四川牛肉干制作技艺		綦江区	第六批
548	Ⅷ-219	綦江萝卜干制作技艺		綦江区	第六批
549	Ⅷ-220	重庆泡菜传统制作技艺(綦江中坝泡菜制作技艺、夔州泡菜制作技艺)		綦江区、奉节县	第六批
550	Ⅷ-221	三活春鸡兔鱼烹制技艺		铜梁区	第六批
551	Ⅷ-222	卧佛竹麻编		潼南区	第六批

续表

序号	编号	项目	类别	申报地区或单位	批次
552	Ⅷ-223	旱蒸牛肉制作技艺		荣昌区	第六批
553	Ⅷ-224	荣昌猪刨汤制作技艺		荣昌区	第六批
554	Ⅷ-225	河包粉条制作技艺		荣昌区	第六批
555	Ⅷ-226	梁平真丝绸制作技艺		梁平区	第六批
556	Ⅷ-227	木缘坊木梳制作技艺		梁平区	第六批
557	Ⅷ-228	礼让豆棒制作技艺		梁平区	第六批
558	Ⅷ-229	重庆藤编(巷口藤编、外郎藤编传统手工技艺)		武隆区、云阳县	第六批
559	Ⅷ-230	土坎苕粉传统制作技艺		武隆区	第六批
560	Ⅷ-231	鸡鸣手工制锣技艺		城口县	第六批
561	Ⅷ-232	城口鸡淖传统制作技艺		城口县	第六批
562	Ⅷ-233	茶元白酒传统酿造技艺		丰都县	第六批
563	Ⅷ-234	青龙茶传统制作技艺		丰都县	第六批
564	Ⅷ-235	垫江石磨豆花制作技艺		垫江县	第六批
565	Ⅷ-236	香山蜜饼传统制作技艺	传统技艺	忠县	第六批
566	Ⅷ-237	夔州生漆制作技艺		奉节县	第六批
567	Ⅷ-238	夔州老腊肉传统制作技艺		奉节县	第六批
568	Ⅷ-239	郭家沟老白干酿造技艺		奉节县	第六批
569	Ⅷ-240	巫山梨膏糖传统制作技艺		巫山县	第六批
570	Ⅷ-241	翡翠凉粉传统制作技艺		巫山县	第六批
571	Ⅷ-242	水口银丝面传统制作技艺		巫山县	第六批
572	Ⅷ-243	大宁河柳叶舟制作技艺		巫溪县	第六批
573	Ⅷ-244	马武白酒传统酿造技艺		石柱县	第六批
574	Ⅷ-245	秀山毛尖栽培与制作技艺		秀山县	第六批
575	Ⅷ-246	浪坪传统织绸技艺		酉阳县	第六批
576	Ⅷ-247	传统铁器锻打技艺		彭水县	第六批
577	Ⅷ-248	鞍子酥食制作技艺		彭水县	第六批
578	Ⅷ-249	龙塘麻糖制作技艺		彭水县	第六批
579	Ⅷ-250	郁山晶丝苕粉制作技艺		彭水县	第六批

续表

序号	编号	项目	类别	申报地区或单位	批次
580	Ⅷ-251	郁山三香制作技艺		彭水县	第六批
581	Ⅷ-252	苗家天锅传统酿酒技艺		彭水县	第六批
582	Ⅷ-253	重庆脆皮鱼传统制作技艺		两江新区	第六批
583	Ⅷ-254	溱溪河竹艺家具传统制作技艺		万盛经开区	第六批
584	Ⅷ-255	红苗竹木制品防蛀处理传统技艺		万盛经开区	第六批
585	Ⅷ-256	隆林火烧糯米酒传统制作技艺		万盛经开区	第六批
586	Ⅷ-257	古籍修复技艺		重庆图书馆	第六批
587	Ⅷ-258	传统合香制香技艺		九龙坡区	第六批
588	Ⅷ-259	周氏传统木作技艺	传统技艺	巴南区	第六批
589	Ⅷ-260	浩口仡佬族蜡染传统制作技艺		武隆区	第六批
590	Ⅷ-261	马氏蒲扇板鸭技艺		九龙坡区	第六批
591	Ⅷ-262	江津传统花椒栽培与加工技艺		江津区	第六批
592	Ⅷ-263	川东花生传统制作技艺		永川区	第六批
593	Ⅷ-264	金佛山酒传统酿造技艺		南川区	第六批
594	Ⅷ-265	千年金山红传统制作技艺		南川区	第六批
595	Ⅷ-266	铁皮石斛酒传统制作技艺		南川区	第六批
596	Ⅷ-267	武隆白酒传统酿造技艺(赵家花酒传统酿造技艺、武隆洞藏酒传统酿造技艺)		武隆区	第六批
597	Ⅷ-268	武隆老鹰茶传统制作技艺		武隆区	第六批
598	Ⅷ-269	涪翁烧白传统制作技艺		彭水县	第六批
599	Ⅸ-1	刘氏刺熨疗法		渝中区	第一批
600	Ⅸ-2	桐君阁传统中成药制作工艺文化	传统医药	南岸区	第二批
601	Ⅸ-3	郭氏养生按摩手法		九龙坡区	第二批

续表

序号	编号	项目	类别	申报地区或单位	批次
602	IX-4	缙云山道医养生	传统医药	北碚区	第二批
603	IX-5	燕青门正骨疗法	传统医药	渝中区	第三批
604	IX-6	邵氏烧烫伤消痕疗法	传统医药	江津区	第三批
605	IX-7	鹿角镇民间蛇伤疗法	传统医药	彭水县	第三批
606	IX-8	李志沧传统中医正骨术	传统医药	涪陵区	第四批
607	IX-9	郭昌毕中医跌打损伤传统疗法	传统医药	涪陵区	第四批
608	IX-10	赵氏雷火灸	传统医药	渝中区	第四批
609	IX-11	老氏静卧养生法	传统医药	大渡口区	第四批
610	IX-12	刘氏"捏膈食筋"疗法	传统医药	黔江区	第四批
611	IX-13	柴氏推灸养生祛病法	传统医药	奉节县	第四批
612	IX-14	曾氏"正骨术"	传统医药	黔江区	第五批
613	IX-15	恒合正骨推拿术	传统医药	渝中区	第五批
614	IX-16	武医合璧	传统医药	九龙坡区	第五批
615	IX-17	陪都传统膏药制作技艺	传统医药	南岸区	第五批
616	IX-18	九禽形意推拿功法	传统医药	渝北区	第五批
617	IX-19	伍舒芳膏药传统制作技艺	传统医药	合川区	第五批
618	IX-20	诸佛冯氏蜂毒疗法	传统医药	彭水县	第五批
619	IX-21	郑氏温病诊疗法	传统医药	万州区	第六批
620	IX-22	重庆市中医骨科医院正骨诊疗术	传统医药	渝中区	第六批
621	IX-23	黄氏儿科传统医术	传统医药	渝中区	第六批
622	IX-24	陈膏药传统制作技艺	传统医药	沙坪坝区	第六批
623	IX-25	黄氏中医正骨术	传统医药	沙坪坝区	第六批
624	IX-26	梵谷中医正骨术	传统医药	沙坪坝区	第六批
625	IX-27	养生五禽戏导引法	传统医药	南岸区	第六批
626	IX-28	桐君阁还少丹传统制作技艺	传统医药	南岸区	第六批
627	IX-29	桐君阁麻仁丸传统制作技艺	传统医药	南岸区	第六批

续表

序号	编号	项目	类别	申报地区或单位	批次
628	IX-30	强力天麻杜仲丸传统制作技艺	传统医药	南岸区	第六批
629	IX-31	王氏传统膏药传统制作技艺		北碚区	第六批
630	IX-32	赵氏正骨术		渝北区	第六批
631	IX-33	周氏二指禅推拿技法		渝北区	第六批
632	IX-34	南川天麻传统生产技艺		南川区	第六批
633	IX-35	向氏草药疗骨法		大足区	第六批
634	IX-36	鹿茸蜜丸传统制作工艺		大足区	第六批
635	IX-37	李氏骨科传统正骨术		大足区	第六批
636	IX-38	何氏点熨灸治术		荣昌区	第六批
637	IX-39	牡丹皮传统加工技艺		垫江县	第六批
638	IX-40	古方精骨术		石柱县	第六批
639	IX-41	雷氏蛇药		酉阳县	第六批
640	IX-42	柳氏外丹炼制技艺		两江新区	第六批
641	IX-43	更鼓红苗兽医		万盛经开区	第六批
642	IX-44	天府可乐集团中药原浆配方及提取技术		市国资委	第六批
643	IX-45	向氏针罐压穴灸		石柱县	第六批
644	X-1	秀山花灯	民俗	秀山土家族苗族自治县	第一批
645	X-2	丰都庙会		丰都县	第一批
646	X-3	万盛苗族踩山会		万盛区	第一批
647	X-4	塘河婚俗		江津区	第一批
648	X-5	尝新		荣昌县	第一批
649	X-6	姜家舞龙习俗		巴南区	第二批
650	X-7	华岩寺腊八节		九龙坡区	第二批
651	X-8	荣昌杀年猪习俗		荣昌县	第二批
652	X-9	铜梁龙灯会		铜梁县	第二批
653	X-10	龙舟竞渡		合川区	第二批
654	X-11	宝顶香会		大足县	第二批

续表

序号	编号	项目	类别	申报地区或单位	批次
655	X-12	礼让草把龙习俗		梁平县	第二批
656	X-13	双桂堂庙会		梁平县	第二批
657	X-14	广阳龙舟会		南岸区	第三批
658	X-15	黑山请水习俗		万盛区	第三批
659	X-16	角角调		黔江区	第三批
660	X-17	旱码头龙舟歌会		江津区	第三批
661	X-18	清源宫庙会		江津区	第三批
662	X-19	铜梁坐歌堂		铜梁县	第三批
663	X-20	楼子山迎春狮舞会		丰都县	第三批
664	X-21	盐运民俗		石柱县	第三批
665	X-22	薅草仪式		石柱县	第三批
666	X-23	禹王庙会		渝中区	第四批
667	X-24	浴佛节		九龙坡区	第四批
668	X-25	合川坐歌堂	民俗	合川区	第四批
669	X-26	江津楹联习俗		江津区	第四批
670	X-27	江津白沙"闹元宵"习俗		江津区	第四批
671	X-28	关坝镇苗族砍火星节		万盛经开区	第四批
672	X-29	梁平接龙习俗		梁平县	第四批
673	X-30	水龙祈雨		丰都县	第四批
674	X-31	秀山苗族羊马节		秀山县	第四批
675	X-32	哭嫁		酉阳县	第四批
676	X-33	郁山孝歌		彭水县	第四批
677	X-34	马喇龙灯习俗		黔江区	第五批
678	X-35	跳磴民居上梁习俗		大渡口区	第五批
679	X-36	盂兰盆节		九龙坡区	第五批
680	X-37	九龙楹联习俗		九龙坡区	第五批
681	X-38	綦江苗族传统婚俗		綦江区	第五批
682	X-39	更鼓红苗"绷鼓"仪式		万盛经开区	第五批
683	X-40	王家坝红苗秋坡会		万盛经开区	第五批

续表

序号	编号	项目	类别	申报地区或单位	批次
684	X-41	凤来大石箐香会	民俗	武隆县	第五批
685	X-42	巫文化的禁忌		巫山县	第五批
686	X-43	土家婚俗		黔江区、奉节县、巫山县	第六批
687	X-44	土苗丧葬礼仪		黔江区	第六批
688	X-45	白沙龙舟会		江津区	第六批
689	X-46	窑王祭祀		荣昌区	第六批
690	X-47	上九登高		开州区	第六批
691	X-48	寺院坪香会		武隆区	第六批
692	X-49	羊角黄氏家训		武隆区	第六批
693	X-50	搭红习俗		城口县	第六批
694	X-51	城口十大碗		城口县	第六批
695	X-52	夔州食俗		奉节县	第六批
696	X-53	清净庵庙会		奉节县	第六批
697	X-54	饮酒习俗		巫山县	第六批
698	X-55	转丧鼓		巫溪县	第六批
699	X-56	土家米米茶习俗		石柱县	第六批
700	X-57	秀山敖饭制作与分享习俗		秀山县	第六批
701	X-58	苗族四月八		秀山县	第六批
702	X-59	秀山米豆腐食俗		秀山县	第六批
703	X-60	苗族赶秋		秀山县	第六批
704	X-61	苗族踩花山节		彭水县	第六批
705	X-62	土家三道席传统习俗		彭水县	第六批
706	X-63	石鼓红苗礼歌		万盛经开区	第六批
707	X-64	茶树红苗长桌宴		万盛经开区	第六批

参考文献

一、著作

[1]联合国教科文组织编,关世杰等译,《世界文化报告(2000):文化的多样性、冲突与多元共存》,北京大学出版社,2002。

[2]岳精柱:《"湖广填川"历史研究》,重庆出版社,2014。

[3]赵旭东:《文化的表达:人类学的视野》,中国人民大学出版社,2009。

[4]保尔·汤普逊:《过去的声音——口述史》,覃方明、渠东、张旅平译,辽宁教育出版社,2000。

[5]杨祥银:《与历史对话:口述史学的理论与实践》,中国社会科学出版社,2004。

[6]唐纳德·里奇:《大家来做口述历史:实务指南 第2版》,王芝芝、姚力译,当代中国出版社,2006。

[7]李向平、魏扬波:《口述史研究方法》,上海人民出版社,2010。

[8]邓运佳:《中国川剧通史》,四川大学出版社,1993。

[9]陈国福:《川剧揽胜》,四川人民出版社,1986。

[10]庄孔韶:《文化与性灵——新知片语》,湖北教育出版社,2001。

[11]张江华等:《影视人类学概论》,社会科学文献出版社,2000。

[12]弗雷德里克·詹姆逊:《快感:文化与政治》,王逢振等译,中国社会科学出版社,1998。

[13]王文章:《非物质文化遗产概论》,教育科学出版社,2013。

[14]刘锡诚:《非物质文化遗产:理论与实践》,学苑出版社,2009。

二、论文

[1]高丙中:《非物质文化遗产:作为整合性的学术概念的成型》,《河南社会科学》,2007年第2期。

[2]巴莫曲布嫫:《非物质文化遗产:从概念到实践》,《民族艺术》,2008年第1期。

[3]田苗:《非物质文化遗产影像保护初探》,《艺术评论》,2016年第7期。

[4]颜芳:《问一问采访对象是否愉快》,《传媒观察》,2011年第6期。

[5]于萌:《"口述历史"现状一瞥》,中国民俗学网,2010年3月5日。

[6]李志刚:《网络中心机房动力环境监控系统的建设》,《南京广播电视大学学报》2009年第4期。

[7]黄永林、谈国新:《中国非物质文化遗产数字化保护与开发研究》,《华中师范大学学报(人文社会科学版)》,2012第2期。

[8]彭冬梅、潘鲁生、孙守迁:《数字化保护—非物质文化遗产保护的新手段》,《美术研究》,2006年第1期。

[9]保罗·基奥齐:《民族志电影的起源》,知寒译,《民族译丛》1991年第1期。

[10]邱春林:《实施抢救性记录应遵循的原则》,中国民俗学网,2016年9月11日。

[11]杨红:《非物质文化遗产数字化的冷思考》,《中国文化报》,2016年7月8日。

三、文件

[1]国务院办公厅《关于加强我国非物质文化遗产保护工作的意见》(国办发[2005]18号文),2005年3月。

[2]联合国教科文组织《保护非物质文化遗产公约》(联合国教科文组织第32届大会通过),2003年10月17日。

[3]国务院办公厅《关于加强我国非物质文化遗产保护工作的意见》附

件1《国家级非物质文化遗产代表作申报评定暂行办法》（国办发〔2005〕18号），2005年3月。

［4］文化和旅游部《国家级非物质文化遗产代表性传承人认定与管理办法》（文化和旅游部令第3号），2019年11月。

［5］重庆市文化委员会、重庆市财政局《重庆市非物质文化遗产代表性传承人管理办法》（渝文委规〔2014〕4号），2014年12月。